新编21世纪高等职业教育精品教材 ● 工商管理类

+ BUSINESS
ADMINISTRATION

项目管理

主　编 ● 刘会福
副主编 ● 邹建军　刘定坤　廖蓓蓓
　　　　陈秀琼　龚礼和

中国人民大学出版社
·北京·

序　言

　　项目管理是管理学的一个分支学科，是一门应用性和实践性很强的学科，能够使理论与实践建立充分和密切的联系。学生可以通过实践，加深对相关理论的理解，最终用理论解释实践。这是学生吸收知识、培养能力的有效途径。这本《项目管理》就是应时之作，也可以说是现代项目管理理论和教材园地中一枝透着清新气息的美丽花朵。

　　我以为，本书作为广大高职高专院校（含应用型本科）教材，最显著的特点是定位准确、目标明确。广大高职高专院校（含应用型本科）对课程教学和教材的最基本要求，就是概念清晰准确、理论够用、突出强化技能训练。无论是编纂思路、篇章结构设计、内容取舍还是写作手法，本书都紧扣高职高专教育的定位和人才培养目标，充分体现了高职高专教育的特色。

　　首先，本书在篇章结构的设计上进行了大胆的创新。改变了传统的篇、章、节、目的编排模式，采用"模块""单元"编排模式，使教学过程和教学内容更加贴近职业岗位的目标要求；每一个模块中，都明确了学习目标，令教学内容与高职高专人才培养方案紧密衔接，既使教学者明确教学目标，又使学生明确学习目标，从一开始就注意把握要领、步步深入。

　　其次，本书对项目管理理论的阐述恰到好处。高职高专教育要求理论要清晰准确、适度够用，依照此要求，本书尽量采用平和朴实的语言作深入浅出的介绍，既对理论的历史演进有简明扼要的交代，又对理论的内涵有明确清晰的解释，给人清新、简洁之感，其风格与高职高专人才培养目标以及对高职高专人才素质品格要求十分吻合，也与高职高专学生的情况相适应。

　　最后，本书突出强化技能训练，注重培养学生分析问题、解决问题的能力。这一特点是与高职高专人才培养目标完全一致的。强化技能训练是高职高专教育基本且核心的内容。而技能训练能否落到实处，除了具有硬件条件，还必须解决将理论知识转化为可操作性的技能的问题，否则技能训练仍是一句空话。本书在此方面也做了有益的尝试，不仅在篇章结构的编排、"学习目标"的设计上突出了技能的可操作性，还在每个"模块"中设置"同步案例"栏目，把理论的转化落实到对企业具体运作的考察或具体的操办中，实现理论向看得见、摸得着的操作技能的转化，从而使学生掌握将理论转化成技能的方法。本书在理论的阐述中还适时地设置了"知识链接"栏目，既画龙点睛地提醒学生注意把握教材内容的要领，又引导他们注意对分析问题、解决问题能力的培养。

仅上述几个特点，就使本书不失为一部优秀的高职高专教材，值得我向从事高职高专教育的同人推荐。虽然本书难免还有一些需要充实和完善之处，但是瑕不掩瑜。值得高兴的是，本书主编刘会福是一位在高职高专教育领域耕耘多年的青年教师，也是我的优秀弟子，他能编写出这样的教材是很可贵和值得称赞的，他嘱我为他的这本教材写个序，让我有机会先睹为快，我受益良多。

说了上面这些话，既是我读过这本教材的一点感悟，也表达我对这本教材的出版和几位青年教师的祝贺，权且当序。

2024 年 7 月

> **侯德富**，男，教授，享受国务院特殊津贴专家，原华南师范大学工会主席。

前　言

党的二十大报告指出："建设现代化产业体系。坚持把发展经济的着力点放在实体经济上，推进新型工业化，加快建设制造强国、质量强国、航天强国、交通强国、网络强国、数字中国。"在此背景下，项目管理的现代化、项目管理知识及相关理论必将越来越受到重视，发挥积极的作用。

项目管理是运用各种知识、技能、方法与工具，为满足或超越项目有关各方对项目的要求与期望所开展的各种管理活动。项目管理理论起源于美国，20 世纪 60 年代后，项目管理的应用范围从建筑、国防和航天等少数领域扩展到各种领域，并由此风靡全球。许多人开始对项目管理产生了浓厚的兴趣，并逐渐形成了两大项目管理的研究体系，其一是以欧洲为首的体系——国际项目管理协会（IPMA）；其二是以美国为首的体系——美国项目管理协会（PMI）。在过去的几十年中，以上两种体系的工作卓有成效，为推动国际项目管理现代化发展发挥了积极的作用。

项目管理是一门集艺术和科学于一身的学科，它既有一定模式，又需要创造性的灵感。教师既要将现有的管理模式用学生感兴趣和润物无声的方式让学生接受，又要引入新的理论，激发学生的灵感，使他们能迸发创造的思想火花。这才是教材编写所应达到的最高境界，也是本书编写所追求的目标。

本书以项目管理活动为主线进行编写，对项目管理所涉及的理念及实务进行阐述。本书内容全面，形式新颖，具有较强的科学性、实用性和系统性。本书在体例结构上，保持项目管理学科体系的基本架构，在内容上进行整合和提炼，既突出项目管理学的广泛实用性，又体现它的持续发展性。从高职高专院校项目管理课程的教学要求和特点出发，本着"精讲多练，突出能力"的基本思路，以"理论够用，注重实践"为原则，编者对项目管理理论内容进行融合、优化和精练。本书以工作过程为导向，突出任务驱动，强化实训环节，注重对学生实践能力的培养。本书通过介绍典型的有参考价值的项目管理案例，使学生掌握现代项目管理的基本理论、基础知识和基本方法，提高学生对企业经营活动的分析、判断和决策能力。本书共设计了 12 个模块，即项目与项目管理、项目的管理过程与项目的生命周期、项目的干系人管理、项目的整合管理、项目的范围管理、项目的进度管理、项目的成本管理、项目的质量管理、项目的资源管理、项目的沟通管理、项目的风险管理、项目的采购管理。每个模块均以"学习目标""案例导入"开篇，帮助学生确定学习目标，激发学生学习兴趣；正文穿插了"知识链接"，以增加信息量，提高学生思维能力；结尾处还编写了"同步案例"和"课后习题"，帮助学生巩固所学知识。

本书不仅可作为广大高职高专院校项目管理专业、管理类以及经济类专业学生的学习教材，还可作为本领域相关业务人员的培训教材，同时对非项目管理专业的读者认识和了解项目管理相关问题也有一定的参考价值。

本书由广东工贸职业技术学院刘会福、广东工贸职业技术学院邹建军、英国威尔士三一圣大卫大学刘定坤、广东工贸职业技术学院廖蓓蓓、广州市花都区花东学校陈秀琼、中国移动广州分公司龚礼和共同编写。具体分工如下：刘会福设计了编写大纲，对全书进行了总体设计和总纂定稿，并编写了模块一、模块二、模块三、模块九和模块十一；邹建军编写了模块四；刘定坤编写了模块六、模块八、模块十二，并负责PPT课件的制作；廖蓓蓓编写了模块七；陈秀琼负责全书校稿，并编写了模块十；龚礼和编写了模块五。

本书的编写，参考了国内外同行的研究成果，在此对相关作者表示衷心的感谢！

由于编者水平有限，本书难免有疏漏和不妥之处，敬请广大读者不吝赐教。

编者

2024 年 7 月

目　录

模块一 项目与项目管理

学习目标

◆ **知识目标**

1. 理解项目管理的定义、基本特性
2. 了解项目管理的知识体系

◆ **技能目标**

能够正确区分项目与运营

◆ **素质目标**

树立职业道德观，树立诚实守信的职业形象

案例导入

　　某信息系统集成公司的项目经理李工承接了一个大型项目。接到该任务后，李工组织项目组的相关人员对该项目进行了分析，李工根据分析结果并结合自身的项目管理经验，得出该项目的总工作量为 60/ 人月、计划工期为 6 个月的结论。这样的成本估算和进度计划正好能够满足甲方的合同要求，项目的相关计划也得到了公司内部和甲方的认可。

　　项目开始一个月之后，李工的直接领导——项目总监找到李工说，由于公司其他项目出现了问题，因此要求李工在 5 个月内完成项目，他可以为项目再调来两名开发人员。李工很为难，他没有当时就答应项目总监的要求，而是说考虑几天再给项目总监答复。

之后的几天中，李工在团队内部召开了几次会议，广泛听取大家的意见，同时也与问题项目组的项目经理进行了沟通，基本明白了另外一个项目存在的问题和当前的状况。李工提出了自己的解决方案——将项目分为两部分来完成，第一部分的任务是计划花费 4、5 个月，开发当前最重要和客户急需的系统；第二部分的任务是计划花费 2 个月，开发客户需求的其他功能。他编写了相关文档，描述了新的项目计划中各部分的主要工作、验收标准和可能存在的项目风险等。

为谨慎起见，在向项目总监汇报该计划前，李工组织项目团队进行了内部讨论，并通过甲方的项目经理进行侧面了解，得知甲方应该有 70% 的可能性同意此计划。李工找到项目总监，向其汇报了新的项目计划，项目总监觉得，如果按照新的项目计划实施，虽然项目工期可能会延长半个月，但是不需要再增添开发人员，同时新的项目计划还能够满足另外一个问题项目组对资源的需求。新的项目计划大概能够为公司节约成本 6 万余元。项目总监在与甲方领导沟通和确认后，同意了新的项目计划。

最终项目按计划在没有增添人员的情况下顺利完成，客户对项目最终交付的系统也非常满意，项目组成员在项目过程中也非常愉快，没有感觉到太大的压力，而公司的问题项目，也由于获得了资源方面的及时支持，终于步入了正常的轨道，并顺序结项。

【问题 1】案例中的项目取得成功的主要原因有哪些？

【问题 2】在本案例中，李工在没有取得项目总监同意的情况下，与公司其他项目组项目经理、甲方领导初步沟通，是否恰当？请说明理由。

单元一 项目概述

角度不同，项目的定义也不同。既可以从项目的投资者、所有者、使用者、实施者和项目的政府监管部门等不同的角度出发，也可以从不同的专业领域，如建筑、软件开发、新产品试制、服务提供、管理咨询等角度出发，对项目进行定义。

一、项目的定义

现代项目管理理论认为，项目是一个组织为实现既定的目标，在一定的时间、人员和其他资源的约束条件下，所开展的一种有一定独特性的、一次性的工作。项目是人类社会特有的一类经济、社会活动形式，是为创造特定的产品或服务而开展的一次性活动。因此，凡是人类创造特定产品或服务的活动都属于项目的范畴。项目既可以是建造一栋大楼、开发一个油田，或者建设一座水坝，像国家大剧院的建设、大庆油田的开发、三峡工程的建设都是项目；项目也可以是一个新产品的开发，一项科研课题的研究，或者一项科学试验，像变频空调的研制、转基因作物的实验研究都是项目；项目还可以是一项特定的服务、一项特别的活动，或一份特殊的工作，像一场婚礼的组织、一场救灾义演的安排、一次读书活动的开展都是项目。对于项目，人们从不同的角度给出了许多不同的定义，其中有代表性的有如下几种。

1. 美国项目管理协会的定义

美国项目管理协会（Project Management Institute，PMI）认为，项目是具有明确的开始和结束时间，旨在实现单个目标的一组特定操作。其中："特定"是指一个项目所形成的产品或服务在关键特性上不同于其他的产品和服务。

2. 麦克·吉多的定义

麦克·吉多认为，项目就是以一套独特而又相互关联的任务为前提，有效利用资源，为实现一个特定的目标所作的努力。

从上述定义可以看出，项目既可以是一个组织的任务或努力，它们可以小到只涉及几个人；也可以是多个组织的共同努力，它们可以大到涉及成千上万人。项目的时间长短也不同，有的项目在很短时间内就可以完成，有的项目需要很长时间，甚至很多年才能够完成。实际上，现代项目管理理论所定义的项目包括各种组织所开展的各种一次性、独特性的任务与活动。现代项目管理理论认为，项目有以下几个典型类别。

（1）新产品或新服务的开发项目。例如：新型家用电冰箱、空调的研制开发项目和新型旅游服务开发项目等。

（2）技术改造与技术革新项目。例如：现有设备或生产线、生产场地的更新改造项目和生产工艺技术的革新项目等。

（3）组织结构、人员配备或组织管理模式的变革项目。例如：一个企业的组织再造项目，或一个政府机构的职能转变与人员精简项目等。

（4）科学技术研究与开发项目。例如：纳米技术与材料的研究与开发项目、生命科学技术的理论研究与开发项目等。

（5）信息系统的整合或应用软件开发项目。例如：企业的信息管理系统、决策支持系统的整合与开发项目；会计软件、游戏软件、办公软件、操作软件、教育软件等软件开发项目。

（6）建筑物、设施或民宅的建设项目。例如：政府的办公大楼、学校的教学和行政管理大楼、商业写字楼、大型旅馆饭店、民用住宅、工业厂房、水利枢纽、物流中心等建设项目。

（7）政府、政治或社会团体组织和推行的新行动。例如：希望工程项目等。

（8）大型体育比赛项目或文娱演出项目。例如：世界杯比赛项目、巡回演出项目等。

（9）开展一项新经营活动的项目。例如：有奖销售活动、降价促销活动、大型广告宣传活动、新型售后服务推广活动等。

（10）各种服务作业项目。例如：为客户提供一次旅游服务、为客户安排一份特殊的保险等。

二、项目的特性

虽然各种不同专业领域中的项目在内容上可以说是千差万别，不同项目都有自己的特性，但是从本质上说，项目是具有共同特性的，不管是科研项目、服务项目还是房地产开发项目，它们的根本特性是相同的。

1. 目的性

项目的目的性是指任何一个项目都是为实现特定的组织目标服务的，也就是说，任何一个项目都必须根据组织目标确定项目目标。项目目标主要包括两个方面，其一是有关项目工作本身的目标，其二是有关项目产出物的目标。前者是对项目工作而言的，后者是对项目结果而言的。例如：就一栋建筑物的建设项目而言，项目工作的目标包括项目工期、造价、质量和安全等方面的目标，项目产出物的目标包括建筑物的功能、特性、使用寿命和使用安全性等方面的目标。同样，就一个软件开发项目而言，项目工作的目标包括软件开发周期、开发成本、质量等方面的目标，项目产出物（软件产品）的目标包括软件的功能、可靠性、可扩展性、可移植性等方面的目标。在许多情况下，项目的目的性这一特性是项目最为重要和最需要项目管理者关注的特性。

2. 独特性

项目的独特性是指项目所生成的产品或服务与其他产品或服务都有一定的区别。通常一个项目的产出物，即项目所生成的产品或服务，在一些关键方面与其他产品和服务是不同的。每个项目都有以前所没有做过的、独特的方面。例如：每个人的婚礼都是一个项目，一个人和另一个人的婚礼总会有许多不同的地方，虽然按照一定的习俗,婚礼会有一些相同的地方,但是这并不影响个人婚礼的独特性。再比如,人们建造了成千上万座办公大楼,这些大楼在某个或一些方面都有一定的独特性,这些独特性体现在:不同的业主、不同的设计、不同的位置、不同的承包商、不同的施工方法和施工时间等。许多产品或服务项目都有一定的共性,但是这并不影响项目具有独特性这一重要特性。

3. 一次性

项目的一次性,也被称为时限性,是指每一个项目都有明确的时间起点和终点,有始有终,不是不断重复、周而复始的。项目的时间起点是项目开始的时间,项目的时间终点是项目的目标已经实现或者项目的目标已经无法实现,确定终止项目的时间。项目的一次性与项目持续时间的长短无关,无论项目持续多长时间,它都是有始有终的。例如:树立一座纪念碑所用的时间是短暂的,计算机操作系统的开发时间相对较长,但是它们都有自己的时间起点和终点。这就体现了项目的一次性。项目在其目标确立后开始,项目在其达到目标时终止,没有任何项目是不断地、周而复始地持续下去的。项目的一次性是项目活动不同于一般日常运营活动的关键特性。

4. 制约性

项目的制约性是指每个项目都在一定程度上受客观条件和资源的制约。客观条件和资源对于项目的制约涉及项目的各个方面,其中最主要的制约是资源的制约。项目的资源包括人力资源、财力资源、物力资源、时间资源、技术资源、信息资源等各方面的资源。任何一个项目都有时间限制、预算限制,任何一个项目的人员、技术、信息、设备条件、工艺水平等也都有限制。这些限制条件和项目所处环境的一些制约因素构成了项目的制约性。项目的制约性也是决定一个项目成败的关键特性之一。通常,一个项目在人力、物力、财力、时间等方面的资源宽裕,制约性就小,那么其成功的可能性就会非常高;情况相反时,项目成功的可能性就会大大降低。

5. 其他特性

项目除了上述特性以外还有其他一些特性,这包括:项目的创新性和风险性、项目过程的渐进性、项目成果的不可挽回性、项目组织的临时性和开放性等。这些项目特性是相互关联和相互影响的。例如:项目的创新性和风险性就是相互关联的。项目的风险性是项目的独特性、制约性和一次性造成的,因为一个项目的独特性来源于创新,而创新就包括各种的不确定性。另外,项目组织的临时性和项目成果的不可挽回性也主要是项目的一次性造成的，因为一次性的项目活动结束以后，项目组织就会解散，所以项目组织就是临时性的；因为项目活动是一次性的不是重复性的，所以多数情况下项目成果一旦形成就无法改变。例如：一次大型的体育比赛活动就是一个项目，这种项目的管理组织多数是临时的，比赛结束以后项目组织就解散了，而比赛过程中所形成的有问题的比赛结果多数都是无法变更的，像参赛者因迟到而弃权的结果就是无法改变的。

知识链接：运营
管理

三、项目与运营的不同

人类的社会经济活动可分为两大类：一类是在相对封闭和确定的环境下所开展的重复性的、周而复始的、持续性的活动或工作，像企业定型产品的生产与销售、铁路与公路客运系统的经营与运行、影院与宾馆的日常营业、政府的日常办公等，通常人们将这种活动或工作称为日常"运营或运行"。另一类活动是在相对开放和不确定的环境下开展的独特的、一次性的活动或工作，这就是本书前面讨论和定义的"项目"。这两种不同的社会、经济活动在本质上有许多不同，充分认识这些不同，有助于我们认识与掌握项目和项目管理。项目与运营最主要的不同之处体现在以下几个方面。

1．工作性质与内容的不同

一般在日常运营中存在大量的常规性、不断重复的工作或活动，而在项目中则存在较多创新性、一次性的工作或活动。因为运营工作通常是不断重复、周而复始的，所以运营中的工作基本上是重复进行的常规作业；但是，因为每个项目都是独具特色的，其中的许多工作是创新性的，所以二者的工作性质与内容是不同的。例如：在大多数情况下，企业日常生产经营一种产品或服务的工作内容是相同的，很少有创新的成分；而企业新产品的研究与开发项目的工作内容是不同的，基本上都是创新性的工作。这是因为，如果没有创新就不会有这种项目，也就不会有新产品。

2．工作环境的不同

一般情况下，运营的工作环境是相对封闭和相对确定的，而项目的工作环境是相对开放和相对不确定的。因为很大一部分运营工作是在组织内部开展的，所以它的环境是相对封闭的，如企业的生产活动主要是在企业内部完成的。同时，运营中涉及的外部环境也是一种相对确定的外部环境，如企业一种产品的销售多数是在一个相对确定的环境中开展的，虽然企业的外部环境中会有一些变化和竞争，但是相对而言，还是比较确定的。由于工作环境的相对封闭性，加上运营工作的重复性，因此运营中的不确定性较低，而且在不断重复的作业过程中，许多不确定性因素逐步得以消除。因为项目工作基本上是在外部环境中开展的，所以它的工作环境是相对开放的，如工程建设项目只能在外部环境中完成，而新产品研制项目主要是针对外部市场中新的需求开发的。因为项目所处环境具有相对开放性，项目工作具有一次性和独特性，再加上人们很难全面预先认识和预测新事物的未来和发展方向，所以项目的不确定性较高。

3. 组织与管理的不同

由于运营工作是重复性的和相对确定的，因此一般运营工作的组织是比较稳定的，运营的组织形式基本上是分部门、成体系的。由于项目是一次性的和相对不确定的，因此一般项目的组织是相对变化和临时性的，项目的组织形式多数是团队性的。同时，运营工作的组织管理模式以基于部门的职能和直线指挥管理系统为主；而项目的组织管理模式主要是基于活动的过程和管理系统。例如：一个产品的生产经营管理基本上是按照供应、生产、销售部门的供产销计划、组织和领导与对人、财、物、信息的控制展开的，而一项工程项目的管理基本上是按照项目建议书、可行性分析、工程设计、工程施工、完工交付的过程以及其中的各项具体活动展开的。

四、项目的类型

项目可以按照不同的标准进行不同的分类。对项目进行分类的主要目的是要对项目的特性有更为深入的了解和认识。

1. 业务项目和自我开发项目

业务项目是指由专业性项目公司针对特定的业主/客户所完成的一次性工作，这是一种商业性服务或开发、生产项目。自我开发项目是项目团队针对本企业或组织所完成的各种开发项目，是一种企业内部的研究与开发性项目。例如：由房地产开发商出资，由建筑设计部门和施工承包商完成的住宅建设项目属于业务项目；而由加工制造企业自己的产品设计部门或研究开发部门完成的新产品开发项目则属于自我开发项目。这两种项目的划分依据是项目的所有者、实施者是否属于同一个组织。

2. 企业项目、政府项目和非营利组织的项目

企业项目是由企业提供资金或资源，并作为业主/客户，为实现企业的特定目标所开展的各种项目。政府项目是由国家或地方政府提供资金或资源，并作为业主/客户，为实现政府的特定目标所开展的各种项目。非营利组织的项目是指非营利组织提供资金或资源，为满足自身需要所开展的各种项目。例如：企业出资的新产品开发项目属于企业项目，国家投资的国防项目属于政府项目，学校出资的建设项目

属于非营利组织的项目。这三种项目的划分依据是项目投资者的社会属性。

3. 营利性项目和非营利性项目

营利性项目是以获得利润为目标开展的项目，非营利性项目是以增加社会福利或公益为目标开展的项目。例如：商用计算机的开发与生产、管理咨询公司的咨询服务项目等都属于营利性项目；城市基础设施建设项目和捐助项目等则都属于非营利性项目。这两种项目划分的依据是项目本身的目的性。

4. 大项目、项目和子项目

在英文中，有关"项目"的单词按照项目的规模和统属关系有"Program"、"Project"和"Subproject"三个。它们都有自己相对应的中文，"Project"通常被翻译成项目，而"Subproject"被翻译成子项目，这种翻译大家是非常认可的。但是对于"Program"的翻译就有歧义，有的人翻译成项目，有的人翻译成计划，有的人翻译成工程。但是从分类的角度看，我们认为"Program"译为大项目，就可以与项目和子项目构成一个体系，同时还可以避免与一般意义的计划和工程等名词相混淆，避免误解。确切地说，大项目是由一系列项目构成的一个集合，项目是大项目的一个子集；同时，任何一个项目又可以进一步划分为多个可管理的部分，即子项目。子项目多数是可以分包出去由其他的企业或本企业的其他职能部门完成的一个项目的子集。一个项目可以组合分解成各种不同层次的子项目。这三种项目的分类依据是项目范围的大小。

单元二　**项目管理概述**

一、项目管理的定义

1. 现代项目管理范畴下的项目管理定义

现代项目管理理论认为，项目管理是运用各种知识、技能、方法与工具，为满足或超越项目有关各方对项目的要求与期望所开展的各种管理活动。要求与期望主要涉及下述几个方面的内容。

（1）对项目本身的要求与期望。这是指项目有关各方共同要求与期望的内容，因为这方面的要求与期望是项目全体有关各方的共同利益所在。例如：对一个项目的范围、工期（时间）、造价（成本）和项目质量等方面的要求与期望就属于对项目本身的要求与期望。

（2）项目有关各方不同的要求与期望。这是指项目有关各方自己的利益的要求与期望，这包括项目的业主／客户、资源供应商、项目承包商、协作商、项目团队、项目所在社区、项目的政府管辖部门等各个方面的要求与期望，这种要求与期望有时是相互矛盾的。

（3）已识别的要求与期望。这是指已经由项目的各种文件明确规定的项目要求与期望，是项目有关各方已经达成共识的要求与期望。例如：已经明确的项目工期、项目成本和项目质量等方面的要求与期望，以及对于项目工作的一些要求与期望等。

（4）尚未识别的要求与期望。这是项目各种文件没有明确规定的，但是又是项目有关各方想要和追求的要求与期望。例如：潜在的环保要求、残疾人的特殊要求、更低的项目成本、更短的项目工期、更高的项目质量要求等。

2. 美国项目管理协会给出的定义

美国项目管理协会从创新的角度对项目管理做出了进一步的定义。美国项目管理协会认为，项目是一种创新的事业，所以项目管理的定义也可简洁地称为实现创新的管理，或创新管理。该协会认为，项目管理已发展成为管理学的一个独立分支，同时已发展成为一个新兴的专门性职业。美国项目管理协会还提出了一整套项目管理的知识体系，主要由 10 个部分组成，它们分别是：项目的干系人管理、项目的整合管理、项目的范围管理、项目的进度管理、项目的成本管理、项目的质量管理、项目的资源管理、项目的沟通管理、项目的风险管理和项目的采购管理。

美国项目管理协会的定义强调了项目管理的创新特性与具体内容。

（1）项目管理的创新特性。项目管理的创新特性是由项目本身的独特性和创造性造成的，任何一个项目都有不同于其他项目之处，因此项目管理需要不断地开展创新活动。同时，项目管理中的创新和创新过程也是项目管理的对象和核心内容之一。相对于一般运营工作而言，创新工作和创新过程的管理是最为复杂、最为困难和最需要创新的，因此美国项目管理协会将项目管理定义为"实现创新的管理"。

（2）项目管理的具体内容。美国项目管理协会从项目管理所需知识体系的角度给出了项目管理的具体内容。从美国项目管理协会给出的知识体系可以看出，项目管理的知识体系已经包括项目管理的知识、技能、方法和工具的全部内容。例如：项目的整合管理实际上属于方法的范畴，项目的沟通管理则主要属于技能，项目的范围管理又属于工具的范畴。实际上，美国项目管理协会的定义与一般的项目管理定义在具体内容上是基本一致的。

需要注意的是，有时项目管理也用于描述一个组织在管理其日常运营业务中所使用的一种方法，即按照项目管理模式进行日常运营管理。采用项目管理模式进行日常运营管理是将日常运营的许多工作与活动都看作项目，以便使用项目管理的方法管理日常运营工作和活动。

二、项目管理的根本目的与根本手段

项目管理就是为实现上述这些要求与期望所开展的项目组织、计划、领导、协调和控制等的活动。

1. 项目管理的根本目的

项目管理的根本目的是满足或超越项目有关各方对项目的要求与期望。

项目有关各方是指一个项目的所有利益相关者，这包括：项目的业主/客户、项目的承包商或实施者、项目的供应商、项目的设计者或研制者、项目所在的社区、项目的政府主管部门等。这些项目的利益相关者对项目会有完全不同的要求与期望。项目的业主/客户的要求与期望是以最小的投资获得最大的收益和产出物；项目的承包商或实施者的要求与期望是以最小的成本获得最大的利润；项目的供应商的要求与期望是能够获得更多的销售收入；项目的设计者或研制者的要求与期望是能够留下传世之作和有所收益；项目所在的社区的要求与期望是不要破坏环境和造成污染；项目的政府主管部门的要求与期望是扩大就业和提高社会福利等。项目管理的根本目的就是要努力使这些不同的要求与期望能够很好地实现和达成平衡，并最终使项目合理地、最大限度地满足这些不同的要求与期望，甚至超越这些要求与期望。这既是项目管理的难点所在，也是项目管理的挑战性所在。

2. 项目管理的根本手段

项目管理的根本手段是运用各种知识、技能、方法和工具开展各种管理活动。

为使项目能够最大限度地满足或超越项目所有利益相关者的要求与期望，必须开展各种各样的管理活动。项目管理活动与一般的运营管理活动的原理和方法有所不同，因为二者管理的对象不同。项目管理的是具有一次性、独特性和相对不确定性的项目工作，运营管理的是具有重复性、常规性和相对确定性的日常运营工作。因此项目管理需要运用各种知识、技能、方法和工具，既包括独特的项目工期、质量、成本、风险管理等方面的知识、技能、方法和工具，也包括项目本身所涉及的具体专业领域的专门知识、技能、方法和工具，同时还包括一般管理的组织、计划、领导、协调和控制等一系列的知识、技能、方法和工具。其中，知识是指人类对以前的成功经验和对客观规律的认识和总结；技能是指人们掌握和运用知识、方法和工具的能力；方法是指按照这些客观规律去分析问题和解决问题的程序和做法；工具是指分析和解决具体问题的手段。由于项目管理工作任务十分复杂和艰巨，涉及的活动和问题非常广泛，因此项目管理需要运用多种知识、技能、方法和工具，开展各种各样的管理活动。

三、项目管理的基本特性

现代项目管理理论认为，项目管理的基本特性主要包括如下几个方面的内容。

1. 普遍性

项目作为一种创新活动普遍存在于人类社会的经济和生产活动之中，人类现有的各种文化物质成果最初都是通过项目的方式实现的。现有各种运营活动都是各种项目的延伸和延续，人们的各种创新的想法、建议或提案或早或迟都会转化成项目，并通过项目得以验证或实现。项目的这种普遍性，使得项目管理也具有普遍性。在人类社会中，小到个人的婚礼，大到国家重点研发计划都是项目，都需要项目管理。同时，无论是企业、政府、社团的项目，还是个人的项目（住宅建设），都需要开展项目管理。

2. 目的性

项目管理的另一个重要特性是它的目的性，一切项目管理活动都是为实现"满足或超越项目有关各方对项目的要求与期望"这一目的服务的。其中"有关各方对项目的要求"是一种已经明确和清楚规定的项目目标，而"有关各方对项目的期望"是一种有待识别的、未明确的、潜在的项目追求。项目管理的目的性不仅表现在要通过项目管理活动满足或超越那些项目有关各方已经明确提出并清楚地规定的项目目标，而且要通过项目管理活动识别、满足、超越那些尚未识别和明确的潜在要求与期望。例如：一个私人别墅的建设项目，业主 / 客户会提出一些要求和目标，但是由于业主 / 客户并不是建筑专业人士，因此他提出的要求会存在一些疏漏或不足，但是他期望房子建得好，尤其在房子的结构和功能方面，这就要求项目的设计者和施工者努力运用自己的专业知识和技能去找出这些要求与期望，并设法满足甚至超越这些期望。

3. 独特性

项目管理的独特性是指项目管理既不同于一般的生产、服务的运营管理，也不同于常规的行政管理，它有自己独特的管理对象、管理活动、管理方法与工具，是一种完全不同的管理活动。虽然项目管理也会使用一些一般管理的原理和方法，但是项目管理也有许多自己独特的管理原理和方法。例如：项目计划管理中所使用的关键路径法，项目造价管理中的全造价管理法就是独特的项目管理方法。

4. 整合性

项目管理的另一个特性是它的整合性。项目管理的整合性是相对于一般运营管理的专门性而言的。一般运营管理中，分别有生产管理、质量管理、成本管理、供应管理、市场营销管理等各种各样的专业管理，它们是针对一个企业或组织的不同生产、经营活动所开展的管理。这种专业管理具有一般运营的重复性和相对确定性，因运营管理的分工不同而形成。虽然项目管理也有一定的分工要求，但是项目管理充分强调管理的整合性。例如：对于项目工期、造价和质量的整合管理，对于项目、子项目的整合管理等都是十分重要的。

5. 创新性

项目管理的创新性包括两层含义，其一是指项目管理是对于创新（项目所包含的创新之处）的管理，其二是指任何一个项目的管理都不使用一成不变的模式和方法，都需要通过管理创新实现对于具体项目的有效管理。在现实生活中，一个工业或民用建设项目，因为其包含新的建设地点、新的业主/客户、新的建设材料与施工方法等各种新的因素，所以需要各种各样的创新。像企业新产品的研究与开发等创新性强的项目，就更需要创新了。

另外，尽管项目管理有许多特性，但是它与一般运营管理也有一些共性。例如：项目管理的科学性与一般运营管理的科学性是一致的，只是在内容和方法上不同，其中项目管理的科学性主要体现在对于项目的整合性管理、工程性管理、客观性管理等方面。项目管理的艺术性与一般运营管理的艺术性也是一致的，只是在内容和方法上有所不同，项目管理的艺术性主要体现在对于项目利益相关者的要求与期望的协调与沟通方面、项目团队的建设与领导方面等。

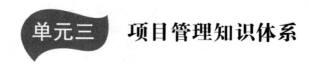

单元三　项目管理知识体系

项目管理知识体系是指在现代项目管理中所要开展的各种管理活动、所要使用的各种知识、技能、方法和工具，以及所涉及的各种角色的职责和他们之间的相互关系等一系列项目管理理论与知识的总称。项目管理知识体系包括许多方面的内容，这些内容可以按多种方式去组织，从而构成一套完整的项目管理知识体系。这套知识体系与一般运营管理知识体系一样，包含许多不同的专业管理或职能管理类别。

一、项目管理知识体系的构成

按照美国项目管理协会提出的现代项目管理知识体系的划分方法，现代项目管理知识体系主要包括 10 个方面，这 10 个方面分别从不同的管理职能和领域，描述了现代项目管理所需要的知识、技能、方法和工具。

1. 项目的干系人管理

项目的干系人管理是指对项目干系人需要、希望和期望的识别，并通过沟通上的管理来满足其需要、解决其问题的过程。进行项目的干系人管理将会赢得更多人的支持，从而能够确保项目取得成功。

2. 项目的整合管理

项目的整合管理是在项目管理过程中为确保各种项目工作能够很好地协调与配合而开展的一种综合性、全局性的项目管理工作。开展项目整合管理的目的是综合协调管理好项目各方面的工作，以确保整个项目的成功，而不是某个项目阶段或某个项目单项目标的实现。这项管理工作的主要内容包括：项目整合计划的编制、项目整合计划的实施和项目总体变更的管理与控制。

3. 项目的范围管理

项目的范围管理是在项目管理过程中所开展的计划和界定一个项目或项目阶段所需和必须完成的工作，以及不断维护和更新项目的范围的管理工作。开展项目范围管理的根本目的是通过成功地界定和控制项目的工作范围与内容，确保项目的成功。这项管理工作的主要内容包括：项目起始的确定和控制、项目范围的规划、项目范围的界定、项目范围确认、项目范围变更控制与项目范围的全面管理和控制。

4. 项目的进度管理

项目的进度管理是在项目管理过程中为确保项目按既定时间成功完成而开展的项目管理工作。开展项目进度管理的根本目的是通过做好项目的工期计划和项目工期的控制等管理工作，来确保项目的成功。这项管理工作的主要内容包括：项目活动的定义、项目活动的排序、项目活动的时间估算、项目工期与排产计划的编制和项目作业计划的管理与控制。

5. 项目的成本管理

项目的成本管理是在项目管理过程中为确保项目在不超出预算的情况下完成全部项目工作而开展的管理活动。开展项目成本管理的根本目的是全面管理和控制项目的成本，确保项目的成功。这项管理工作的主要内容包括：项目资源的规划、项目成本的估算、项目成本的预算和项目成本的管理与控制。

6. 项目的质量管理

项目的质量管理是在项目管理过程中为确保项目的质量而开展的项目管理工作。这项管理工作的主要内容包括：项目质量规划、项目质量保证和项目质量控制。开展项目质量管理的根本目的是对项目的工作和项目的产出物进行严格的控制和有效的管理，以确保项目的成功。这项管理工作的主要内容包括：项目产出物质量和项目工作质量的确定与控制，以及有关项目质量变更程序与活动的全面管理和控制。

7. 项目的资源管理

项目的资源管理是在项目管理过程中为确保更有效地利用项目所涉及的人、财、物等资源而开展的项目管理工作。开展项目资源管理的根本目的是对项目实施组织和项目所需人、财、物等资源进行科学的确定和有效的管理，以确保项目的成功。

8. 项目的沟通管理

沟通是人们分享信息、思想和情感的过程。沟通的主旨在于互动双方建立彼此相互了解的关系，相互回应，并且期待能经由沟通的行为与过程相互接纳并达成共识。沟通失败是很多项目失败的重要原因。

项目的沟通管理是确保及时、正确地产生、收集、分发、存储和最终处理项目信息所需的过程。项目沟通管理过程揭示了实现成功沟通所需的人员、观点、信息这三项要素之间的一种联络关系。项目经理需要花费大量且无规律的时间，用于与项目团队、客户等进行沟通。项目团队的每一位成员也需要了解沟通对项目的影响。

项目的沟通管理由两部分组成：一是制定策略，确保沟通对干系人行之有效；二是执行必要活动，以落实沟通策略。

9. 项目的风险管理

项目的风险管理是在项目管理过程中为确保项目实施组织成功地识别项目风险、

分析项目风险和应对项目风险所开展的项目管理工作。开展项目风险管理的根本目的是对项目所面临的风险进行有效识别、控制和管理，是针对项目的不确定性而开展的减少项目损失的管理。这项管理工作的主要内容包括：项目风险的识别、项目风险的定量分析、项目风险的对策设计和项目风险的应对与控制等。

10. 项目的采购管理

项目的采购管理是在项目管理过程中为确保能够从项目实施组织外部寻求和获得项目所需各种商品与劳务而进行的项目管理工作。开展项目采购管理的根本目的是对项目所需的物质资源和劳务的获得与使用进行有效的管理，以确保项目的成功。这项管理工作的主要内容包括：项目采购计划的管理、项目采购工作的管理、采购询价与采购合同的管理、招投标与合同管理和合同履行管理等。

知识链接：合同
管理

二、项目管理的职能

1. 计划

计划是一般管理中的首要职能，因为任何一项有组织的活动都必须从计划开始。实际上，没有计划，有组织的活动就失去了管理的依据，那么就无法很好地开展，更别说完成计划任务和实现工作目标了，因为没有计划就没有目标。"凡事豫则立，不豫则废。""豫"就是计划，由此可见计划的重要性。

计划管理的主要内容是制订各种各样的计划，从大政方针性的战略计划一直到一般工作的作业计划。计划管理的另一项内容是对既定计划的调整和修订，这是在各种环境和条件发生变化的情况下，或工作目标发生变化的情况下开展的一种计划管理工作。无论是计划制订还是计划修订，这些计划管理工作以及它所生成的计划管理文件通常有如下作用：是管理者进行指挥和协调的依据，是管理者开展管理控制的基准，是降低不确定性的手段，是提高效率和效益的工具，同时也是激励员工士气的武器。

计划是一项非常重要的管理职能，无论是一般运营管理，还是项目管理，计划都是首要的和必不可少的职能，只是一般运营管理和项目管理的计划职能在原理、方法和指导思想等方面有所不同而已。许多一般运营管理中所使用的原理、方法和指导思想都是可以在项目管理中使用的。

2. 组织

在一般管理中，组织同样是一项重要的管理职能，它主要包括：分工和构建部门（将组织的任务按一定的依据分工后，再按一定准则将有共性的工作组合在一起，从而构建承担相同任务的组织部门）；确定和建立一个组织中的责权关系（这种责权关系使组织的每个部门和岗位都有明确的权力和责任，使整个组织有明确的上下级关系和指挥命令体系）；构建组织的分工协作体系（将一个组织整合为一个有机的整体）；组织能力的培养（提升一个组织的整体能力）。

组织管理的主要作用是使一群毫无关联的个体成为一个有机的整体，使这些个体能够通过组织构建的系统去实现既定的组织目标和使命，同时使组织的每个个体能够获得收益。组织管理的另一个作用是分配和协调组织的权力和责任，从而使组织形成指挥与命令系统和权力体系。这既包括各个部门的权力和责任的分配与协调，也包括各个管理岗位的权力和责任的分配与协调。另外，组织管理还具有促进和实施组织变革的作用，这可以使一个组织保持活力、积极适应环境变化和保持高效。

一般管理中的组织管理知识只有一部分可以在项目管理中使用。因为二者在组织形式上有很大的不同。一般管理的运营组织多数采用直线职能制或事业部制的组织形式，而项目组织多数采用项目制或矩阵制的组织形式。这使得一般运营管理和项目管理在组织管理方面存在一定的差别，所以我们在项目组织管理中不能够完全生搬硬套一般管理中的组织管理知识。

3. 领导

领导同样是一般管理中的一项非常重要的管理职能。关于领导的概念历来有许多不同的解释。传统管理理论认为：领导是指由组织赋予一个人权力以率领其部下去实现组织既定目标的管理工作。现代管理理论认为：领导是一种行为和过程，是运用各种组织赋予的职权和个人拥有的影响，影响他人的行为，为实现组织目标而服务的管理行为和过程。

领导的主要管理工作内容包括：为被领导者指明方向和任务，这既包括为组织指明愿景和为此所需要采用的战略，也包括为被领导者指明方向和日常工作任务；运用权力影响他人行为，这包括如何组织和协调全体成员的行动，如何将组织的目标、愿景、任务等传达给组织成员，使他们能够共同合作并为实现组织的目标和远景而工作；运用各种方式方法激励下属，这既包括运用身先士卒的方法鼓舞士气，也包括运用各种激励手段去促进成员的工作和提高工作绩效。

一般管理理论认为，影响领导效果的关键因素有三个：其一是领导者，因为领导者本身的能力、经验、背景、知识和价值观念等因素直接影响领导工作的效果；其二是被领导者，被领导者本身的能力、经验、背景、专业知识、责任心、成熟程度和价值观念等因素也直接影响领导工作的效果；其三是领导环境，即领导工作所面临的各种环境因素。图1-1可以更为清楚地说明影响领导效果的因素相互之间的关系。

16

图 1-1　影响领导效果的因素相互之间的关系

一般管理中的领导理论和方法等方面的知识有一部分是可以在项目管理中使用的，但是也有一部分不能简单地套用。在一个项目中，尤其是在一个大型项目的管理过程中，项目经理是领导者，但是项目的领导工作却并不仅是项目经理的事，因为在项目管理中，各种管理人员都会进行一些领导活动，尤其是决策活动，而在一般管理中，这一类的领导工作只是高层管理者的事情。

4. 控　制

在一般管理中，控制与计划、组织和领导等一起构成了管理的基本职能。控制中最主要的内容是对照管理控制标准找出组织实际工作中的问题和成因，然后采取纠偏措施，从而使组织工作能够按计划进行，并最终实现组织目标。

控制的主要作用是：限制工作偏差的积累，从而避免给组织造成严重的问题和损失；适应环境和条件的变化（在实际环境和条件发生变化时，通过控制，可以设法改进实际工作和设法调整计划与修订目标以适应环境的变化）；降低成本和提高绩效（通过各种专项和整合的控制措施来实现这一目标）；使组织工作处于受控状态（通过全面的控制使组织处于一种有序和受控的状态，而不出现失控的情况）。

同步案例

某石化行业的信息化项目是一个大型项目，前期投标竞争非常激烈，最终甲公司中标。合同谈判过程也比较紧张，客户提出的一些要求，如控制工期和增加某些功能，虽然在公司内部讨论时，甲公司并没有把握能按要求完成，但是为了赢得这个项目，甲公司在谈合同时未提出异议。由于项目工期紧张，甲公司选择由项目经理老李负责该项目。老李在甲公司多年，一直从事石化行业的项目咨询、设计、开发工作，对行业非常熟悉，技术水平高。而近一年来，他正努力转型做项目经理，管理并负责完成了 2 个较小规模的项目。

老李带领项目组根据客户要求的工期制订了项目计划，但项目执行到第一阶段，就未按计划进度完成。由于项目刚开始，老李怕客户有意见并终止合同，因此决定不把实际情况告知客户，打算在后面的工作中加班加点把进度追回来。

接下来，项目组在解决客户谈判过程中增加的功能需求的时候，遇到了一个技术问题。老李带领项目组加班进行技术攻关，耗费了几周的时间，终于解决了技术问题。但此时项目进度延误得更多了。

甲公司已建立项目管理体系，该项目的 QA（Quality Assurance，质量保证）本应该按照甲公司要求对项目过程进行检查，但老李认为过程的检查会影响项目工期，要求 QA 在项目阶段结束时再进行检查。时间已经超过工期的一半，客户到甲公司检查项目工作，发现项目进度严重滞后，并且已经完成的部分也未能达到质量要求。

【问题 1】你认为该项目的实施过程中存在哪些问题？请逐条说明并给出正确的做法。

【问题 2】除了行业知识和专业技术知识，你认为该项目经理还应具备哪些知识、能力？

【问题 3】结合案例，判断下列选项的正误。

1. 对于比较小的项目来说，可以选择技术能力较强的项目经理。　　　（　　）

2. 大型项目的项目经理的管理工作应该以间接管理为主。　　　（　　）

3. 公司中的项目必须按照公司的完整项目管理流程执行，不能进行裁剪。（　　）

📖 课后习题

一、单选题

1. 项目管理的基本特性不包括（　　　）。

　　A. 普遍性　　　　　　B. 目的性　　　　　　C. 独特性　　　　　　D. 随机性

2. 项目管理知识体系的构成不包括（　　　）。

　　A. 项目的范围管理　　　　　　　　　　B. 项目的领导管理

　　C. 项目的成本管理　　　　　　　　　　D. 项目的资源管理

3. 影响领导效果的关键因素不包括（　　　）。

　　A. 领导者　　　　　　　　　　　　　　B. 被领导者

　　C. 项目绩效报告　　　　　　　　　　　D. 领导环境

4. 以下表述中，不正确的是（　　　）。

　　A. 项目与运营在工作和内容方面存在不同

　　B. 商品的开发与生产项目和商业服务项目都属于营利性项目

　　C. 项目可看成大项目的一个子集

　　D. 项目的目的和目标是一样的，只是不同的表述而已

5. （　　　）是指项目管理既不同于一般的生产、服务的运营管理，也不同于常规的行政管理，它有自己独特的管理对象、管理活动、管理方法与工具，是一种完全不同的管理活动。

A. 独特性　　　　　B. 整合性　　　　　C. 普遍性　　　　　D. 创新性

二、简答题

1. 什么是项目？

2. 什么是项目管理？

3. 项目与运营相比有哪些不同？为什么会有这些不同？

4. 现代项目管理与传统项目管理有什么不同？

5. 简述项目管理知识体系的构成。

模块二　项目的管理过程与项目的生命周期

◎ 学习目标

◆ 知识目标
1. 理解项目的管理过程
2. 了解项目的生命周期

◆ 技能目标
1. 能够进行项目管理过程的划分
2. 能够进行项目生命周期的划分和描述

◆ 素质目标
树立职业道德观，树立诚实守信的职业形象，具备灵活的思维和良好的情绪调适意识

↻ 案例导入

　　去年年底，某集团的财务处经过分析发现，员工手机通话量的80%是在企业内部员工之间进行的，而90%的企业内部通话者之间的距离不到1 000米，如果能引入一项新技术降低或者免掉内部员工通话费，这对集团来说将能节省很大一笔费用。于是，财务处将这个分析报告递交给集团的总经理，总经理要求李某拿出一个方案来解决这个问题。

　　李某找到了集团局域网的原集成商A公司并反馈了集团的这一要求，A公司管理层开会研究后命令项目经理章某积极跟进，与李某密切联系。章某经过调研，选

中了一种基于无线局域网改进的新技术——"无线通"手机通信系统，也了解到有一家山寨机厂家在生产使用这种新技术的手机。这种手机能自动识别"无线通"、移动和联通，其中"无线通"优先接入。经过初步试验，章某发现手机通话效果很好。因为是构建在集团现有的局域网之上，除去购买专用无线路由器和这种廉价手机的费用，员工内部通话则不用缴费。而附近其他单位听说后，也纷纷要求接入"无线通"，于是章某准备放号并适当收取这些单位的话费。

但等到"无线通"在集团内部推广时，员工发现信号覆盖有空白、噪声太大、高峰时段很难打进打出，更麻烦的是，当地政府主管部门要求他们暂停使用该山寨机并进行罚款。此时章某不知所措。

【问题】针对本案例，章某应该在前期进行可行性分析。请问：可行性分析的基本内容有哪些？

单元一　项目管理过程概述

一、项目的过程

现代项目管理理论认为，项目是由一系列的项目阶段所构成的一个完整过程（或称全过程），而各个项目阶段又是由一系列具体活动构成的一个工作过程。此处的"过程"是指能够生成具体结果（或称可度量结果）的一系列活动的组合。一般一个项目由两种类型的项目过程构成，即实现过程和管理过程。

1. 项目的实现过程

项目的实现过程简称项目过程，是指人们为创造项目的产出物而开展的各种活动的过程。项目的实现过程一般用项目的生命周期来说明和描述它们的活动和内容。不同专业领域的项目，它们的项目实现过程是不同的，这将在后面的项目的生命周期中讲述。

2. 项目的管理过程

项目的管理过程是指在项目实现过程中，人们所开展的项目计划、决策、组织、协调、沟通、激励和控制等方面的活动的过程。在大多数情况下，不同项目的实现过程需要有不同的项目管理过程，但是本模块要讨论的是适用于大多数项目的项目管理过程。在一个项目的进程中，项目的实现过程和项目的管理过程在时间上是相互交叉和重叠的，在作用上是相互制约和相互影响的。例如：如果对一个项目本身的界定不是很清楚，那么项目的计划和控制活动就很难开展。相反，如果项目的计划很差，那么项目成功实现的可能性就很小了。

二、项目的管理过程

项目的实现过程是由一系列的项目阶段或项目工作过程构成的，任何项目都可以划分为多个不同的项目阶段或项目工作过程。但是，对于一个项目的全过程或者一个项目的工作过程而言，它们都需要有一个相对应的项目管理过程。这种项目管理过程一般是由 5 种不同的具体的项目管理过程构成的，这 5 种具体的项目管理过程构成了一个项目管理过程组。

1. 启动过程

一个项目管理过程组的首要管理过程就是项目管理的"启动过程"。它包含的管理内容有：定义一个项目阶段的工作与活动，决定一个项目或项目阶段的起始与否，或决定是否将一个项目或项目阶段继续进行下去等。这是由一系列决策性的项目管理工作与活动所构成的具体的项目管理过程。

2. 计划过程

一个项目管理过程组的第二种管理过程是项目管理的"计划过程"。它包含的管理内容有：拟订、编制和修订一个项目或项目阶段的工作目标、工作计划方案、资源供应计划、成本预算、计划应急措施等。这是由一系列计划性的项目管理工作与活动所构成的具体的项目管理过程。

3. 实施过程

一个项目管理过程组的第三种管理过程是项目管理的"实施过程"。它包含的管理内容有：组织和协调人力资源及其他资源，组织和协调各项任务与工作，激励项目团队完成既定的工作计划，生成项目产出物等。这是由一系列组织性的项目管理工作与活动所构成的具体的项目管理过程。

4. 控制过程

一个项目管理过程组的第四种管理过程是项目管理的"控制过程"。它包含的管理内容有：制定标准，监督和测量项目工作的实际情况，分析差异和问题，采取纠偏措施等管理工作和活动。这些都是保障项目目标得以实现，防止偏差积累而造成项目失败的管理工作与活动。这是由一系列控制性的项目管理工作与活动所构成的具体的项目管理过程。

5. 收尾过程

一个项目管理过程组的第五种管理过程是项目管理的"收尾过程"。它包括的管理内容有：制定一个项目或项目阶段的移交与接受条件，并完成项目或项目阶段成果的移交，从而使项目顺利结束。这是由一系列文档化和带有移交性质的项目管理工作与活动所构成的具体的项目管理过程。

三、具体的项目管理过程之间的关系

首先，项目管理过程组的各个具体项目管理过程之间的关系是一种前后衔接的关系。输入和输出是它们相互之间的关联要素。一个具体项目管理过程的结果输出可以是另一个具体项目管理过程的输入，所以各个具体项目管理过程之间都有文件和信息的传递。当然，这种输入与输出的关系有的时候是单向的，有的时候是双向的。例如：一个项目管理过程组中的计划过程，既要为实施过程提供项目计划文件，又从实施过程处获得各种新的情况和更新资料。这种关系在图 2-1 给出了说明。由图 2-1 可以看出，一个项目管理过程组的计划过程、实施过程和控制过程之间的输入和输出关系都是双向的，而启动过程和计划过程之间，以及实施过程、控制过程和收尾过程之间的输入和输出关系则是单向的。

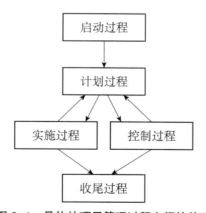

图 2-1　具体的项目管理过程之间的关系

注：图中箭头代表文件和文件内容的流向。

其次，项目管理过程组的各个具体项目管理过程也并不完全是一个过程完成以后，另一个过程才开始，各个具体项目管理过程在时间上会有不同程度的交叉和重叠，如图 2-2 所示。

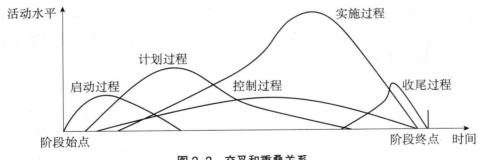

图 2-2 交叉和重叠关系

再次，项目管理过程组的各个具体项目管理过程之间的相互作用和相互影响还会跨越不同的两个项目管理阶段。换句话说，不同项目阶段的具体项目管理过程之间也有相互作用的关系，这种关系主要表现在前一个项目阶段的收尾过程会对下一个项目阶段的启动过程发生作用。通常，一个项目阶段的收尾过程可以为下一个项目阶段的启动过程提供输入功能。例如：一个项目的设计阶段的收尾过程，可以为客户输出一份项目产出物的设计方案，同时也为随后的项目实施阶段给出了项目产出物的规定和要求。这些都是项目设计阶段的收尾过程输出的，它们又是项目实施阶段的启动过程所接受的输入。这两个项目阶段的具体项目管理过程组之间的影响关系可以用图 2-3 来描述。

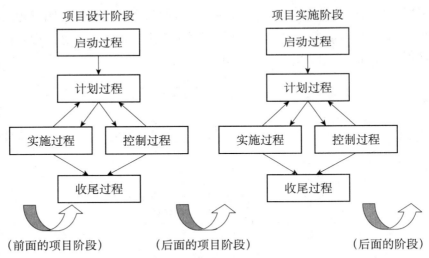

图 2-3 两个项目阶段的具体项目管理过程组之间的影响关系

尽管图 2-3 所给出的项目阶段和具体项目管理过程组是不连续的，但是在实际的项目管理中，这些项目阶段和项目管理过程组之间也会有很多交叉和重叠的部分。例如：各个项目阶段的计划过程不仅要为本阶段任务的顺利完成提出具体计划和要求，同时还应该为顺利完成下一个项目阶段的任务提供一些初步的计划要求和描述。这些计划要求和描述在下一个项目阶段的计划过程中将得到进一步的明确，并编制成具体可实施的计划。这种将项目各阶段的计划逐步详尽细化和计划的方法通常被称为滚动计划法。在项目管理中，滚动计划法是一种十分重要的计划方法，它不仅会使项目的计划更为科学和符合实际，而且包含持续改善的思想和做法，以及不断追踪决策的思想和做法。

知识链接：滚动
计划法

最后，在项目管理过程组中，启动过程和收尾过程是两个非常关键的管理工作过程。每个项目阶段的实施过程尚未开始之前，项目管理的启动过程首先开始。它的作用是正确地做出一个项目阶段是否应该开始的决策。当一个项目阶段的目标已经无法实现，或者一个项目阶段的目标虽然能够实现，但是这种目标已经不能够满足人们的需要时，管理者在项目管理过程组的启动阶段就可以做出决策，不再启动这一项目阶段，而是中止、搁置或终结这个项目阶段或者整个项目。相反，项目管理过程组的收尾过程的关键工作在于做出一个项目阶段是否结束的决策，这包括项目阶段的实现、工作任务的结束、契约与合同关系的结束和管理工作的结束等方面的决策。这种决策是在确认一个项目阶段的任务已经成功完成和这一项目阶段的目标已经实现的基础上做出的。

 **项目生命周期概述**

一、项目生命周期的定义

项目作为一种创造独特产品与服务的一次性活动是有始有终的，项目从始到终的整个过程构成了一个项目的生命周期。与项目的定义一样，项目生命周期也有不同的定义。其中，美国项目管理协会的定义最具代表性，它对项目生命周期的定义表述如下：项目是分阶段完成的一项独特性的任务，一个组织在完成一个项目时会将项目划分成一系列的项目阶段，以便更好地管理和控制项目，更好地将组织的日常运作与项目管理结合在一起。项目的各个阶段放一起就构成了一个项目的生命周期。这一定义从项目管理和控制的角度，强调了项目过程的阶段性和基于项目阶段构成的项目生命周期，这对于开展项目管理是非常有利的。

项目生命周期的定义还有许多种，但是基本上大同小异。然而，在对项目生命周期的定义和理解中，我们必须区分两个完全不同的概念，即项目生命周期和项目全生命周期的概念。项目生命周期的概念如前所述，而项目全生命周期的概念可以用英国皇家特许测量师协会（Royal Institution of Chartered Surveyors，RICS）所给的定义来说明。这一定义的具体表述如下：项目的全生命周期是包括整个项目的建造、使用以及最终清理的全过程。项目的全生命周期一般可划分成项目的建造、运营和清理阶段。项目的建造、运营和清理阶段还可以进一步划分为更详细的阶段，这些阶段构成了一个项目的全生命周期。由这个定义可以看出，项目全生命周期包括一般意义上的项目生命周期（建造周期）和项目产出物的生命周期（从运营到清理的周期）两个部分，而一般意义上的项目生命周期只是项目全生命周期中的项目建造阶段。弄清这两个定义的不同之处对于学习后续内容是非常有意义的。

二、项目生命周期的内容

一个项目从始到终的整个过程构成了项目生命周期，项目生命周期包括以下几个方面的内容。

1. 项目的时限

项目生命周期的首要内容是给出一个具体项目的时限。这包括一个项目的起点和终点，以及一个项目各个阶段的起点和终点。这些项目或项目阶段的起点和终点，既给出了与项目有关的时点数据（项目开始和结束的时点），也给出了与项目有关的时期数据（项目持续的时期长度）。例如：一个软件开发项目或一个工程建设项目，通常不仅需要给出整个项目的起点和终点，而且要给出项目各个阶段的起点和终点，从而界定项目的具体时限。

2. 项目的阶段

项目生命周期的另一项主要内容是项目各个阶段的划分。这包括一个项目的主要阶段划分和各个主要阶段中具体阶段的划分，这种阶段划分将一个项目分解成一系列前后接续、便于管理的项目阶段，而每个项目阶段的结束都是由这一阶段的可交付成果所标识的。所谓项目阶段的可交付成果就是一种可见的、能够验证的工作结果（或称产出物）。例如：一个工程建设项目通常需要划分成项目定义阶段、设计计划阶段、工程施工阶段和交付使用阶段，而项目可行性研究报告、项目设计方案、项目实施结果和项目竣工验收报告等都属于项目阶段的可交付成果。

3. 项目的任务

项目生命周期还包括各项目阶段的任务。这包括各项目阶段的主要任务和各项目阶段主要任务中的主要活动等。例如：一个工程建设项目的生命周期包括项目定义阶段、设计计划阶段、施工阶段和交付使用阶段的各项主要任务，以及各项项目阶段主要任务中的主要活动，如项目定义阶段的项目建议书编制、项目可行性研究、项目的初步设计和项目可行性报告的评审等主要任务和主要活动。项目生命周期还明确了究竟哪些任务应该包括在项目范围之中，哪些任务不应该包括在项目范围之中，并将某个项目的范围与项目实施组织的日常运营活动区分开来。

4. 项目的成果

项目生命周期同时还包括各项目阶段的可交付成果。这同样包括各项目阶段和各项目阶段中主要活动的成果。例如：一个工程建设项目的设计计划阶段的成果包括项目的设计图纸、设计说明书、项目预算、项目计划任务书、项目的招标和承包合同等。通常，项目的阶段性成果是在下一个项目阶段开始之前提交的，但是也有一些项目的后续阶段是在前一阶段的工作成果尚未交付之前就开始的。这种项目阶段的搭接作业方法通常被称为快速平行作业法，这种做法在多数情况下可能会引发项目阶段性成果最终无法通过验收的危机。

三、项目生命周期的描述

对于项目生命周期的描述既可以是一般性的、泛泛的文字说明，也可以是比较详细的具体图表描述。一般项目生命周期的描述包括文字、图、表以及核检表等方式。这些项目生命周期的描述方法通常都属于项目管理的特定工具与方法的范畴。下面给出的是几种用文字和图、表描述的，不同种类和不同详细程度的项目生命周期实例。

1. 典型的项目生命周期描述

有些项目的生命周期可以分为 4 个阶段，但是也有些项目的生命周期可以分成 5 个、10 个甚至更多的阶段。最为典型的项目生命周期是如图 2-4 所示的四阶段项目生命周期。

图中的纵轴表示项目的资源投入水平，横轴表示项目及项目阶段的时间。这种典型的项目生命周期描述方法适用于多数项目的生命周期描述，但是它比较粗略。一般而言，这种典型的项目生命周期描述具有 3 种特性。

（1）资源需求的变动。从图 2-4 中可以看出，在项目初期阶段，有关项目资源、成本和人员方面的需求很低，而进入制定方案阶段以后，项目对于资源的需求升高，越到后面会越高，到项目结束阶段这种需求又会急剧减少。一个项目的资源投入最大的阶段是项目的实施阶段。

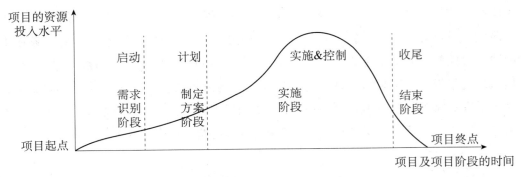

图 2-4 典型的项目生命周期示意图

（2）项目风险的变动。在项目初期阶段，项目成功的概率较低而项目的风险和不确定性却很高。但是，随着项目的推进，项目成功的概率会大大升高，而风险和不确定性大大降低，因为随着项目的推进，许多原先不确定的因素会逐步变为确定的因素。

（3）影响力的变动。在项目初期阶段，项目利益相关者（尤其是业主／客户）对于项目最终产出物的特性和项目成本的影响力最大，随着项目的推进，这种影响力会很快减小。在项目后面的阶段中，这种影响力主要体现在对于项目变更和项目成本的修订方面。

这里典型项目生命周期划分为 4 个阶段，但是有的项目生命周期的阶段可以达到 9 个或 10 个。在同一个专业应用领域中，两个类似项目的生命周期阶段划分有时也会有很大的不同。例如：一家公司的软件开发项目将"系统设计"作为项目的一个阶段，而另一家公司可以将"系统设计"划分成"功能设计"和"详细设计"两个独立的阶段。另外，一个项目的子项目也会有自己的生命周期。例如：一个建筑设计公司承担设计一栋办公大楼的任务，这一任务只是整个项目生命周期中的设计阶段或称工程设计子项目。但是对于该建筑设计公司来说，这个子项目的工作可以进一步分为"总体设计""技术设计""施工图设计"等一系列的项目阶段。因此，这个建筑设计公司可以将这一个子项目看作一个完整的项目，并给出相应的项目生命周期描述。

特别需要注意的是，我们还需要区分项目生命周期与产品生命周期这两个概念。例如：将一种新的台式计算机推向市场的工作是一个项目，这一个项目有自己的生命周期，但是这种新推出的台式计算机也有它自己的产品生命周期，即投入期、成长期、成熟期和衰退期。

2. 一般工程建设项目的生命周期描述

一般工程建设项目的生命周期也可以划分为 4 个阶段，图 2-5 给出了一般工程建设项目生命周期示意图。

（1）项目可行性研究与立项阶段。这一阶段的工作包括：编制项目建议书、开展可行性研究、进行初步设计，以及进行项目的立项批准工作。这一阶段最终要做出是继续开展项目还是放弃项目的最终决策。

（2）项目计划与设计阶段。这一阶段的工作包括：项目的技术设计、项目的造价预算（与项目合同价的确定）、项目的计划安排、合同订立、各专项计划的编制等工作。这一阶段最终要完成项目的设计和计划工作。

（3）项目实施阶段。这一阶段的工作包括：项目施工现场的准备、项目的构件制造、项目土建工程和安装工程的施工，以及项目的试车等工作。这一阶段的任务是整个工程的全部建设工作。

（4）交付使用阶段。这是项目最终试车完毕，开展验收和交付使用的阶段，有时还需要开展各种项目维护工作。这一阶段的最终结果是将建成的项目交付给业主/客户，使项目全面投入使用。

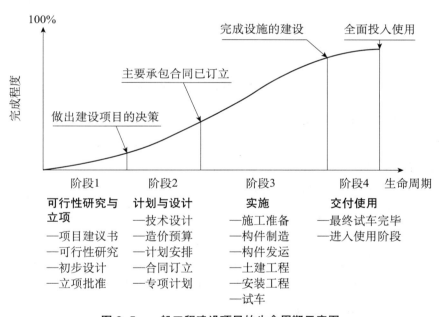

图 2-5 一般工程建设项目的生命周期示意图

一般工程建设项目的生命周期描述比较详尽，它不仅给出了项目的阶段划分，而且给出了项目各阶段的任务、项目各阶段的成果和各阶段的终结标志。

3. 软件开发项目的生命周期描述

软件开发项目是另一种典型的研究与开发性项目，这类项目的生命周期描述也是非常典型的，图 2-6 给出了这种项目的生命周期示意图。这种生命周期的描述将软件开发分为以下 4 个阶段。

图 2-6　软件开发项目的生命周期示意图

（1）概念验证循环阶段。这一阶段的工作包括：找出项目业主/用户的需求，定义系统概念，验证项目目标，做出概念性系统设计，设计和构造概念验证的内容，做出可接受的测试计划，完成项目风险分析，并做出项目风险管理方案。

（2）初始系统建造循环阶段。这一阶段的工作包括：分析确定系统的初始需求，定义初始系统目标，做出系统逻辑设计，设计和构造初始系统，做出系统测试计划，评估初始系统并提出改进建议。

（3）中间系统建造循环阶段。这一阶段的工作包括：分析确定系统的基本需求，定义中间系统目标，做出系统物理设计，设计和构造中间系统，做出系统测试计划，评估中间系统并提出改进建议。

（4）最终系统建造循环阶段。这一阶段的工作包括：实现用户的各项需求，做出最终系统设计，构造最终系统，运行各个单元、子系统和系统，并对系统进行全面测试。

这种项目生命周期描述使用了循环周期阶段划分的描述方式，是非常适用于软件开发项目的生命周期描述。

综上所述，不同专业领域的项目会有不同的项目工作内容，因而会有不同的项目阶段划分，会有不同的项目管理过程和不同的项目生命周期。因此，我们除了要学习和认识项目管理的一般规律、通用的项目理论和方法，还要学习和掌握与项目所属专业领域有关的方法和技能。

同步案例

小方是某集团信息处工作人员，承担集团主网站、分公司及下属机构子网站的建设管理工作。小方根据在学校学习的项目管理知识，制定并发布了项目章程。因工期紧，小方仅确定了项目负责人、组织结构、简略的阶段计划和大致的预算，便组织相关人员开始了各个网站的开发工作。

在开发过程中，不断有下属机构提出新的网站建设需求，导致子网站建设工作量不断增加。由于人员投入不能及时补足，因此实际进度与计划存在严重偏离；同时，因为与需求提出人员同属一个集团，所以开发人员不得不对一些非结构性的变更做出让步，随提随改。这不仅没有加快项目进度，而且导致工作成果的版本越来越混乱。

【问题1】请简要分析该项目在启动及计划阶段存在的问题。

【问题2】简要叙述正确的项目启动应包含哪些步骤。

【问题3】请为该项目设计一个项目章程（列出主要栏目及核心内容）。

课后习题

一、单选题

1. 项目的管理过程不包括（　　　　）。

    A. 启动过程　　　　B. 计划过程　　　　C. 实施过程　　　　D. 立项过程

2. 典型的项目生命周期可以分为（　　　）个阶段。

    A. 4　　　　　　　B. 5　　　　　　　C. 3　　　　　　　D. 6

3. （　　　）不属于项目生命周期的内容。

    A. 项目的多目标　　　　　　　　　B. 项目的时限

    C. 项目的任务　　　　　　　　　　D. 项目的成果

4. 项目的管理过程由（　　　）个具体管理过程组成。

    A. 4　　　　　　　B. 5　　　　　　　C. 3　　　　　　　D. 6

5. 下列选项中，哪句话是错误的？（　　　　）

    A. 项目的实现过程是指人们为创造项目的产出物而开展的各种活动的过程

    B. 一个项目管理过程组的首要管理过程是项目管理的"启动过程"

    C. 控制过程是一次性的过程

D. 项目的全生命周期是包括整个项目的建造、使用以及最终清理的全过程

二、简答题

1. 什么是项目过程？

2. 简述项目管理过程的含义。

3. 简述项目生命周期的内容。

4. 项目管理过程组中的"计划过程"、"实施过程"与"控制过程"之间是一种什么关系？

5. 对不同的项目，项目的管理过程是否可以是一样的？如果不一样，应该如何去应用项目的管理过程？

模块三　项目的干系人管理

🎯 学习目标

◆ **知识目标**

1. 理解项目经理的角色与职责、技能要求和素质要求
2. 了解项目主要干系人的构成和关系

◆ **技能目标**

掌握解决各种干系人之间利益冲突与问题的方法

◆ **素质目标**

树立诚实守信的职业形象，具备灵活的思维

↻ 案例导入

　　某系统集成商 B 最近正在争取某钢铁公司 A 的办公网络迁移到外地的项目。李某是系统集成商 B 的销售经理，鲍某是系统集成商 B 的项目经理。由于以往销售经理的过度承诺给后继的实施工作带来了很大困难，因此此次鲍某主动为该项目做售前支持。该办公网络迁移项目的工作包括钢铁公司 A 新办公楼的综合布线、局域网网络系统升级、机房建设、远程视频会议系统、生产现场的闭路监控系统共 5 个子系统的建设。钢铁公司 A 对该项目的招标工作在 2023 年 8 月 4 日开始。该项目要在 2023 年 12 月 29 日完成，否则将严重影响钢铁公司 A 的业务。

　　时间已到 2023 年 8 月 8 日，钢铁公司 A 希望系统集成商 B 能在 8 月 15 日前提交项目建议书。钢铁公司 A 对项目的进度非常关注，这是其选择集成商的重要指标

之一。根据经验、钢铁公司 A 的实际情况和现有的资源，鲍某组织制订了一个初步的项目计划。通过对该计划中项目进度的分析预测，鲍某认为按正常流程很难达到客户对进度的要求。拟订的合同中规定了进度延误要处以罚款。但是销售经理李某则急于赢得合同，希望能在项目建议书中对客户做出明确的进度保证。鲍某和李某在对项目进度承诺的问题上产生了分歧，李某认为鲍某不帮助销售拿合同，鲍某认为李某乱承诺对以后的项目实施不负责任。本着支持销售的原则，鲍某采取了多种措施，组织制订了一个切实可行的进度计划，虽然其报价比竞争对手略高，但评标委员会认为该方案有保证，是可行的，于是系统集成商 B 中标。系统集成商 B 中标后，由其实施部负责项目的实施。

【问题 1】在制订进度计划时，鲍某可能会采取哪些措施使制订的进度计划满足客户的要求？

【问题 2】在项目实施过程中，负责售前工作的李某应做哪些工作？

单元一　项目干系人

项目既可以是一个公司、一个政府机构、一个国际组织或专业团体，以及其他一些组织的具有一次性和独特性的工作，也可以是涉及许多个组织的一项具有一次性和独特性的活动。项目本身的特性使得项目管理对于项目的成功十分重要，而项目经理作为项目实施组织的领导者就显得更为重要了。一个项目的干系人是指那些参与项目或者是其利益会受项目成败影响的个人或组织。只有一个项目的领导者全面地识别项目的干系人，分析、确认和管理好干系人要求与期望，才能使项目获得成功。

一、项目主要的干系人

一个项目会涉及许多组织、群体或个人的利益，无论项目是直接涉及还是间接涉及这些人或组织的利益，这些组织、群体或个人都是这一项目的干系人。对于干系人的识别有时是非常困难的，如一个新产品开发项目的结果既会影响某替代产品生产线工人的未来就业状况，也会影响一些人的经济利益。根据人们在项目中所承担的角色去命名和划分干系人是一种识别干系人的基本方法。通常在项目管理中，一个项目的主要干系人包括下述几种。

1. 项目业主

项目业主是项目的投资人和所有者。项目业主是一个项目的最终决策者，其拥有对于项目的工期、成本、质量和整合管理等方面的最高决策权力，因为项目是归其所有的。项目业主有时还是项目的直接客户，有时甚至还是项目的实施者。例如：对于一个住宅建设项目而言，房地产开发商只是项目的业主，一般不是项目的客户（它不是房屋的住户）和实施者（它也不是房屋建筑承包商）；对于一个信息管理系统整合项目而言，业主一般就是系统的最终用户；而对于一个企业的技术攻关项目或技术改造项目而言，项目的业主、客户和实施者就有可能都是企业自身。对于任何一个项目的管理，首先要确认谁是项目的业主，因为业主将对项目的管理起决定性的作用。

2. 项目客户

项目客户是使用项目成果的个人或组织。因为任何一个项目都是为项目客户服务的，都是供项目客户使用的，所以在项目管理中必须认真考虑项目客户的要求与期望。一个项目的客户既可能是非常单一的，也可能是非常广泛的。例如：一个具体的信息管理系统开发项目的客户可能只是一个企业，而一个大型体育比赛或文娱演出项目的客户可能会有许多，既包括现场观看的观众，也包括观看电视转播的观众等。一个项目的客户有时可能会是多层次的。同样，一个项目的成功需要准确识别和确认项目客户，尤其是那些客户涉及面广而且层次多的项目。

3. 项目经理

项目经理是负责管理整个项目的人。项目经理既是一个项目的领导者、组织者、管理者和项目管理决策的制定者，也是项目重大决策的执行者。项目经理不仅需要领导和组织好自己的项目团队，做好项目的计划、实施和控制等一系列的项目管理工作，而且需要制定各种决策。但是在有关项目工期、质量和成本等方面的重大决策上，项目经理就需要听命于项目业主/客户或者项目最主要的干系人。因为项目经理对于一个项目的成败是至关重要的，所以他必须具有很高的管理技能和较高的素质。他必须能够积极与他人合作并能够激励和影响他人的行为，为实现项目的目标与要求服务。

4. 项目实施组织

项目实施组织简称项目组织，是指完成一个项目主要工作的组织。一个项目可能会有很多个实施组织，也可能只有一个实施组织。例如：举办奥运会这种项目会涉及很多不同的项目实施组织，但是一栋住宅的建设项目可能只需要一家建筑承包商。一个项目的实施组织既可能是业主委托的业务实施组织，也可能是业主自己内部的单位或机构。例如：一个企业信息管理系统开发项目的实施组织，既可以是外部的某个信息系统整合公司，也可以是企业内部的信息部或计算机中心等部门。项目实施组织是项目产出物的生产者，其工作效率和工作质量对项目的成败是至关重要的。

5. 项目团队

项目团队是具体从事项目全部或某项具体工作的组织或群体。项目团队是为实现项目的一个或多个目标而协同工作的群体。一个项目既可能会有为完成不同项目任务的多个项目团队，也可能只有一个统一的项目团队。例如：一个工程建设项目至少要有一个工程设计的项目团队和一个工程施工的项目团队，这两个团队在许多情况下是由属于两个不同的实施组织的人员组成的。一般工程设计项目团队由建筑设计院或建筑事务所的人员组成，而工程施工的项目团队由建筑施工单位（承包商）的人员组成。然而，对于一个企业自行完成的技术改造项目来说，它的项目团队就是一个由企业内部人员组成的团队。

除此之外，一个项目还会涉及像供应商、贷款银行、政府主管部门等项目团队，涉及市民、社区、公共社团等方面的干系人。这些不同的干系人的要求与期望及行为都会对项目的成败产生影响，都需要引起重视。例如：政府主管部门对于项目的管理规定、供应商的竞价能力、贷款银行的各种政策、环保组织或社团的要求、项目所在社区的利益等都是项目管理中需要考虑的要素，因为这些要素都会直接或间接地影响项目的成败。

二、干系人之间的关系

干系人之间的利益关系既有相互一致的一面，也有相互冲突的一面。干系人的要求与期望有时是不统一的，这就造成了干系人会有一些不同的目标，有时这些目标还会相互冲突。例如：委托开发信息管理系统的企业部门，作为项目的业主，会要求在系统技术性能得到保障的基础上，开发成本越低越好，但是承包系统开发的信息管理系统整合公司的要求与期望是在保证系统技术性能的基础上能够获得最大的业务利润，即项目的造价（开发费用）越高越好。一个房地产开发项目的业主看重的可能是项目能否按时交工，而当地政府看重的是项目能否带来税收和就业的增加。通常，干系人之间的关系分为如下几种。

1. 项目业主与项目实施组织的利益关系

项目业主与项目实施组织之间的利益关系在很大程度上决定了一个项目的成败。

通常，二者的利益关系既有相互一致的一面，这使项目业主与项目实施组织最终形成了一种委托与受托，或者委托与代理的关系（如果项目业主和项目的实施组织之间没有这种利益一致，就无法形成项目业主与项目实施组织之间的合作关系）；也有利益相互冲突的一面（因为双方都有各自的利益、期望和目标），这会影响项目的成功实施。例如：在一个管理咨询项目中，项目业主与管理咨询公司之间由于有共同的利益而形成了委托与受托的关系，项目业主希望尽量降低管理咨询的成本，使自己获得更多的利益；但是管理咨询公司则希望尽量提高管理咨询项目的成本或造价，从而获得更多的业务收入。通常，如果不能够正确地处理利益的冲突，就会导致项目实施组织中止合作或采取偷工减料的做法，最终导致整个项目出现问题。项目业主与项目实施组织的这种利益冲突一般需要按照互利的原则，通过友好协商的方法，运用委托代理合同的方式来解决。因此在项目管理中，项目业主与项目实施组织之间都需要通过签署各种合同来保障双方的利益和调整双方的利益关系。

2. 项目业主与项目其他干系人的利益关系

项目业主与项目其他干系人之间同样存在利益一致的一面和利益冲突的一面。通常，项目业主与其他干系人之间利益一致的一面使得项目得以成立，而利益冲突的一面导致项目出现问题或失败。例如：一条高速公路的建设项目的业主与该项目的客户在满足交通需求方面的利益是一致的，但是在过路收费方面会有利益冲突，过低的收费会使道路投资的回收出现问题而使业主受损，过高的收费会使客户利益受损，从而导致一部分客户放弃使用该道路，使道路的投资回收同样出现问题。与此同时，项目业主会与道路经过地区的居民发生利益冲突，这包括居民会提出高额补偿费（拆迁费）和增设高速公路的防噪声设施等要求，这同样会影响项目的成功。另外，项目业主还会与城市基础设施管理部门和一些环保组织发生利益冲突，这也会直接影响项目的成功。对于这些可能发生的项目业主与项目其他干系人之间的利益冲突，项目管理者必须予以重视，设法做好事前的预测和控制，努力合理地协调这些利益关系和解决这些利益冲突，以保障项目的成功。

3. 项目实施组织与项目其他干系人的利益关系

项目实施组织与项目其他干系人也会产生各种利益关系，包括利益一致和利益冲突两个方面。虽然项目实施组织与项目其他干系人的利益关系没有项目业主与其他干系人的利益关系那么直接和紧密，但是同样会有许多利益冲突的地方，也存在由于利益冲突导致项目失败的风险。例如：一个信息系统整合公司不仅会与项目业主发生项目预算方面的利益冲突，而且会与系统的最终用户发生利益冲突，因为项目业主单位的中层管理者和下层信息处理者会因为项目实施组织所开发的信息系统改变了他们原有的权力分配（有的人拥有了更多的信息，从而拥有了更大的权力，有的人因此失去了一部分权力）、威胁了他们的地位、改变了他们的工作和未来发展（有的人可能会因为不适应系统的挑战而失去工作或提升的机会），而与项目实施组织发生冲突，甚至会人为地给信息系统开发设置障碍（在系统的用户需求调查中不提供真实的需求）、会设法抵制信息系统项目的开发（在系统转换中不提供支持或反对在本部门使用信息系统），从而使整个系统的开发项目失败。项目实施组织与项目其他干系人的利益关系和冲突也需要项目管理者采取各种方法进行协调，努力地消除利益冲突，从而使项目获得成功。

现代项目管理的实践证明，不同干系人之间的利益冲突和目标差异可以通过采用合作伙伴式管理（Partnering Management）和其他解决方案予以解决。这意味着在项目管理中，项目管理者从项目的定义阶段开始就要充分了解干系人各方面的要求

知识链接：
干系人

与期望，应该充分考虑项目全部干系人的利益关系；而在项目的计划阶段要合理安排和照顾干系人的利益，协调干系人在项目目标方面的冲突和差异；在项目的实施阶段要努力维护干系人的不同利益，设法达到甚至超过各方的要求与期望，从而最终成功地完成整个项目。

单元二　项目经理概述

项目经理是一个项目团队的核心人物，他的能力、素质和工作绩效直接关系项目的成败。

一、项目经理的角色与职责

项目管理的主要责任是由项目经理承担的，项目经理的基本职责是确保项目的全部工作在项目预算的范围内，按时、优质地完成，从而使项目业主/客户满意。项目经理在整个项目管理中处于核心地位，在项目管理中承担着诸多不同的角色。项目经理主要承担的角色和职责包括以下几方面。

1. 项目团队的决策人和领导者

项目经理是项目团队的最高领导，是项目管理和工作的决策人。项目经理在项

目实现过程中，要确定项目及各项目阶段的目标、范围、任务，要规定各项工作的要求，这些都属于项目决策的工作，所以项目经理是项目团队的决策人。因为在确定项目或项目阶段的目标时，项目经理需要充分考虑和尊重项目业主／客户的要求与期望，所以项目经理并不是整个项目的决策人，而只是项目团队的决策人，而项目业主／客户才是一个项目的最终决策人。

项目经理在带领项目团队完成项目任务和工作的过程中还必须承担领导者的角色。在项目管理中，有很多情况需要项目经理身先士卒地带领项目团队去"冲杀"，带领团队去"攻克堡垒"。项目经理要指导项目团队按照正确的方向和方法去完成项目工作，此时项目经理需要"坐镇指挥"，需要通过积极授权使下属能够在指导下完成任务。项目经理的领导职责主要是充分运用自己的职权和个人权力去影响他人，为实现项目的目标而服务。

2. 项目的计划者和分析师

项目经理也是一个项目的主要计划者和分析师。任何项目都有一系列的计划工作，既有整合计划工作也有各种专项计划工作，因为一个项目的各项活动和任务都需要通过计划工作来做出安排。虽然每个项目团队都有自己的计划管理人员，但是项目经理是项目计划的主要制定者，而计划管理人员只是项目计划决策的辅助者，因为一个项目的计划最后还是要由项目经理进行审查和批准，然后才能实施和执行的。

同时，在项目的计划和安排过程中，项目经理必须全面地分析项目或项目阶段所处的外部环境和所具有的内部条件，深入地分析这些环境与条件可能给项目或项目阶段所带来的机遇和威胁，深入地分析和估算项目或项目阶段所需的各种资源，综合地分析项目或项目阶段所面临的各种风险，以及应对这些风险的措施。同样，虽然有项目管理人员或专家做项目分析的具体工作，但是项目经理承担着通过分析得出正确结论的最终职责，所以项目经理又扮演着分析师的角色。

3. 项目的组织者和合作者

项目经理是一个项目的组织者和合作者。作为项目的组织者，项目经理要组织项目团队、设计项目团队的组织结构、分配项目团队人员角色、安排项目管理人员的管理职责、自上而下地授权、进行项目团队人员的分配、分派各种项目管理任务、组织和协调团队成员的工作等，这些都属于项目组织管理方面的工作，所以说，项目经理还是一个项目团队的组织者。

同时，项目经理在整个项目的实现过程中还要扮演合作者的角色，他要与项目团队的全体成员和所有的项目干系人进行合作。项目管理是一种基于团队作业的管理，而不是一种基于部门作业的管理，而在基于团队作业的管理中，任何人都是以合作者的身份出现的，项目经理也不例外，尤其是在与项目业主/客户的合作中更是如此，所以项目经理又是项目团队中的合作者。

4. 项目的控制者和评价者

作为项目的控制者，项目经理需要全面、及时地控制项目的全过程，他要根据项目的目标和项目业主/客户的要求与期望制定各项工作的管理控制标准，组织项目管理人员对照标准度量项目的实际绩效、对照标准分析和确定项目实际工作中所出现的各种偏差并决定采取何种措施去纠正已出现的偏差，这些都是项目经理作为项目控制者这一角色，在项目的实现过程中所要做的工作。

与此同时，项目经理还需要扮演项目评价者的角色。他要从一个评价者的角度出发，客观地衡量和评价一个项目的工期进度、项目质量和项目成本与预算的实际完成情况，并及时评价和判断各种偏差的性质及对于项目的影响，评价和判断项目实现过程中出现的各种问题。尤其值得说明的是，项目经理还担负着评价各种项目变更的责任，不管是项目设计的变更还是项目实施的变更。

5. 项目的协调人和促进者

项目经理在项目干系人之间还扮演着协调人和促进者的角色。作为协调人，项目经理处于全体项目干系人的中心位置，如图3-1所示。因为项目经理不但要协调项目业主/客户的利益，还要协调项目业主/客户与项目团队的利益，以及项目团队、项目其他干系人之间的各种利益关系。

在协调这些项目干系人之间利益关系的同时，项目经理还需要努力促进和增加项目的总体利益，努力追求项目利益的最大化，从而使所有项目干系人都能够从项目中获得更大的利益，因此项目经理还承担着促进者的角色。

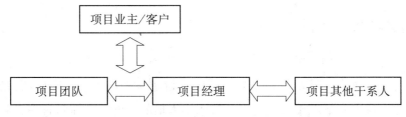

图3-1　项目经理与项目干系人关系示意图

二、项目经理的技能要求

项目的成功在很大程度上取决于项目经理的工作，因此项目经理必须具备保证项目成功所需的各种技能。这些技能主要包括三个方面，其一是概念性技能，其二是人际关系能力，其三是专业技能。

1. 项目经理的概念性技能

项目经理的概念性技能是指项目经理在项目实现过程中遇到各种意外或特殊情况时，根据具体情况做出正确的判断、提出正确的解决方案，做出正确的决策和合理地安排与解决问题的技能。这项技能要求项目经理必须具备如下几个方面的能力。

（1）分析问题的能力。项目经理必须具备分析、识别和发现各种问题的能力，即从复杂多变的情况中能够发现问题，分析和找出问题的实质与问题原因的能力。这方面的能力涉及：发现问题的敏锐性、准确性和全面性；分析问题的逻辑性、可靠性和透彻性。所谓发现问题的敏锐性是指项目经理能够提前预见项目存在的问题，或者在较短的时间内发现项目存在的各种问题；发现问题的准确性是指项目经理能够十分准确地发现问题及问题原因之所在；发现问题的全面性是指项目经理能够完全、彻底地发现问题和问题所涉及的各个方面。分析问题的逻辑性是指项目经理必须具有严密的逻辑思维能力，能够透彻地分析项目工作中形成各类问题的前因后果及各种逻辑关系；分析问题的可靠性是指项目经理在分析各类问题时，能够依据确凿的事实、理论和实际经验，而不是凭空想象和任意蛮干；分析问题的透彻性是指项目经理在分析问题时能够从正反两个方面和多个不同的角度出发，深入透彻地分析问题的实质和原因。另外，称职的项目经理还要具有系统思维的能力，能够从整体的角度考虑问题，综合地分析问题的形成原因。因为项目经理所面临的是一个开放的、不确定的工作环境，所领导的是一批具有多样性、临时性的项目团队人员，时间与资源均有限，所以要实现项目目标，他就必须具备上述发现问题和分析问题的能力。

（2）解决问题的能力。因为项目经理每天都会遇到各种各样的问题，所以他必须具备解决问题的能力。从根本上说，项目经理这一职务就是为解决项目的各种问题而设立的。衡量一个项目经理解决问题能力的标准涉及三个方面，其一是解决问题的针对性，其二是解决问题的正确性，其三是解决问题的完善性。解决问题的针对性是指项目经理在解决问题的过程中所采取的各种对策和方法应该具有很强的针对性。因为在解决问题的过程中会涉及大量关于人的因素，所以解决问题是项目管理中一个艺术性很强的工作，需要针对具体问题、具体对象、具体环境条件找出有针对性的解决办法。有针对性地解决问题是项目经理解决问题能力中最为重要的一点。在有针对性地解决问题的基础上，项目经理还应该能够在解决问题的过程中体现正确性和完善性。正确性是指项目经理应该具有采用正确的方式方法解决问题的能力,而完善性是指项目经理应该在解决问题的过程中能够考虑得比较周全,既能很好地解决眼前问题,又能够不留各种后患,既能使解决问题结果令有关各方都比较满意,又能降低解决问题的成本。当然,一个项目经理具备所有这些解决问题的能力是非常不容易的。

(3)制定决策的能力。项目经理必须具备在复杂的情况下做出正确决策的能力,即在各种情况下都能够找出解决问题的可行性方案,并挑选出最佳或令人满意的行动方案。这方面的能力包括:收集信息的能力、加工处理信息的能力、根据各种信息制定行动备选方案的能力和抉择最佳行动方案的能力。所谓收集信息的能力是指项目经理必须具备采用各种方式方法获得项目信息的能力,这包括采用文献阅读、访谈、问卷和实地观察等方式方法的能力。其中,文献阅读是指通过阅读项目的有关资料、报表、报告和各种文件获得信息;访谈是指通过与项目团队人员或项目的其他相关人员,通过面对面的谈话获得信息;问卷是指通过向团队成员或其他人发放并回收各种调查问卷;实地观察是指在项目现场实地观察。一个合格的项目经理至少要具备使用这几种基本的信息收集手段去获得项目信息的能力。同时,项目经理还应该具有对各种数据和信息进行加工处理的能力,这包括:数据和信息的汇总能力、信息和数据的分类整理能力、基本的数据统计分析能力和财务分析能力等。另外,项目经理还应该具备根据各种信息确定行动备选方案的能力,这包括:找出和制定各种可行备选方案的能力,确定各个备选方案的经济、技术、运营等特性指标的能力,分析和比较各个备选方案优劣的能力等。项目经理最重要的决策能力是抉择最佳行动方案的能力,因为前面所述的三个方面的能力虽然也属于广义的决策能力范畴,但它们实质上属于决策支持能力的范畴,只有行动方案的抉择能力才是真正意义上的决策能力(狭义)。这种能力要求项目经理在抉择行动方案时必须能够运用自己的经验和判断力,在信息不完备的情况下能够选择最佳或令人满意的行动方案。决策支持工作多数可以由项目管理人员完成,而抉择行动方案的工作只能由项目经理完成。

(4)灵活应变的能力。项目本身的可变因素很多:项目相对开放的环境是可变的,项目工期进度和各种资源是可变的,项目的范围和内容是可变的,项目实施组织和团队成员是可变的(因为是临时性的),项目业主/客户的要求与期望是可变的。面对这么多的可变因素,项目经理必须具有灵活应变的能力。这是一种控制、处理和适应项目各种变更的能力,是一种在各种项目变更中确保项目目标得以实现的灵活应变能力。

项目经理灵活应变的能力主要表现在两个方面,其一是对于各种变更的快速反应能力,其二是灵活地运用各种手段去处理和适应各种变更的能力。所谓"对于各种变更的快速反应能力"是指一旦项目发生变更,项目经理应该能够以最快的速度做出反应，以最快的速度提出应对措施，而不至于使变更或问题发展扩大，使变更或问题造成的损失不断地增加。项目经理对于变更的快速反应能力对于项目的成功是至关重要的。所谓"灵活地运用各种手段去处理和适应各种变更的能力"，包括灵活运用各种手段处理发生的各种变更和灵活地调整项目管理手段和工作，以使整个项目团队能够适应变更后的环境与情况。

2. 项目经理的人际关系能力

项目经理的人际关系能力是指项目经理与各种人员（包括项目干系人）能够充分地沟通，进行激励，因人而异地采取领导和管理的方式，有效地影响他人的行为，以及处理好各方面的人际关系的能力。这要求项目经理具备如下几个方面的能力。

（1）沟通能力。项目经理必须具备很强的沟通能力，因为项目经理与一般运营管理人员不同，他需要不断地与项目团队的各个成员、项目业主/客户或他们的代理人、项目其他干系人以及其他组织和个人之间进行各种各样的沟通。在这些沟通中，既有管理方面的沟通、技术方面的沟通，也有商务方面的沟通、思想感情方面的沟通；既包括言语沟通，也包括非言语沟通（各种手势和表情）。项目经理必须能够掌握各种沟通技能，以便在项目管理中能够充分地进行信息传递、思想交流和影响他人，为实现项目目标服务。

在口头沟通方面，项目经理必须具备听和说两个方面的能力。其中，听是指项目经理要能够倾听各个方面和各种人的意见和建议，不但能够听懂，而且能够使对方在沟通过程中做到"知无不言，言无不尽"，使对方真正表达出自己的思想和感情，并从对方处获得自己所需要的信息。在说的方面，项目经理不但需要具有良好的语言表达能力，而且需要具有说服和影响的能力，这包括：针对具体人、事充分表达自己的想法、意图和思路的能力，能够使用各种表达方法和通过各种沟通渠道（包括正式和非正式的沟通渠道）说服他人的能力，能够通过说教鼓舞士气的能力等。其中，正式的沟通渠道是指正式组织的信息系统渠道，非正式的沟通渠道是指非正式（或非官方）组织的信息系统渠道。在项目管理中，项目经理需要运用正式和非正式的沟通渠道去传递信息，进行沟通。

另外，项目经理在书面沟通方面需要具备能够读懂并会使用各种书面文件的能力。这些书面文件包括：各种技术文件（项目的技术图纸、技术说明书、设计文件等使用工程语言给出的各种技术文件等）、各种书面报告（项目的申请报告、工期进度报告、成本与财务分析报告、质量报告等）、各种项目报表（项目的计划进度报表、质量报表、成本与财务报表和其他一些定期与不定期的报表等）、各种备忘录文件（项目的会议纪要文件、项目变更文件、项目索赔与纠纷方面的备忘文件等）。

（2）激励能力。项目经理要管理好一个项目和项目团队，不但需要具备良好的沟通能力，而且需要具备足够的激励能力，这包括对他人的激励和自我激励两个方面的能力。在项目管理中，项目经理需要不断地激励项目团队的每个成员，使整个项目团队能够保持旺盛的士气和工作的积极性，使团队共同为实现项目的目标而努力。同时项目经理还需要不断地激励自己，使自己能够面对和解决项目出现的各种问题。

激励能力的前提是项目经理具备深入了解和正确认识项目团队成员个人需求的能力。这涉及项目经理要了解团队成员的个人需求，识别和发现团队成员的真正需要，认识团队成员的主导需求等方面的能力。因为对任何人进行激励的前提都是要了解和清楚其个人需求，针对需求才能开展激励。项目经理还要有能够正确选择和使用激励手段的能力。这包括合理选用精神激励或物质激励手段、内在激励或外在激励手段、正强化或负强化激励手段等各种不同的激励手段。其中，精神激励和物质激励二者多数是结合使用的，内在激励和外在激励手段的选择要根据被激励者本身的情况决定。正强化和负强化激励手段的选择取决于被激励者的行为与组织期望，一般在被激励者的行为与组织期望相背离的时候，需要采用负强化的手段（即批评和惩罚的手段）；如果被激励者的行为与组织期望一致，则需要采用正强化的手段（即奖励和表扬的手段）。

另外，项目经理还要能够制定合理的奖惩制度，并能够适时地采用奖惩和其他一些激励措施。这包括确定奖惩的适用情况和条件，奖励的间隔周期和惩罚的及时性，奖励和惩罚的力度与具体实施办法等。项目经理必须依靠制度去开展具体的激励工作，根据平等、透明的规定和办法开展激励工作，而不能采用"黑箱"操作的方式。同时，由于项目管理中的激励有很强的时效性要求，因此项目经理必须具有适时采用激励手段的能力。项目经理要能够根据具体情势，变通地使用各种激励措施。

在项目管理中，项目经理还需要充分使用自己拥有的权力，通过各种各样的方式去影响他人的行为，为实现项目目标服务。项目经理影响他人行为的能力来自两个方面，其一是运用职权影响他人行为的能力，其二是运用个人权力影响他人行为的能力。项目经理的职位赋予了项目经理一定的职权，这包括奖惩权、强制权和其他一些规定的权力。项目经理必须具备能够正确使用这些职权的能力，具备发挥因职位获得的权力倾斜优势从而影响和改变他人行为的能力。其中，使用强制权的能力要求项目经理具有一定的法律知识，能够把握强制措施的力度，既不至于因滥用职权而触犯法律，也不至于因使用的强制措施力度不够而失去作用。在使用奖惩权的能力方面，项目经理要充分处理好公平和效率的关系，既不能过于强调效率，而引发大多数人认为有失公允，也不能过于强调公平而造成项目团队不追求效率。项目经理除具有职位赋予的职权以外，还具有一定的专长权、个人影响权等一系列与个人素质和能力有关的个人权力。项目经理在进行项目管理过程中必须能够充分运用这些个人权力去影响团队成员和其他人的行为。值得注意的是，由于项目是以团队作业方式开展的，团队成员之间关系相对平等，项目经理的职权相对较弱，因此项目经理必须更好地使用个人权力去影响他人的行为，因为在这种情况下，个人权力是影响他人行为的主要力量。项目经理要能够充分运用自己的专长权（即由于具有专业特长而拥有的权威力量）去影响他人，尤其是在一些高技术项目或科研开发项目中。同时，项目经理要能够使用个人影响权去影响团队成员的行为，这包括通过发挥主动承担风险、身先士卒和行为表率的作用，使团队成员信服和听从调遣等，这在探险项目、竞赛项目中是非常重要的。

（3）人际交往能力。项目经理是一个项目的核心人物，他必须与项目业主／客户、项目其他干系人交往，因此他必须具备较高的人际关系交往能力，否则他将无法领导自己的团队，无法与项目全体干系人保持正常的工作关系。项目经理的人际交往能力涉及许多方面，这包括处理与业主／客户的委托代理关系方面的能力、处理与项目其他干系人的利益关系方面的能力、处理项目所涉及公共关系方面的能力、处理项目团队内部关系方面的能力等。例如：项目经理不但要与每位团队成员建立良好的人际关系，而且需要通过各种联谊活动与团队成员的家属建立良好的人际关系，这对于解决项目中发生的一些冲突是非常有用的。如果项目经理能够充分了解上级、业主／客户的想法，获得他们的信任，那么就会使项目获得更多的资源和更大的支持。总之，项目经理只有具备较好的人际交往能力，才能够很好地领导一个项目团队，才能够很好地完成一个项目。

（4）处理矛盾和冲突的能力。项目经理是一个项目的矛盾和冲突的中心，因为所有项目业主／客户、项目其他干系人的各种矛盾和冲突多数需要项目经理进行协调和处理。他必须具备处理矛盾和冲突的能力，否则他就会陷入各种矛盾和冲突之中，那样不但无法完成项目，而且会引发各种各样的纠纷甚至诉讼。项目经理处理矛盾和冲突的能力同样包括许多方面，其中最主要的是：协商的能力（因为项目经理处理矛盾和解决冲突的首要手段是协商）、调停的能力（项目经理应能够为团队成员或团队成员与其他人调解矛盾和冲突）、使他人妥协的能力（因为任何矛盾和冲突的最终解决都是妥协的结果，即牺牲一定的利益或目标以解决矛盾和冲突）、搁置的能力（通过搁置矛盾和冲突使其随着时间的推移而自行消失、化解和解决）、激化的能力（有时矛盾和冲突必须通过激化以促使问题发生转变或得到解决）。另外，项目经理还需要具有一些其他的处理矛盾和冲突的能力。例如：合作的能力、退避的能力、转化的能力等。

3. 项目经理的专业技能

项目经理的专业技能是指项目经理在项目实现过程中所需具备的处理项目所属专业领域技术问题的能力。项目经理不但要有项目管理和一般运营管理方面的能力，而且必须有项目相关专业领域的知识和技能。项目都是属于一定专业领域中的一种一次性和创新性的工作，这就要求项目经理具备足够的专业知识和专业技能。因为在项目管理中，"外行领导内行"会使项目的推进变得非常困难，所以多数项目经理都是由项目相关领域中的专家担任的。因为不同的项目涉及不同的专业领域，所以很难具体描述一个项目经理应该具备哪些专业技能。虽然项目经理也不必一定是具体项目专业领域中的权威，但是他必须具备项目所需的基本专业知识、了解项目所涉及专业的基本原理。例如：工程建设项目的经理必须了解土建工程和安装工程的基本原理和过程；信息系统开发项目的经理必须了解系统调查、系统分析、系统设计和系统测试的基本原理与方法；管理咨询项目的经理必须懂得企业管理的理论和实务。

三、项目经理的素质要求

项目经理必须具备项目管理所需的基本素质，以符合项目管理的基本要求。对项目经理的素质要求主要包括如下几个方面。

1. 要有勇于承担责任的精神

项目经理的管理责任是很重大的。因为项目管理与一般运营管理不同（首先，没有职能管理部门分担各种管理责任，多数管理责任是由项目经理承担的；其次，项目管理所处的环境是相对不确定的；最后，在项目管理的过程中，项目经理随时都需要做出各种决策和选择），所以项目经理必须具有勇于承担责任的精神。

2. 要有积极创新的精神

因为项目是一次性的和独特性的，所以往往没有经验和常规办法可以借鉴。在项目的实现过程中，因为项目管理几乎处处需要创新和探索，所以项目经理必须具备积极创新的精神。任何保守的做法、教条的做法和墨守成规的做法都会给项目的实现带来问题和麻烦，甚至根本就是行不通的。

3. 要有实事求是的作风

项目管理需要项目经理勇于承担责任和创新，而承担责任和创新的前提是实事求是、尊重客观规律，所以项目经理还必须具有实事求是的作风。项目经理必须具有坚持原则、尊重客观规律和坚持实事求是的作风。不管是项目业主／客户还是上级或政府提出的要求、做出的指示，凡是有问题的，项目经理一定要认真说明和据理力争，决不能唯唯诺诺、唯命是从，更不能贪污腐败、违背客观规律。

4. 要有任劳任怨、积极肯干的作风

项目经理的主要工作是现场指挥和进行一线管理，这要求项目经理具有吃苦耐劳、任劳任怨、身先士卒、积极肯干的作风。项目管理中有许多需要解决的矛盾和冲突，项目干系人也会对项目经理进行抱怨，项目经理如果没有任劳任怨的作风和积极肯干的敬业精神，就无法承担管理整个项目的重担。

5. 要有很强的自信心

项目经理的一个重要的素质是要有很强的自信心。因为项目团队是在项目经理的领导下开展工作的，很少有上级或职能管理人员可以依靠，所以项目团队在许多情况下只能相信自己的判断、自己的决策和自己的指挥。在这种环境下，项目经理如果没有很强的自信心，就会犹豫不决、贻误战机，就会耽误项目进展。

📋 同步案例

D公司是一家系统集成商公司，王某是D公司的一名高级项目经理，现正在负责某市开发区的办公网络项目的管理工作。该项目划分为综合布线、网络工程和软件开发3个子项目，需要3个子项目经理分别负责。王某很快找到了负责综合布线、网络工程的子项目经理，而负责软件开发的子项目经理一直没有合适的人选。原来，由于D公司近年业务快速发展，承揽的项目逐年增多，现有的项目经理人手不够。王某建议从在公司工作2年以上的业务骨干中选拔项目经理。结果李某被王某选中负责该项目的软件开发子项目。在项目初期，依照公司的管理规定，李某带领几名项目团队成员刻苦工作，项目进展顺利。

随着项目的进一步开展、团队成员的逐步增加，李某在项目团队管理方面遇到了很多困难。他领导的团队因经常返工而效率低下，团队成员对发生的错误互相推诿，开会时成员从来没有到齐过，甚至李某因忙于自己负责的模块开会时都会迟到。大家向李某汇报项目的实际进度、成本时往往言过其实，直到李某对自己负责的模块进行接口调试时才发现这些问题。

【问题1】请分析项目中出现这些情况的原因。

【问题2】你认为高级项目经理王某应该如何指导和帮助李某？

【问题3】李某作为项目经理要承担哪些角色？要成为一名合格的项目经理要具

备哪些知识与技能？

课后习题

一、单选题

1. 一个项目的主要干系人中需要重点管理的是（   ）。

    A. 项目的业主   B. 项目的客户   C. 采购人员   D. 研发人员

2. 项目经理（   ）。

    A. 是项目的质量保证人员   B. 是管理者但不是领导人

    C. 是负责管理整个项目的人   D. 是项目配置人员

3. 以下说法不正确的是（   ）。

    A. 项目实施组织是指完成一个项目主要工作的组织

    B. 项目团队是具体从事项目全部或某项具体工作的组织或群体

    C. 项目经理既是一个项目的领导者、组织者、管理者和项目管理决策的制定者，也是项目重大决策的执行者

    D. 项目的业主仅是使用项目成果的个人或组织

4. 项目的控制者和评价者是（   ）。

    A. 项目经理   B. 项目团队   C. 企业领导   D. 项目发起人

5. 项目管理的主要责任是由（   ）承担的。

    A. 项目经理   B. 投资人

    C. 项目管理办公室   D. 项目发起人

二、简答题

1. 一般项目会有哪些干系人？

2. 简述在项目管理中，干系人之间的关系。

3. 简述项目经理的技能要求。

4. 简述项目经理的角色与职责是什么。

5. 简述项目经理的人际关系能力包括的内容。

模块四　项目的整合管理

◎ 学习目标

◆ 知识目标
1. 理解项目整合管理的概念、内容及特性
2. 深入了解项目整合计划的定义、作用和制订方法

◆ 技能目标
1. 掌握项目整合计划实施的管理方法
2. 掌握项目变更的总体控制方法

◆ 素质目标
树立良好的职业道德观，具备诚实守信的职业形象，具备灵活的思维，具备良好的情绪调适意识

↻ 案例导入

　　A公司是从事粮仓自动通风系统开发和集成的企业，公司内的项目管理部门作为研发部门与外界的接口，在销售人员的协助下完成与客户的沟通工作。

　　某日，销售人员小王给项目管理部门提交了一条信息，说客户甲要求对"将JK型产品的P1组件更换为另外型号的组件"的可行性进行技术评估。项目经理接到此信息后，发出正式通知，让研发部门修改JK型产品并进行测试，再把修改后的产品给客户甲试用。但客户甲对此非常不满，因为其意图并不是要单一改变JK型产品的P1组件，还要求把JK型产品的P1组件放到其他型号产品的外壳中。上述技术评估

只是客户甲需求的一个方面。

经项目管理部门了解，小王其实知道客户的目的，只是他认为 P1 组件的评估是最关键的，所以只向项目经理提到了这一个要求，而未向项目经理说明详细情况。

【问题1】请分析 A 公司在管理中主要存在哪些问题，导致客户甲非常不满。

【问题2】请简要叙述项目经理在接到小王的信息后的正确处理方式。

# 单元一　项目整合管理概述

项目整合管理是项目管理中一项具有综合性和全局性管理职能的工作。在项目的实现过程中，在某个方面采取或者不采取行动，都将会对项目的其他方面造成影响。项目实施和管理活动之间的这种关联性和相互影响的作用，有时会非常突出和确定，有时会非常微妙和不确定。例如：一个项目范围如果发生改变，通常会直接造成一个项目的成本发生变化，但是项目范围变化对于项目团队的士气和项目产出物质量的影响是间接的，很难把握与确定。这种项目实施与管理活动之间的相互影响和关联作用，使得管理者必须充分、积极地开展项目整合管理。通过项目整合管理，管理者对项目活动和目标进行协调与控制。因为项目某个目标的实现或某个方面实施与管理活动要求的提高，也许会是牺牲另一个目标或改变另一方面实施与管理的要求。所以，一个成功的项目经理必须充分认识项目各项工作之间的相互关系，从而开展项目的整合管理。

一、项目整合管理的概念及内容

项目整合管理是指为确保项目中各项工作能够有机地协调和配合所开展的综合性和全局性的项目管理工作。它包括为达到甚至超过项目干系人的要求与期望，协调各种相互冲突的项目目标，选用最佳或令人满意的项目备选行动方案，以及整合控制项目的变更和持续改善项目工作与方法等方面的内容。项目整合管理，从本质上讲就是从全局的观点出发，以项目整体利益最大化作为目标，以项目各专项管理（项目进度管理、项目成本管理、项目质量管理、项目采购管理等）的协调与整合为主要内容，所开展的综合性管理活动与过程。项目整合管理的主要内容包括如下几个方面。

1. 项目整合计划的制订

这是一项综合考虑项目各种专项计划工作结果（进度计划、质量计划、成本计划、采购计划等），经过平衡，制订能够协调和综合各个专项计划的项目整合计划（或称综合计划）的工作。

2. 项目整合计划的实施

这是将项目整合计划付诸实施，实现项目整体目标，使项目整合计划转变成项目产出物的项目管理工作。这项工作是一项贯穿项目全过程的综合性和全局性的项目实施与控制工作。

3. 项目变更的总体控制

这是一项协调和控制整个项目实施过程中的各种项目变更，努力使项目的实施既能保证项目整合计划的完成，又能适应各种内部和外部情况变化的项目整合管理工作。通常，任何项目实施过程中都会出现各种各样的变更，而这些变更都可能直接影响项目目标的实现，所以项目整合管理必须包括全面控制这些变更的工作。

上述项目整合管理的工作内容既可以由专人落实，也可以由专门的小组落实。在项目的各个阶段，项目整合管理工作的内容都会有所侧重，工作量和工作内容都会有所不同，但是项目整合管理是必须开展的。换句话说，不管在项目的哪个阶段，管理者都必须从整合的角度、以全局的观点去开展项目整合管理工作，而不能只强调和注重项目各专项管理工作。特别需要指出的是，虽然项目整合管理这三个方面的工作被分为独立的三个部分，但在实际管理过程中，它们通常也是相互关联、前后重叠和交叉的。

二、项目整合管理的特性

项目整合管理的特性是由管理的综合性和全局性所决定的。由于项目整合管理涉及项目成本、质量、范围、时间、资源等多个方面的协调与整合，因此这是一种综合性和全局性的项目管理工作。项目整合管理的特性主要有以下几个。

1. 综合管理的特性

项目整合管理的最大特性是它的综合性，即综合管理项目各个方面和各个要素的特性。一个项目中会有许多方面的专项管理工作，但是不管哪个专项管理工作都是针对项目一个特定方面的目标而开展的。例如：项目的时间管理是针对项目工期与进度目标的实现而开展的管理与控制工作，项目成本管理是针对项目预算目标开展的管理与控制工作。由于项目管理中存在一系列的专项管理，因此需要有一种管理工作来协调和综合这些专项管理的目标、工作和过程，项目整合管理正是为此而开展的一项综合的管理工作。

2. 全局管理的特性

项目整合管理的第二个特性是它的全局性，即从项目全局出发，协调和控制项目各个方面与各项局部的工作。一个项目通过计划分解为许多方面、许多局部的实施与管理工作，这些工作分别由不同的部门或人员完成，这些工作都是为实现某个具体项目计划目标而开展的。当项目的外部环境或内部情况发生变化时，项目的某个方面或某个局部的计划与工作会发生变化，这些变化必须要有一种管理制度来协调和统一，以便从项目的全局出发，控制和管理好项目的变化，项目整合管理就是一项具有全局性特点的管理工作。

3. 内外结合的特性

项目整合管理的另一个特性是它的内外结合性，即全面控制和协调项目内部管理与外部关系的特性。在项目的实施过程中，管理者对于项目的管理和控制并不只是对项目内部因素的管理与控制，还需要对许多来自项目外部的影响和因素进行必要的管理。例如：项目干系人会在项目实施过程中提出各种项目目标和任务的变更要求；项目所在地的政府或社区也会提出各种干预和要求。项目整合管理正是这种将项目的内部与外部因素结合起来进行管理的工作。

三、项目整合管理的主要应用

项目整合管理可以应用在项目管理的全过程、各个阶段和许多个方面。例如：在进行项目成本估算的阶段，需要使用整合管理的方法和工具，综合考虑各种因素对于项目成本的影响；在项目风险评估的阶段，也要使用整合管理的方法与技术，综合考虑各种项目风险因素的影响。通常，项目整合管理主要有如下几个方面的应用。

1. 项目工期与项目成本的整合管理

项目工期和项目成本必须统一考虑，整合管理和控制。项目工期与项目成本这两个要素是互相关联的，项目工期的提前和延后会造成项目成本的上升或下降，而项目成本的增减同样会造成项目工期的变化。例如：为缩短工期，项目团队就要加班，加班就产生了加班费，项目成本就会上升。同样，项目成本削减了，项目能够投入和占用的资源就会下降，这就会直接影响项目工期。

2. 项目工期与项目质量的整合管理

项目工期和项目质量管理也必须统一考虑，整合管理和控制。项目工期与项目质量这两项要素也是互相关联的。通常，项目工期的缩短和延长会对项目质量形成影响。同样，项目质量的变更也会影响项目的工期。例如：因为赶工而缩短建设项目中混凝土养护期，就可能造成严重的工程质量问题，而一旦项目出现质量问题就必须返工，这样就会影响工期。

3. 项目成本与项目质量的整合管理

项目成本和项目质量也必须统一考虑，整合管理和控制。项目成本与项目质量这两个要素的相互关联更为紧密。一般来讲，项目成本的降低可能会直接影响项目的质量；而如果项目质量出现问题，也会直接影响项目成本。例如：项目成本减少过多，就会迫使项目实施组织采取偷工或减料的做法，从而造成项目质量的下降；反之，如果项目质量发生问题就需要返工，这一定会造成项目成本的提高。

4. 项目资源与项目进度、项目成本、项目质量的整合管理

在整合管理项目工期、项目成本和项目质量的同时，管理者还必须考虑对于项目资源与项目进度、项目成本和项目质量的整合管理和控制。这四项要素在许多情况下是相互关联的，任何一个要素的变动，都会引起其他要素的变动。例如：项目工期的变动引起项目资源的采购、供应时间、数量的变动；项目资源采购、供给时间、数量的变动又会使项目成本发生变动；如果项目资源的供给受到数量和时间方面的限制，项目工期就必须调整，并且这种调整一定会造成项目成本的变化。

5. 项目产出物与项目工作的整合管理

在项目管理中，管理者还必须对项目产出物与项目工作进行整合管理和控制。因为项目产出物的质量和数量是靠项目工作的质量和数量来生成和保障的，所以在项目实施过程中，对项目产出物的管理和对项目工作的管理是分别开展的。项目产出物的质量多数是采用监督、控制和事后管理的方法保证的，而项目工作的质量多数是采用过程控制的方法保证的。如果不能按照整合管理的方法综合管理项目产出物的质量和项目工作的质量这两个方面，就会造成项目产出物与项目工作的脱节，从而造成项目最终无法获得符合质量要求的产出物。

6. 项目工作与项目目标的整合管理

对于任何项目而言，项目工作与项目目标都是最为直接关联和相互作用的两大要素，所以也必须对这二者实行全面的整合管理。如果项目工作发生变动，不管是项目工作的范围还是内容方面发生变化，都会直接影响项目某个专项目标或全部目标的实现。如果项目目标发生变更，项目的工作范围就一定会发生变更，不管项目目标的变更是有关项目产出物质量的变更、交货时间和数量方面的变更，还是其他方面的变更，都会直接影响项目工作的范围、内容和进度等。

7. 项目各不同专业或部门的整合管理

项目工作是由项目团队中不同专业的人员来完成的，这些不同专业的人员会按照一定的原则组成不同的小组或团队，并完成一项特定的项目任务。例如：一个建设项目的设计工作、土建工作、安装工作和装修工作就是由不同的项目小组或团队完成的。这些不同的项目小组或团队的工作必须按照整合管理的方法进行统一协调和管理，否则就无法使一个项目的产出物形成一个统一的整体，从而出现各项目小组或团队的产出物是合格的，而整个项目的产出物是不合格的局面。

8. 项目工作与项目实施组织日常运营工作的整合管理

任何一个开展项目的项目实施组织都有日常运营工作，而一个项目实施组织的项目工作必须与日常运营工作整合管理。例如：一个企业在实施技术改造和产品更新换代项目或开展多元化经营项目的过程中，也有日常运营与生产工作，必须对企业的项目工作和日常运营工作进行整合管理，否则就会造成不是项目工作影响了企业的日常运营工作，就是企业的日常运营工作冲击了项目工作的局面。

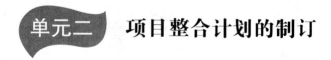

单元二　项目整合计划的制订

项目整合计划也被称为项目主计划（Main Plan），或项目综合性计划，是一个项目的全面整合性计划。它是项目整合管理的依据和指导性文件。

一、项目整合计划的定义、作用和制订流程

在项目管理中，计划工作是最为重要的一环。项目管理中有很多计划工作，从项目的进度计划到项目的资源计划，都是项目管理中重要的计划工作。但是，项目管理中最为重要的计划工作是项目整合计划的制订工作。

1. 项目整合计划的定义

项目整合计划是指通过使用项目各个专项计划工作所生成的结果（即项目的各种专项计划及其支持细节），运用整合和综合平衡的方法所制订的，用于指导项目实施和管理控制的综合性、全局性的计划文件。通常，这种整合计划的制订需要通过多次反复的优化和修订才能完成。例如：初始的项目整合计划文件，可能只包括对于资源需求的一般说明（如工料清单），甚至连项目完工的日期还尚未确定。但是，最终的项目整合计划文件，就会详细列出项目所需的各种资源，明确规定项目的完工日期、项目的质量和成本等。

2. 项目整合计划的作用

项目整合计划的主要作用有如下几个方面。

（1）项目整合计划是指导项目实施的依据。项目整合计划是项目实施组织为了达到项目的整体目标，建立和健全项目的综合管理与控制系统，完善和提高项目实施组织的实施与管理功能，及时地发现项目工作中的偏差，积极采取各种纠偏措施，从而保证项目有效实施的根本依据之一。在所有的项目实施依据文件中，项目整合计划是项目管理中最主要和居于首位的依据性文件。

（2）项目整合计划是激励项目团队士气的武器。一个项目的整合计划包括：项目目标、项目任务、项目的工作范围、项目的进度安排和里程碑等内容。这些不但对项目的实施与管理工作做出了规定，而且对于项目团队也有一定的激励和鼓舞士气的作用。例如：项目目标对于项目团队就有较大的激励作用，而项目进度安排和各个里程碑在项目实施过程中同样会对项目团队的士气有很大的鼓舞作用。

（3）项目整合计划是度量项目绩效和进行项目控制的基准。项目整合计划中最主要的内容是项目目标和计划要求，项目计划要求是人们制定项目绩效考核和项目管理控制标准的出发点和基准。通常，项目管理控制工作需要根据项目整合计划建立各种项目控制和考核的标准。这包括两个方面标准，其一是考核项目工作的标准，其二是考核项目产出物的标准。这种项目绩效度量与管理控制的标准主要涉及数量、质量、时间、成本和效益等方面，而这些方面的标准都必须是根据项目整合计划，通过进一步分解得到的。

知识链接：项目绩效

（4）项目整合计划是项目干系人之间沟通的基础。项目整合计划也是项目干系人之间进行有效沟通的基础。因为项目整合计划中有项目主要目标，有对于项目沟通计划的整合和对于项目干系人在获得信息和提供信息方面的权利与责任的规定与说明，所以项目干系人能够通过项目整合计划协调各自的利益。

（5）项目整合计划是统一和协调项目工作的指导性文件。项目整合计划还是对项目各个专项、各个部分或不同群体的工作进行协调、调配和统一的指导性文件，是指导项目各个专项计划管理工作的纲领性文件。项目整合计划是通过对于项目各专项计划进行综合与整合而获得的一份整合性、全局性的项目计划文件。这一文件规定了协调和统一项目各个方面、各种工作的目标、任务、方法、范围、工作流程等内容，因此它可以用于指导对于项目各个专项和局部工作的协调和统一工作。这种协调和统一十分有利于整个项目的实施与管理工作的顺利进行，特别是有利于在项目实施过程中避免多头的、矛盾的指挥和命令，防止项目团队各自为政。

3. 项目整合计划的制订流程

（1）项目整合计划的综合分析。在项目整合计划的制订中，首先需要综合分析项目整合计划。这既需要分析为制订项目整合计划所收集的各种信息和它们之间的制约与关联关系，也要分析那些为制订项目整合计划所提供的依据和一般信息。例如：对于项目成本、项目工期、项目质量三大要素相互影响和相互依存的分析，对于工作分解结构、组织分解结构的综合分析等都属于此时要做的工作。在这些综合分析中，最为重要的是项目成本、项目工期和项目质量这3种专项计划的综合分析。有关这一分析的主要内容如下。

1）项目工期与项目成本的综合分析。在项目管理中，项目时间与项目工期是相同的概念，而项目成本是有时间价值的。所以项目工期与项目成本是直接相关的，项目成本会随项目工期的变化而变化。确切地说，项目工期与项目成本的关系是时间（工期）这种特殊资源所具有的价值造成的，因此在制订项目整合计划的过程中，必须对项目工期与项目成本这两大要素进行综合分析。

2）项目质量与项目成本的综合分析。由于项目的实现过程就是项目质量的形成过程，因此为达到项目的质量要求需要开展两方面的工作。其一是项目质量的检验与保障工作，其二是项目质量失败后的补救工作。这两项工作都要消耗和占用资源，从而都会产生成本。因此项目质量与项目成本也是直接相关的，在项目整合计划制订中必须开展对项目质量与项目成本的综合分析。

（2）项目整合计划初步方案的编制。在完成上述整合计划的综合分析以后，就可以编制项目整合计划的初步方案了。在项目整合计划初步方案的编制中，多数情况是使用分步整合法完成项目成本、项目工期、项目质量、项目资源等要素的计划整合，从而生成一个综合的项目整合计划。通常，这种项目整合计划初步方案多数还未能综合考虑项目业主/客户、项目实施组织和其他项目干系人的要求与期望，也没有完成项目整合计划的优化工作，所以它只是一个有待进一步综合平衡和优化，以及进一步评审和修订的项目整合计划初步方案。

（3）项目整合计划的优化与综合平衡。在编制出项目整合计划初步方案之后，还要综合平衡和全面优化项目目标、项目任务、项目进度、项目成本、项目质量、项目资源等各个要素。此时，最重要的工作是由项目干系人对照各自的目标要求与期望对项目整合计划初步方案进行评价、优化和调整。一个项目整合计划初步方案可能满足了某些项目干系人的要求与期望，但是另外一些项目干系人的要求与期望可能没有得到满足，甚至受到了侵害，所以必须由项目干系人对项目整合计划初步方案进行综合平衡和全面优化，以便使项目整合计划最终能够满足（或基本满足）全部项目干系人的要求与期望。

（4）项目整合计划最终方案的编制与审批。在经过综合平衡和全面优化以后，就可以编制出项目整合计划的最终方案（即正式的项目整合计划）了。因为这种最终确定的项目整合计划是项目实施组织开展项目业务和管理工作的依据，所以必须按照正规的计划文件格式编制，并最终得到项目最高决策者的审查与批准。项目整合计划最终方案的审批在多数情况下是由项目业主/客户完成的，因为项目业主/客户才是项目的最高决策者，无论是一般的业务项目（工程建设项目和软件开发项目等），还是企业内部开发项目（新产品开发项目和技术改造项目等）都是如此。

二、项目整合计划的信息收集

项目整合计划的前期准备工作主要是收集各种相关的信息和数据，为项目整合计划的制订提供依据。项目整合计划需要收集如下 6 个方面的信息和数据。

1. 项目各种专项计划的信息

项目各种专项计划中的专项计划文件和相应的支持细节文件与信息是制订项目整合计划最为重要的信息，项目各种专项计划中所规定的目标、任务和数据都需要整合到项目整合计划之中。例如：项目的质量计划、工期计划、成本计划和资源采购计划都需要在项目整合计划中进行整合和综合。一个项目的各种专项计划文件中还包括基础性的信息文件（如工作分解结构）和相关的支持细节文件与信息。

2. 相关历史信息与数据资料

在项目整合计划的制订中还需要使用相关的历史信息与数据资料，这些通常在制订项目整合计划中作为一种基本的参照信息使用。这通常包括两个方面的信息。

（1）过去完成的类似的项目历史信息与数据资料。这是指项目实施组织或其他的项目实施组织在过去所完成的类似项目的各种历史信息与数据资料，包括这些项目的计划文件、绩效报告、实际结果、经验教训等方面的历史信息与数据资料。

（2）项目前期所生成的各种资料与数据。这是指项目实施组织在编制项目整合计划之前，已经收集和生成的各种资料与数据，包括在项目前期可行性分析工作中获得的信息资料和此后所收集的与本项目相关的信息资料。例如：某个新产品开发项目从开始提出想法和初步设计到制订项目整合计划之前所收集和生成的各种历史信息与数据资料都属于这一范畴。

知识链接：项目
质量管理

3. 项目实施组织的政策与规定

制订项目整合计划时必须充分考虑项目实施组织（包括项目业主/客户）的方针、政策和规定，并将其作为项目整合计划制订的依据之一。这方面的信息主要包括以下 3 种。

（1）项目实施组织有关质量管理的政策和规定。项目实施组织有关项目质量管理方面的政策和规定是制订项目整合计划的重要依据之一，因为需要依据这方面的政策和规定，确定项目质量管理的计划和安排。

（2）项目实施组织有关员工管理与绩效评价的政策和规定。项目实施组织有关员工管理与绩效评价的政策和规定也是制订项目整合计划的重要依据，这包括项目员工招聘方式、解聘方式和员工绩效评价与激励等方面的政策和规定。因为在项目整合计划编制中需要依据这些信息确定项目计划。

（3）项目实施组织有关财务管理和合同管理方面的政策和规定。项目实施组织有关财务管理与合同管理等方面的政策和规定同样也是制订项目整合计划的重要依据，这包括财务管理与报告制度、财务账户管理办法、合同管理方法与程序等方面的政策与规定。因为这些方面的政策和规定会直接影响项目整合计划有关预算的安排。

4. 项目的限制因素与条件

项目的限制因素与条件是指限制管理者在制订项目整合计划中做出选择的各种因素和条件。这包括在项目整合计划制订过程中选择切实可行的项目整合计划方案时必须全面和充分考虑的因素和条件。例如：项目业主/客户事先确定的项目预算就是一种限制管理者在项目范围、项目资源、项目团队和项目工期安排等方面做出各种选择的根本因素。

5. 项目的假设前提条件

从项目计划管理的角度出发，项目的假设前提条件是指那些到计划制订时，管理者尚不清楚和尚未确定的各种条件。为了制订计划，人们不得不假定各种条件，并将它们作为已知的和确定的前提条件，以便用这些假设前提条件制订项目整合计划（否则就会因缺少条件而无法制订项目计划）。例如：项目团队的某个关键成员能否参加项目和投入项目工作的日程有时是不确定的，但是在制订项目整合计划的时候，管理者必须假定这一关键成员能参加项目和投入项目的工作日程，并将其作为是一种已知和确定的项目计划前提条件。当然，这种假设前提条件对于项目管理而言，常常会包含一定的风险性，因为这些假设前提条件实际上是不确定的、含有一定程度的未知成分。

6. 其他信息

在项目整合计划的制订过程中还需要收集一些具体项目所属专业领域的与专业相关的信息。例如：因为工业建筑项目的整合计划制订需要考虑资金的时间价值，所以需要收集和输入有关现金流量、具体所属行业的基准收益率和贴现系数等方面的信息或数据，以及具体行业的一些专业方面的相关数据和信息；而软件开发项目的整合计划制订中会需要收集有关软件用户的需求信息、用户现有信息系统硬件情况和用户信息载荷和数据容量要求等方面的信息。

三、项目整合计划的制订方法与技术

项目整合计划制订是一项需要反复优化和综合平衡项目各方面的因素，按照把握全局和系统思维模式开展的计划制订活动和过程。

1. 项目整合计划的制订方法

项目整合计划的制订方法是指在项目整合计划的制订过程中，由管理者制订项目整合计划的一系列程序、做法和具体规则等构成的一套特定的计划制订方法。对于一些小型项目而言，项目整合计划的制订方法可能是非常简单的结构化计划制订方法，只要充分考虑项目各要素和各方面的整合计划安排与管理即可。但是，对于一些大型项目，项目整合计划的制订方法可能是非常复杂的，包括系统仿真模拟方法和各种综合平衡与优化方法等一系列的计划制订方法和模型。大多数项目整合计划的制订方法都是综合各种项目管理的方法和工具而构成的。这既包括使用一些计算机软件的方法，也包括一些通过项目会议讨论做出决定的方法。例如：包括项目工期、项目成本和项目质量三大要素的整合计划的制订，就可以运用价值分析和分步整合的方法。这一方法的具体做法如下。

（1）项目质量与项目成本的整合计划方法。项目各个要素的整合计划的制订可以采用分步整合的方法。首先制订项目质量与项目成本的整合计划，然后进一步制订项目工期与项目成本的计划和其他的整合计划。项目质量与项目成本的整合计划需要借助价值分析（或叫价值工程）的原理，通过对项目产出物质量（或称功能）进行价值分析，最终确定能使项目业主／客户获得最大价值的项目质量与项目成本的整合计划。

在项目质量与项目成本的整合计划方法中，首先要根据价值工程原理对项目质量进行价值分析。根据价值工程原理的公式 $V = F/C$ 可知，任何项目产出物的质量都可以用它的功能（F）来表示，而项目产出物的价值（V）的增加，可以通过增加项目产出物的功能（F）和降低项目成本（C）这两种基本方式来实现。所以在项目整合计划过程中，首先要应用价值工程原理，综合考虑和安排项目质量与项目成本，制订项目质量与项目成本的整合计划。

（2）项目工期与项目成本的整合计划方法。在完成项目质量与项目成本的整合计划安排以后，项目质量基本上就确定了（通常是项目的经济质量）。然后需要进行项目工期与项目成本的整合计划。在制订项目成本计划时必须充分考虑项目的工期因素，或者在安排项目的工期计划的同时考虑并进一步优化项目成本。整合计划中的项目工期与项目成本通常会有 3 种基本的选择，这 3 种选择的原理如图 4-1 所示。通常在项目整合计划制订中需要反复运用这一原理，优化安排项目工期与项目成本的整合计划。

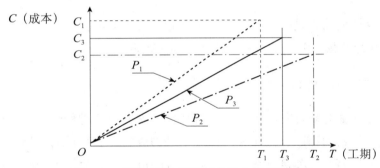

图 4-1　项目工期与项目成本整合计划示意图

图 4-1 中的 3 条线（实际上应该是一种 S 形曲线，这里进行了线性简化）分别代表 3 种不同的项目工期与项目成本的整合计划方案。其中，计划方案 1（P_1）的项目工期较短（T_1），但是项目成本较高（C_1）；而计划方案 2（P_2）的项目工期较长（T_2），但是项目成本较低（C_2）；计划方案 3（P_3）的项目工期与项目成本介于 P_1 和 P_2 之间。在制订项目工期与项目成本整合计划的过程中，可以根据项目的实际情况在上述 3 种整合计划方案中做出选择。例如：如果项目急需，而且企业能够负担得起，就可以选择 P_1；反之则应该选择 P_2。

（3）项目成本、项目工期和项目质量的整合计划方法。在完成上述两种要素计划的整合以后，如果两种要素整合计划的项目成本指标不一致，甚至相差很大或存在冲突，就需要进一步平衡这两种要素的整合计划，即开展项目成本、项目工期和项目质量三要素的全面整合计划。这种综合平衡的计划有两方面的整合工作：一方面是两种要素计划的交叉检验与调整，这适用于项目成本指标相差不大的情况，此时只需要微调项目成本、项目质量和项目工期的计划指标，然后交叉检验这一调整的影响，最终即可得出三要素的整合计划。另一方面是全面综合平衡，这适用于项目成本指标相差较大的情况，此时需要根据项目成本、项目工期和项目质量三大要素的关系，运用全面综合平衡项目成本、项目工期和项目质量指标的方法，制订项目成本、项目工期和项目质量的三要素整合计划。这种方法一般先确定某一要素的计划指标值，然后通过逐步试算和优化的办法，最终找到一个最优或令人满意的项目成本、项目工期和项目质量三要素整合计划（在优化方法中，这也被称为盲人爬山法）。

2. 项目整合计划的制订技术

（1）项目干系人的技能和知识。在项目整合计划的制订中，项目干系人都需要开展相应的计划管理活动，所以他们在制订项目计划方面的技能和知识，属于项目整合计划制订工作的技术范畴。管理者应该创造一个良好的环境，使项目干系人能够在整合计划的制订过程中贡献他们的才智和力量，充分使用他们在这方面的技能和知识。例如：对于一个建筑工程项目而言，在确定项目成本、项目工期和项目质量的整合计划过程中，项目的造价工程师在计划和分析项目成本构成和预算，以及进行价值分析和评价项目的收益与投资回收比率等方面需要做出自己的贡献；而项目的计划制订者需要在项目进度分析、关键路径分析等方面贡献自己的力量。特别是在人员数量和责任都已事先确定的科学技术研究与开发项目中，所有项目团队成员都需要运用自己的知识和技能，努力分析、评价和计划安排项目的时间、资源，预算等，以便制订出达到成本限制和进度要求的项目整合计划。

（2）项目管理信息系统。在项目整合计划过程中，人们需要从事大量的信息收集、整理和加工处理工作。在这些活动中，人们需要使用项目管理信息系统（Project Management Information System，PMIS）。这一技术工具和其中的各种计划制订方法与模型在项目整合计划制订中是非常有用的。项目管理信息系统是用来收集、加工处理、整合与传递各种项目管理信息的人机系统，是项目整合计划制订所依赖的主要技术工具和手段。在项目整合计划制订过程中，管理者需要使用项目管理信息系统去辅助完成项目的整合计划制订工作，尤其需要用它完成项目整合计划方案的反复优化工作。使用这种信息系统去制订项目整合计划，通常要比人工制订项目整合计划更为快捷和有效，特别是对于一些大型项目而言，没有这种基于计算机的人机系统，很难制订相对复杂的项目整合计划。

四、项目整合计划的工作结果

上述项目整合计划制订工作完成以后就可以给出这项工作的最终结果并将这些

结果用于指导和规范项目管理了。

1. 项目整合计划主文件

项目整合计划主文件是项目整合计划编制工作最主要的成果之一，它是一种正式的、获得批准的项目整合计划文件，是用来管理和控制整个项目实施全过程的综合性、全局性的计划文件。项目整合计划主文件不仅需要根据项目实施组织信息沟通管理规定的范围向下发放，而且需要按照这种计划使用者的不同需要，发放不同详细程度的项目整合计划主文件。例如：对于项目业主／客户只需要发放一种全面而不必过于详细的项目整合计划综述性文件，对于项目团队的管理者则需要发放完整而又详细的项目整合计划文件。在一些专业领域中，项目整合计划也常被直接称为项目主计划。另外，应该注意明确区分项目整合计划与项目绩效度量基准的差别。在项目实现过程中，项目整合计划要根据项目内部和外部情况变化进行修改与更新。但项目绩效度量基准是项目管理与控制的基准性文件，在一定的时间内是不变的，只有在项目范围或内容发生根本性变化时才会修改，而且通常这种项目绩效度量基准的修改必须经过项目的最高决策者批准或认可。

一个项目的整合计划主文件通常包括如下 11 项方面的内容。

（1）项目的批准与特许情况的说明。这是有关项目何时、由何人或实施组织予以批准以及项目涉及的各种特许情况的描述与说明。它是对于项目背景、条件和依据等最为重要的说明和描述。

（2）项目整合管理方法与策略的说明。这是有关项目整合计划制订、修订、更新和审批等管理办法以及项目整合管理策略与大政方针方面的说明与描述，有时还会包括一些关于项目整合计划的概略性描述。

（3）项目范围的综述。这是有关整个项目范围的综述，包括对于项目产出物的描述和说明、对于项目目标的描述和说明，以及对于项目整体范围的描述和说明。

（4）项目工作分解结构的描述和说明。这是有关项目各个不同管理层次的工作分解结构以及相应任务的描述和说明。它明确了项目不同组织层次的具体任务，以及这些任务之间的相互关联与影响的说明。

（5）项目成本、进度和责任的描述和说明。这是有关项目各个不同管理层次的工作分解结构及工作所对应的成本预算、进度安排、质量要求和相关责任的具体分配和相应管理办法的描述和说明。

（6）工期、成本、绩效度量的描述和说明。这是有关项目每项具体工作的工期、成本、绩效度量标准的描述和说明。它明确了度量各项工作的时间、成本标准和度量项目实施者工作绩效的标准。

（7）项目重要里程碑与目标日期的描述和说明。这是有关项目阶段的划分和项目各阶段重要里程碑以及每个里程碑的具体目标日期的描述和说明。项目的重要里程碑是指一个项目阶段所要产生的标志性成果。

（8）项目团队关键成员及人力的描述和说明。这是有关项目团队的构成、项目关键成员、具体人员类别，以及项目所需各类人员的描述和说明。这是项目整合计划中有关项目人力资源需求的描述和说明。

（9）项目风险、限制、前提与预期的描述和说明。这是有关项目所面临的主要风险，项目的各种限制条件和项目整合计划编制中认定的假设前提条件，以及对于项目未来预期结果的全面描述和说明。

（10）项目专项计划方面的描述和说明。这是有关项目主要专项计划的描述和说明。它包括项目范围计划、项目进度计划、项目成本计划、项目质量计划、项目人力资源计划、项目资源与采购计划等项目专项计划的描述和说明。

（11）存在的问题和尚需决策的说明。这是有关项目整合计划制订过程中所发现而尚未解决的各种问题，以及在项目整合计划编制中遗留下来的各种悬而未决或尚待决策问题的描述和说明。

不同规模和不同专业领域的项目整合计划会涉及一些不同的内容，这些内容也可以根据项目整合管理的要求按照一定的方式呈现在项目整合计划文件中。例如：大型的项目整合计划文件通常还需要包括项目实施组织和项目团队的组织结构图等。

2. 项目整合计划的支持细节

项目整合计划工作的另一项结果是有关项目整合计划的支持细节信息和文件。项目整合计划支持细节文件的具体内容会因项目的不同而有很大区别。但是一般情况下，项目整合计划支持细节文件的主要内容有如下几个方面。

（1）项目各种专项计划文件。这是指那些未包括在项目整合计划中的项目专项计划信息和文件。它既包括项目专项计划文件，又包括项目专项计划的各种支持细节信息。

（2）各种新获得的信息和文件。这是指那些在项目整合计划的制订过程中，通过信息收集和加工处理所获得的各种新的信息和文件。它包括各种新发现的项目限制条件和新假设的前提条件等。

（3）项目的各种技术文件。这是指能够对项目整合计划提供支持的各种项目技术文件。它包括项目产出物和项目工作的技术要求文件、项目的技术设计文件、项目的各种技术说明书等文件。

（4）项目的相关标准文件。这是指根据项目计划（包括项目整合计划和专项计划）、目标和要求而编制的各种绩效考核指标文件和度量项目工作绩效的标准与规范性文件。相关标准文件与绩效度量的描述和说明互为补充。

项目整合计划中的这些支持细节信息和文件同样需要很好地进行组织和编排，以便于在项目整合计划管理过程中作为依据和指导性文件使用。

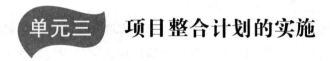

单元三 项目整合计划的实施

项目整合计划的实施过程是完成整个项目整合计划文件所规定任务的过程。通常一个项目的各项任务都需要在这一过程中完成，项目的各种目标都需要在这一过程中实现，项目的各项专项计划都需要在这一过程中落实，项目的产出物也将在这一过程中逐步形成。在这个过程中，项目经理和项目管理队伍必须全面协调和组织项目所涉及的人员、资金、技术等方面的工作，以实现项目整合计划所确定的目标。同时，这一过程还会受到项目所属专业领域方面各种情况的影响，因为这一过程的最终结果是产生属于一定专业领域的项目产出物。

一、项目整合计划实施中所需的信息

项目整合计划实施过程始于项目整合计划及其支持细节等信息的输入。当项目实施组织或项目团队得到了项目整合计划和相应支持细节的信息和文件以后，就可以开始实施项目整合计划了。项目整合计划的实施工作包括：项目实施的主要工作和辅助工作以及项目的管理与控制工作。在项目整合计划的实施过程中，项目实施组织需要不断地获得有关项目实施组织的政策与规定、各种实施工作出现的偏差，以及项目实施组织应该采取的纠偏措施等方面的信息，并且根据这些信息提高项目实施的绩效，或者在项目的环境、前提条件出现变化的情况下，修订和更新项目整合计划。总之，在项目整合计划的实施中需要不断地注入信息，以保证项目整合计划实施工作的正确和高效。项目整合计划实施过程中所需的信息除项目整合计划文件、专项计划文件和相应的支持细节外，还有以下两个方面的内容。

1. 项目实施组织的政策和规定

项目实施组织的政策和规定是项目整合计划实施中所需的一项非常重要的信息。参与项目的任何一个组织都会有各种各样正式的、非正式的政策和规定，这些政策和规定都会影响项目整合计划的实施。当然，这种影响多数是正面的，属于项目整合计划实施的推动和保障力量。因此，在项目整合计划实施的全过程中，应该全面地收集和正确地贯彻这些项目实施组织的政策和规定，以推动和加速项目的实施。如果项目实施组织的政策和规定对于实施项目整合计划和实现项目目标有妨碍或者与之冲突，则需要修订和完善这些项目实施组织的政策和规定，以便其能够更好地为项目整合计划的实施服务。

2. 项目纠偏措施与行动信息

项目纠偏措施与行动信息是随着项目整合计划的实施而获得的各种项目实际情况与计划的偏差信息，以及采取纠正偏差措施和行动方面的信息。通常，这些项目纠偏措施与行动信息会指导项目实施组织调整项目的实施工作，改进项目实施的绩效，以便保证项目各项目标的实现。需要特别强调的是，项目纠偏措施与行动信息是在项目整合计划实施过程中由项目管理控制人员根据项目整合计划实施过程中的实际工作情况和结果，通过加工处理而生成的一项管理信息。这项信息的生成需要经历4个阶段：首先需要对前一阶段项目实施工作进行科学的度量；其次需要将实际度量结果与项目整合计划指标和绩效基准进行比较并找出实施工作结果与控制标准之间的差距；再次需要分析产生这些差距的原因；最后根据造成差距的原因设计和确定需要采取的纠偏措施和行动。所以，项目整合计划实施中生成的纠偏措施与行动方面的信息是在计划实施过程中不断更新的一项动态信息。

二、项目整合计划实施的管理工作与原则

1. 项目整合计划实施的管理工作

（1）编制项目作业计划和项目任务书。项目作业计划和项目任务书是根据项目整合计划、项目专项计划以及项目前期实施情况等信息编制的项目具体工作的指令性文件。项目整合计划是在项目实施之前编制的综合性和全局性的计划，虽然它是整个项目实施的主计划，但毕竟比较粗略。因此，项目整合计划的实施还需要编制一系列具体的、可执行的项目作业计划。项目任务书是将项目作业计划下达到项目团队最下一级组织的具体任务书，是将项目作业计划的执行与项目的技术管理、质量管理、成本核算、资源管理等融为一体的详细的项目作业文件，是确保项目能够按项目整合计划实施的具体任务说明书。

（2）记录与报告项目实施的实际情况。在项目整合计划实施中，项目管理工作的第二项任务是记录和报告项目实施的实际情况。记录就是如实记载在项目整合计划执行过程中每个项目阶段和每个项目活动的开始日期、工作进度、完工日期以及整个过程中的各种重要事件。这一工作的作用是为项目整合计划实施的检查、分析、协调、控制、计划修订、更新和总结等管理工作提供原始资料和信息。报告是指在

项目实施过程中，定期或不定期出具有关项目实施情况的汇总性报告或报表。这项工作有三项基本要求，即及时地、真实地、全面地记录和报告项目实施活动的各种进度情况和重要事件，以便于管理者比较分析和发现项目整合计划实施中的问题和偏差。

（3）做好调度、控制和纠偏工作。项目整合计划实施中的调度工作是指挥和协调项目实施活动的重要手段，是项目实施组织对于项目实施的各个环节、各个专业、各个工种、各个项目团队或群体进行协调的一项重要工作。它的主要任务是掌握计划实施情况，协调各项工作，采取措施排除施工中出现的各种矛盾，调配资源以克服实施工作的薄弱环节，努力实现项目实施工作的动态平衡，从而保证项目整合计划目标的实现。项目整合计划实施中的控制与纠偏工作是保证项目实施工作按照既定的计划目标和要求开展项目实施工作，并在出现偏差时能够积极采取措施纠正偏差的一项管理工作。

（4）做好计划管理和计划修订与更新工作。当项目各种内、外部条件与预期和前提条件一致时，如果项目整合计划实施工作调度与控制得当，就能够保证项目整合计划目标的实现。但是当项目的内、外部条件发生了较大的变化，而且变化程度使得既定项目整合计划已经无法实现时，就必须修订和更新项目的整合计划。这是一项根据项目各种变化的情况和条件，运用附加计划法或其他计划方法修订和更新项目整合计划的目标和计划安排，并使用修订或更新后的项目整合计划指导项目实施工作的一项重要的项目整合管理工作。

2. 项目整合计划实施的管理原则

（1）系统化管理的原则。项目是一个整体，项目整合计划的实施工作也是一个整体，要保证项目实施工作能够按照计划要求完成，在项目整合计划实施的管理中就必须坚持系统化管理的原则。系统化管理的原则是指项目实施中的各项管理工作都应该从整体目标出发，按照整合计划的要求和系统化管理的原则，使项目团队的各个群体和各项工作能够相互衔接、协调合作，构成一个有机的系统，通过系统化工作去保证项目实施的成功。

（2）透明化管理的原则。在项目整合计划付诸实施之前，项目实施组织要进行技术、组织、管理等各方面的"交底"工作，使项目实施组织的全体成员获得足够的信息，以提高项目实施与管理的透明度。因为项目整合计划是各个专项计划的整合和综合，它的实施涉及项目的各个方面，需要管理者与实施者清楚地了解项目的各种信息，并且能够在此基础上提出具体实施的技术、组织措施和方法，所以在项目整合计划的实施中，透明化也是一项很重要的管理原则。

（3）标准化管理的原则。项目整合计划的实施是一项执行性的工作，必须有管理规章和制度作为保证，必须贯彻标准化管理的原则（也称为规范化管理原则），而不能使管理带有随意性，不能以主观意志和个人好恶取代客观的项目管理规律。这就需要在项目整合计划的实施中制定和执行项目管理的各种规章制度，实施标准化管理的原则。项目整合计划的实施管理一定要有一套规范或标准的管理规章与制度，这包括标准的项目实施工作与管理的规章制度、标准的项目实施工作与管理规程等。

（4）统一指挥与适度授权的原则。项目实施组织在项目整合计划的实施中，必须按照一个整体去开展工作和管理，所以在对项目团队的指挥、命令、协调与控制中必须贯彻政令统一、统一指挥的原则，而不能令出多头。同时由于项目工作具有独特性和创新性，在项目实施的管理中还必须贯彻适度授权的管理原则，即尽可能地将项目的决策权和指挥权向接近项目实施第一线的管理人员下放。其中，统一指挥的原则使项目实施组织能够形成为一个为整体，而适度授权的原则使项目团队成员有足够的自主权，有利于他们积极主动、有创造性地完成项目整合计划的实施任务。

三、项目整合计划实施的管理方法和工具

1. 一般的管理方法和工具

这主要包括在一般运营管理中使用的计划、组织、领导、控制、沟通、激励等常规的管理方法和工具。这些一般的管理方法和工具对于项目整合计划实施的管理也是有一定效力的。比如，一般计划管理使用的激励方法对于推动项目整合计划的实施也是非常有用的。

2. 相关专业领域的技术、知识和方法

在项目整合计划的实施过程中开展最多的活动是生成项目产出物的活动，在这些活动中需要使用一系列的项目所属专业领域的技术、知识和方法。项目整合计划实施中所必需的相关专业领域的技术、知识和方法应该在项目整合计划中明确说明，并且要设法通过选聘拥有这些方面技术、知识和方法的团队成员获得这些方面的技术、知识和方法。

3. 工作授权系统

工作授权系统是项目整合计划实施中的一种获得项目工作与决策权限批准的组织程序，这种程序是为保障项目的实施能够按照正确的顺序和工期、由合适的人选完成而设立的。项目管理中最主要的授权是工作授权，即通过书面或口头的形式授权给一个人或一个群体去从事项目实施的一项具体工作。工作授权系统的设计应该

充分考虑这种系统所带来的价值和所造成的成本。例如：对于很多小项目采用口头的工作授权系统就足够了。

4. 项目进度情况评审会议

在项目整合计划实施过程中，需要定期或不定期地举行项目进度情况评审会议，以交换项目实施进度情况和管理的问题与意见。对于大多数项目而言，进度情况评审会议可以按不同的频率（间隔时间）和不同的管理层次召开。例如：管理者可以每周召开一次到两次项目进度情况评审会议，而项目团队一般成员可以每月开一次或两次会议。项目进度情况评审会议的决议和纪要是项目整合计划实施的重要指导文件，是更新项目整合计划的依据之一。

5. 项目信息管理及其系统

项目信息沟通与管理是项目整合计划实施中的一项重要管理活动。项目信息管理系统是项目整合计划实施管理的一种重要方法和工具。项目信息沟通与管理是对项目实施中各种工作发展变化情况的数据、情报、资料（包括原始记录、统计分析、技术分析等）的加工与使用管理。项目信息管理系统是对项目信息进行收集、加工、存储、传递的系统，是项目实施管理中使用的一种手段和方法。

四、项目整合计划实施的工作结果

项目整合计划实施的工作结果包括两个方面，其一是项目实施的成果，其二是项目的变更要求。

1. 项目实施的成果

项目实施的成果是项目产出物，包括项目产出物的中间形态和最终形态，这是项目整合计划实施最主要的结果。项目整合计划实施的这一个结果中还包括说明项目实施工作过程和工作结果的各种文件资料，包括关于究竟哪些任务已经完成、哪些还没有完成，项目实施工作的完成程度，以及达到了怎样的质量标准，已经发生了哪些项目成本等。这些都需要与项目产出物一起作为项目实施的成果给出。

2. 项目的变更要求

项目整合计划实施的另一个结果是项目的变更要求。所谓项目的变更要求是指对于一个正在实施项目的产出物或者对于一个项目整合计划和工作所提出的各种改动的要求。例如：项目业主 / 客户提出的扩大或者缩小项目范围的变更要求，变更项目工作内容或修订项目整合计划，调整项目成本或质量的变更要求等。这些项目变更要求多数是在项目整合计划的实施过程中提出和确定的，所以它们也是项目实施的结果。

 **项目变更的总体控制**

项目变更的总体控制涉及许多方面的管理问题。例如：如何管理项目的变更要求，如何使项目变更要求的实施能够产生有益的后果；如何确定哪些变更要求是可行的；在项目实施中如何控制变更作业等。

一、项目变更的总体控制的内容

项目变更的总体控制是针对项目变更的单项控制而言的。在项目实施中，项目目标、项目范围、项目计划、项目进度、项目成本和项目质量等方面都会发生变更，所以需要对各方面的变更进行总体控制。虽然项目实施中的变更都需要通过开展单项变更的专项管理予以控制，但是这些单项变更对于项目其他方面的影响必须通过项目变更的总体控制予以解决，由此来协调和管理一个项目各个方面的变更和全体项目干系人所提出的各种项目变更要求。图 4-2 给出了项目变更的总体控制所涉及的相应内容，和它与各个专项变更控制之间的关系。

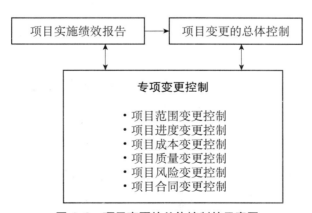

图 4-2　项目变更的总体控制的示意图

由图 4-2 可以看出，项目变更的总体控制与项目范围变更控制、项目进度变更控制、项目成本变更控制、项目质量变更控制、项目风险变更控制、项目合同变更控制等专项变更控制是紧密相关的，它是更高一层的全局性的项目变更控制。项目变更的总体控制通常要求做到：

1. 保持原有绩效度量基准的完整性

保持原有绩效度量基准的完整性是指当项目的目标或计划等要素发生变更时，项目的绩效度量基准要尽可能地保持不变，以保全原有项目绩效度量基准的完整性。因为项目绩效度量基准是成体系和经过验证的，所以一旦变更，就会出现不匹配和不科学等方面的问题。

2. 保证项目产出物变更与项目计划任务变更的一致性

保证项目产出物变更与项目计划任务变更的一致性是指当项目产出物需要变更时，在这种变更获得确认的同时必须将这种变更反映到项目整合计划和专项计划的变更之中，必须在项目整合计划和专项计划中说明和体现项目变更所带来的工作和计划的变化。

3. 统一协调各个方面的变更要求

统一协调各个方面的变更要求是指对于各方面的变更要全面地协调和控制其实施过程。例如：项目工期和项目成本等方面的变更会直接影响项目的风险情况和项目产出物的质量，所以必须统一协调这些方面的变更，以便实现项目变更的总体控制。

二、项目变更的总体控制所需的信息

项目变更的总体控制所需的信息包括如下几个方面：

1. 项目的各种计划

项目的各种专项计划、项目的整合计划等都是项目变更总体控制的基线，所以它们都是项目变更的总体控制所需的主要信息。

2. 项目的绩效报告

项目的绩效报告提供了项目实施实际情况的数据和资料，揭示了项目实施中的问题和可能出现的变更问题，所以也是项目变更的总体控制所需的主要信息。

3. 项目变更的要求

项目变更的要求既可以是由项目业主／客户提出的，也可以是由项目实施组织提出的。无论是谁提出的项目变更要求，都是项目变更的总体控制所需的重要信息。

三、项目变更的总体控制的方法与工具

1. 项目变更控制系统

项目变更控制系统是指改变、修订或变更项目内容与文件的正式程序和办法所构成的一种管理控制系统。这包括项目变更的书面审批程序，跟踪控制体制，审批变更的权限层级规定等。对于项目变更的总体控制而言，没有项目变更控制系统是不行的，管理者必须根据项目总体变更的情况，建立和完善项目变更控制系统。一般的项目变更控制系统需要有一个专门负责接受或拒绝项目变更要求的项目变更控制委员会，项目变更控制委员会的权利和义务必须通过正式文件做出明确的规定和说明。大型而复杂的项目，将会有承担不同责任的多个项目变更控制委员会共同工作。项目变更控制系统必须包括处理未能事先预见变更的控制程序（如一些突发事件的应急处理程序等），而且项目变更控制系统还必须充分考虑项目变更的分类和分级管理与控制，以及所有的项目变更都必须有正式文件证明和记录，这样可以防止在后续阶段出现问题时无据可查。

2. 项目配置管理

项目配置管理是由一些文档化的正式程序构成的，这些程序是运用技术和管理手段对各种变更进行指导和监督的程序。它们所指导和监督的方面包括：识别一个项目某些方面或者整个项目的功能和物理特征、控制这些特征的所有变更、记录和报告这些特征的变更和变更的执行情况、审查对项目某个方面或整个项目提出的变更要求的一致性、确保对于项目产出物描述的正确性和完整性，以及将所有涉及的信息进行文档化等方面的工作。

3. 项目绩效度量

项目绩效度量能够全面评估项目整合计划的实施情况、项目实际实施情况与项目整合计划之间的差距以及需要采取的纠偏措施与行动，所以项目绩效度量也是一种项目变更总体控制的方法与工具。由于在大多数情况下，项目绩效度量基准在项目变更总体控制中是保持不变的，因此项目绩效度量是项目变更总体控制主要的方法与工具之一。

四、项目变更的总体控制的结果

1. 更新的项目计划

项目变更的总体控制的结果之一是更新的项目计划。这是对原有项目整合计划、

专项计划及相应的支持细节等所做的修改和更新的结果。在更新了项目计划以后还必须通知这一更新所涉及的各个项目干系人。

2. 项目变更的行动方案

项目变更的总体控制的结果之二是项目变更的行动方案。这一结果应该尽快传递给行动的实施者，并充分监视变更行动方案的实施及其结果。

3. 项目应吸取的教训

项目变更的总体控制的结果之三是项目实施中所发现的问题和应该吸取的经验与教训。这包括项目变更原因的说明，对所选用变更行动方案的说明，以及变更所带来的经验和教训。这些都需要用文件的形式记录下来，并作为项目变更总体控制结果保存起来，以作为历史资料供今后的项目参考和借鉴。

同步案例

老张是某个系统集成项目的项目经理。他身边的员工始终在抱怨公司的工作氛围不好，沟通不足。老张非常希望能够通过自己的努力来改善这一状况，因此他要求项目组成员无论如何每周都必须按时参加例会并发言，项目组成员就开始抱怨例会目的不明，会上大家意见相左，很多项目组成员开始相互争吵，但对例会具体应如何进行，老张却不知如何规定。为此，老张非常苦恼。

【问题 1】针对上述情况，请你分析问题产生的原因。

【问题 2】你认为怎样才能提高开例会的效率？

【问题 3】你认为除了项目例会，老张还可以采取哪些措施来促进有效沟通？

课后习题

一、单选题

1. 项目整合管理的主要内容不包括（   ）。
   A. 项目整合计划的制订　　　　　　B. 项目整合计划的实施
   C. 项目变更的总体控制　　　　　　D. 项目可行性研究
2. 项目整合管理的特性不包括（   ）。
   A. 综合管理　　B. 全局管理　　C. 内外结合　　D. 自始至终
3. 项目整合计划制订的流程不包括（   ）。
   A. 项目整合计划的综合分析　　　　B. 项目整合计划初步方案的编制

　　　C. 项目整合计划的优化与综合平衡　　　　D. 项目的沟通工作

4. 以下表述错误的是（　　　）。

　　A. 在项目管理中，计划工作是最为重要的一环

　　B. 在制订项目整合计划时必须充分考虑项目实施组织（包括业主/客户）的方针、政策和规定

　　C. 项目整合计划主文件是项目整合计划编制工作最主要的成果

　　D. 项目整合计划不必考虑成本计划

5. 项目整合计划实施中的管理原则不包括（　　　）。

　　A. 系统化管理的原则　　　　　　　　　B. 透明化管理的原则

　　C. 组织化管理的原则　　　　　　　　　D. 标准化管理的原则

二、简答题

1. 你是如何理解项目整合管理的？

2. 项目整合计划实施的管理工作包括哪些内容？

3. 项目整合管理有哪些基本的特性？为什么会有这些特性？

4. 项目整合计划有哪些作用？为什么项目整合计划会有这些作用？

5. 项目整合计划主文件有哪些？项目整合计划的支持细节有哪些？

模块五　项目的范围管理

🎯 学习目标

◆ 知识目标
1. 了解项目范围计划的制订方法和项目范围变更控制的方法等方面的内容
2. 理解项目范围管理的概念、作用

◆ 技能目标
掌握有关项目范围管理的理论和方法

◆ 素质目标
树立职业道德观，具备灵活的思维，具备良好的情绪调适意识

↻ 案例导入

系统整合商 BXT 公司承担了某市电子政务三期工程，合同额为 5 000 万元，全部工期预计 6 个月。

该项目由 BXT 公司执行总裁涂总主管，小刘作为项目经理具体负责项目的管理，公司总工程师老方负责项目的技术工作，新毕业的大学生小吕负责项目的质量保证工作。项目团队的其他 12 个成员分别来自公司的软件产品研发部、网络工程部。来自软件产品研发部的成员负责项目的办公自动化软件平台的开发，来自网络工程部的成员负责机房、综合布线和网络整合。

总工程师老方把原来类似项目的解决方案直接拿来参考，而工作分解结构则由小刘自己依据以往的经验进行分解。小刘依据公司的计划模板，填写了项目计划。

因为项目的验收日期是合同里规定好的，人员是公司配备的，所以进度里程碑计划是从验收日期倒推到启动日期分阶段制订的。在该项目计划的评审会上，大家是第一次看到该计划，在改了若干个错别字后，就匆忙通过了该计划。该项目计划交到负责质量保证的小吕那里，小吕看到计划的内容，该填的都填了，格式也符合要求，就签了字。

在需求分析时，他们制作的需求分析报告的内容和技术规格要求更为具体和细致。小刘把需求文档提交给了甲方联系人审阅，该联系人也没提什么意见。

在项目启动后的第 2 个月月底，甲方高层领导来到开发现场听取项目团队的汇报并观看系统演示。看完后甲方领导很不满意，具体意见如下：

（1）系统演示出的功能与合同的技术规格要求不一致，最后的验收应以合同的技术规格要求为准。

（2）进度比要求落后 2 周，应加快进度赶上计划。

【问题 1】你认为造成上面所述问题的原因是什么？

【问题 2】项目经理小刘应该如何科学地制订该项目的工作分解结构（说明工作分解结构的制定过程）？如何在项目的执行过程中监控项目范围（说明工作分解结构的监理过程）？

【问题 3】项目经理小刘应该如何科学地检查及控制项目进度？

单元一　项目范围管理概述

项目的范围管理就是对一个项目从立项到完结的全过程中所涉及的项目工作的范围所进行的管理和控制活动。这里的项目范围包括完成该项目、实现项目目标、获得项目产出物所必需的全部工作。项目的范围既不应超出生成既定项目产出物和实现既定项目目标的需要，也不能少于这种需要。

一、项目范围及其管理的概念

项目范围是指项目的产品范围（即项目业主 / 客户所要的项目产出物）和项目的工作范围（即项目实施组织为提交项目最终产品所必须完成的各项工作）的总和。项目范围管理是指对于项目产品范围和工作范围的全面管理，其中最为主要的是对于项目工作范围

知识链接：项目
范围

知识链接：产品
范围

的管理。

　　一个项目的产品范围既包括项目产品或服务的主体部分，也包括项目产品或服务的辅助部分。这些产品或服务的主体与辅助部分之间有着彼此独立却又相互依赖的关系，所以在项目范围管理中，必须将它们作为一个整体去管理。因为项目的工作范围既包括完成项目产出物的主体部分的工作，也包括完成项目产出物的辅助部分的工作，所以项目工作范围管理的内容既包括对于项目主体部分工作范围的管理，也包括对于项目辅助部分工作范围的管理。例如：一个信息系统项目通常会包括 4 个部分——硬件、软件、人员和软硬件的辅助部分，这 4 个部分既彼此独立，又相互依存，所以这 4 个部分都是项目范围管理的对象。

　　任何一个项目都需要对项目范围进行严格的管理，都需要将项目工作范围和产品范围很好地结合在一起进行认真的管理，从而确保项目实施组织能够提供令项目业主/客户满意的项目工作成果。

二、项目范围管理的主要工作

1. 项目起始工作

　　项目起始工作是指项目的业主/客户向某个内部或外部组织授权，委托其开始一个新项目的筹备工作，或者委托其分析与决策是否可以开始一个项目阶段的工作。项目范围管理中的项目起始工作的主要内容包括：拟订项目（或项目阶段）说明书，分析和决策项目（或项目阶段）是否继续开展，选派合格的项目经理等工作。

2. 界定项目范围

　　界定项目范围是指根据项目产出物的要求与描述、项目目标，全面界定一个项目的工作范围和产品范围的管理工作。界定项目范围，可以将一个项目的范围予以明确并将一个项目的任务进一步细分为更为具体和更便于管理的部分和活动。

3. 确认项目范围

　　确认项目范围是指由项目的业主/客户或者其他项目决策者，确认并接受通过界定项目范围工作而给出的项目范围和任务，以及将这种对于项目范围的确认编制成正式文件的项目范围管理工作。确认项目范围，可以使项目范围获得正式的认定。

4. 编制项目范围计划

编制项目范围计划是指由项目实施组织编写和制定一个书面项目范围描述文件的工作。一个项目的范围计划文件规定了项目的工作范围和产品范围，以及项目范围所规定的任务计划和安排，它是未来项目各阶段起始工作的决策基础和依据。

5. 项目范围变更控制

项目范围变更控制是指对于那些由项目业主/客户、项目实施组织或团队等项目干系人提出的项目范围变更所进行的控制与管理工作。这是一项贯穿于整个项目实施过程中的项目范围管理活动。

这些项目范围管理工作对整个项目的管理是有决定作用和影响的。一般情况下，在项目的不同阶段都需要开展项目范围管理。

三、项目范围管理的作用

1. 为项目实施提供任务范围框架

开展项目范围管理，可以在项目实施之前明确定义一个项目所应开展的工作，明确规定一个项目的全部工作中不应该包含哪些工作（那些与实现项目目标无关的工作）。开展项目范围管理，可以划分一个项目的工作和产品范围，并使人们放弃不必要和不该做的工作。例如：对于一个软件开发项目而言，项目范围管理将规定软件的功能范围和开发工作的任务，并明确规定这一软件开发项目究竟需要开展哪些工作和究竟不需要开展哪些工作，这就为整个软件的项目实施提供了任务范围框架。

2. 对项目实施工作进行有效控制

开展项目范围管理，可以使项目实施组织按照项目范围计划开展项目实施工作，并且能够使项目实施组织不断地在项目实施过程中监测和度量实际工作内容，以及实际与既定项目范围计划之间的偏差，然后根据这种偏差以及造成偏差的原因，决定是中止或放弃项目，还是对项目的任务范围进行调整，抑或采取相应的纠偏行动和措施。因此，项目范围管理的另一项重要作用是对项目实施工作进行有效控制。例如：对于一个软件开发项目而言，通过项目范围管理可以对项目的实施工作进行有效的控制，无论是变更项目任务、预算、工期还是重新配置项目资源等，都必须符合项目范围管理的要求，以保证项目目标的实现。

单元二　项目范围计划的制订

一、制订项目范围计划的概念

制订项目范围计划就是编写一个书面的项目范围综述文件。这个项目范围综述文件将作为未来项目阶段性决策的基础和依据。在项目范围计划中应该包括用来度量项目或项目阶段是否成功的标准和要求。对于一个项目和子项目而言，一份书面的项目范围计划是必需的。例如：一个承发包的工程项目必须有相应的承发包合同，这种合同中必须有项目范围计划或项目范围综述文件，这种综述文件应明确界定了该项目的任务范围和工作边界。项目范围计划（或称项目范围综述）是项目实施组织与项目业主／客户之间达成协议或合同的基础，其内容包括对于项目目标、项目产出物和项目工作范围等内容的全面说明和描述。

如果项目范围计划中的全部要素都已经具备或明确了，那么制订项目范围计划的过程就相当于编制一份书面文件。例如：如果在项目建议书中已经全面地描述了项目产出物，在项目说明书中已经明确定义了项目目标，那么将这两部分文件的相关内容进行汇编，再增加其他内容就可以制订一份项目范围计划了。

二、制订项目范围计划的依据

在选择和定义项目的过程中，所有给定的项目产出物描述和项目说明书及其相关信息都是制订项目范围计划的依据。项目实施组织可以根据这些信息运用各种分析和评价方法与工具，通过对项目各种备选方案的分析和评价，选定最满意的项目实施方案，然后根据选定的项目实施方案制订项目范围计划。

制订项目范围计划的依据还包括有关项目和描述项目产出物的各种支持细节文件，以及在项目起始阶段所明确和定义的各种项目限制条件和项目的假设前提条件等方面的信息与资料。

三、制订项目范围计划的方法

1. 项目产出物分析方法

通过对项目产出物的分析，项目业主／客户与项目实施组织会形成对项目产出物准确的、共同的理解，从而指导制订项目范围计划。项目产出物分析方法包括系统分析方法、价值工程方法、价值分析方法、功能分析方法和质量功能配置技术等一系列的方法和技术。只有使用这些不同的方法和技术，从不同的角度对项目产出物进行全面的分析和界定，才能更好地指导项目范围计划的制订。

2. 收益／成本分析方法

收益／成本分析方法是指对不同的备选项目方案进行各种成本和收益的识别与确认，和对项目方案的成本（费用）与收益（回报）进行全面评估的方法。其中最主要的是从项目业主／客户的角度出发的项目财务评价方法，它使用项目投资回报率、投资回收期等财务评估指标确定备选项目方案的经济性。使用这种方法可以确定哪个备选项目方案更为经济合理，这对制订项目范围计划有很重要的指导意义。

3. 提出备选项目方案的方法

在项目范围计划的制订中，首先需要提出各种各样的备选项目方案。有许多方法可以用于提出不同的项目备选方案，其中最常用的方法是头脑风暴法和横向思维法。

（1）头脑风暴法。头脑风暴法是指通过专家之间的交流，引起思维共振，产生组合效应，形成宏观的智能结构，进行创造性思维。在典型的头脑风暴法讨论会中，一般是6～12人围坐在桌旁，一个主持人用简单明了的方式提出问题，每个人都了解问题之后，在给定的时间内，自由发言，尽可能多地想出各种解决问题的方案。在这种会议过程中，任何人都不得对发言者加以评价，无论是受到别人启发而提出的观点，还是自己提出的稀奇古怪的观点。所有提出的方案都需要记录在案，最后，大家再来一起分析和评价这些建议和方案，从中找出可行的备选项目方案。

（2）横向思维法。传统的思维方法多数是纵向思维法。纵向思维法是高度理性化的，是一个逐步深化的思维过程，每一步与前一步都是不可分割的。在这一过程中，每一步都必须正确有序。横向思维法则没有这种限制，它不要求人们按照一种模式或程序去思考，而要求人们打破原有的框架，重构一种思维模式。它建议人们在处理问题时可以不从初始状态入手（即不从分析问题入手），而是从解决问题的办法入手。例如：一个管理者可以根据项目的工作任务去考虑备选项目方案，然后倒推出要实施这一备选项目方案所需的资源和假设前提条件等。

4. 专家判断法

在制订项目范围计划的过程中，常常需要使用专家判断法。因为有许多项目范围界定问题涉及项目所属专业领域的专业知识，无论是对项目产出物的描述还是项目目标的确定都会涉及许多专业知识，此外，制订项目范围计划时还需要有一些项目管理专家提供项目管理方面的知识，所以专家判断法也是项目范围计划制订中经常使用的一种方法。

四、项目范围计划的工作结果

项目范围计划的工作结果主要是生成三个界定项目范围的文件。其一是项目范围综述（项目范围计划的主体部分），其内容包括：项目的理由、项目产出物、项目目标。其二是项目范围综述的支持细节，其内容包括：已识别项目的假设前提和限制条件。其三是项目范围管理计划，其内容包括：项目范围变更的可能性、频率和变更大小，范围变更的识别及分类说明，项目范围变更的安排等。这三个文件是项目后续阶段重要的指导性文件。

1. 项目范围综述

项目范围综述是未来项目决策的主要依据。在一定程度上，项目范围综述能够保证本项目所有的干系人对项目范围有一个共同的理解。随着项目的展开，项目范围综述可能需要修改或者更新，以便及时反映项目范围的变更情况。项目范围综述应该包括以下内容。

（1）项目的理由。这是对项目成立的理由所做的全面描述，即对于项目能够满足各种需求的综合说明。在项目后期阶段对项目活动进行界定和取舍时，项目理由是评价项目活动合理性的根本依据。

（2）项目产出物。这是有关项目产出物的简要描述，是一份简要罗列项目产出物构成的清单和说明。从项目范围计划的角度出发，如果提供的项目产出物符合这类描述，就标志着项目已经完成。需要注意的是，任何为项目业主/客户额外提供的项目产出物都不应该包括在项目范围计划之内，任何未指明要提供的项目产出物均应该排除在项目范围计划之外。

（3）项目目标。项目目标是指完成项目所必须达到的标准和指标。项目目标必须包括项目成本、项目进度和项目质量等。任何一个项目目标都应该包括项目目标的属性，计量单位和绝对或相对的指标值。项目目标中那些不可量化的目标（如项目业主/客户满意度等）往往会导致一定的项目风险。具体而言，一个项目的目标主要包括：项目产出物的各种属性指标、项目的工期指标与项目阶段性里程碑、项目产出物的质量标准和项目的成本（造价）控制目标等。另外，在一些专业应用领域中，项目产出物本身就被称作项目目标，而项目成本、项目工期、项目质量等被称作影响项目成功的关键因素。在这种情况下，需要特别注意概念的转换，以使项目范围计划意义明确。

为了使项目目标有效，项目业主/客户和项目实施组织以及所有的项目风险承担者都必须正式地认可和同意既定的项目目标。通常，由项目经理创建的项目目标文档应该是最重要的项目文件。在这一文件中，项目目标的界定必须明确，项目目标的指标值必须明确而且必须可行、具体和可以度量。因为不可度量的项目目标会给项目带来各种各样的风险。例如："建成一所房屋"这一项目目标就太模糊了，因为人们在"建成"的意义上可能会存在不同的理解，究竟是指完成了房子的土建工程，还是包括完成安装工程，还是连房子的装修工程也一起完成了。较好的项目目标描述应该是："用 150 万元，根据第 16 种型号的楼面布置图和说明书，在 6 个月之内建成这所房子的土建和安装部分，不包括室内装修。"这样，项目业主/客户与项目实施组织就不会在项目目标问题上产生争议了。

2. 项目范围综述的支持细节

这些支持细节中也包括所有已识别项目的假设前提和限制条件。项目范围综述的支持细节内容和详细程度会随项目的专业领域的不同而变化。项目范围综述的支持细节应以能够支持项目范围管理和有利于项目管理的其他过程的使用和参考为原则来组织和编写。

3. 项目范围管理计划

项目范围管理计划文件主要描述如何控制项目范围以及如何变更项目范围，从而进行整合管理。项目范围管理计划还应包括对项目范围变更的期望和确定性评估，如项目变更的可能性有多大、如何顺利实现项目的变更以及变更的幅度有多大等。

项目范围管理计划文件也应该包括一个关于"如何识别和将项目范围变更分类"的说明与描述。当项目产出物还没有成熟和完全定型时，要做到这一点是特别困难的，但是做好这件事情是特别重要的。例如：在一个建筑工程项目中，如果客户所要求的设计变更需要花费很少资金，项目经理就很容易接受这种要求；但是如果变更需要大量投入，则项目经理和客户必须根据项目成本、项目资源和其他因素重新评估项目范围。

一个项目范围管理计划可以是正式的或非正式的、详细的或粗略的。项目范围管理计划根据项目需求的不同而不同。它是项目整合计划中的一个专项计划文件。一份精心准备的项目范围管理计划是整个项目应急计划的基础和核心。

单元三　项目范围的定义

项目范围定义指的是把项目产出物进一步分解为更小的、更便于管理的许多组成部分。项目范围定义的目的在于提高项目成本估算，提高项目工期和项目资源需求估算的准确性；为项目的绩效度量和控制确定一个基准；便于明确和分配项目任务与责任。合理恰当的范围定义对于项目的成功至关重要。当项目范围定义不清或项目范围管理很糟糕时，项目的最终成本会比预期的总成本高。因为会有许多难以想象的项目变更，这些变更会干扰项目运行的节奏，导致返工，延长项目工期、降低劳动生产率和影响项目团队的士气。

一、项目范围定义的依据

项目范围定义工作的依据主要是项目范围综述、项目的假设前提和限制条件，以及其他相关信息。其中，项目范围综述、假设前提和限制条件是最为重要的。需要说明是，当一个项目依照合同由承包商实施时，承包合同中确定的约束条款就是项目范围定义过程中需要着重考虑的限制条件之一。在项目范围定义时，管理者还应该核查一下其他的项目管理计划是否会对项目范围定义产生影响和造成制约。在进行项目范围定义时，管理者还应该考虑调用历史项目档案的资料和信息。这些历史项目中的错误及疏忽（经验教训）对新项目的范围定义尤其有用。

二、项目范围定义的技术和工具

由于项目范围定义是一项非常严密的分析和推导工作，因此需要采用一系列逻辑推理和分析识别的技术和工具。在这项工作中使用的关键技术、方法和工具包括如下几种。

1. 工作分解结构模板

历史项目的工作分解结构（Work Breakdown Structure，WBS）常被用作一个新项目工作结构分解模板，根据新项目的各种情况和条件使用这种模板，通过增删项目的工作就可以对新项目的范围做出定义了。因为虽然每个项目都是独一无二的，但是绝大多数同一专业应用领域中的项目都在一定程度上有相似的地方。例如：同一个项目实施组织的大多数项目都有相同或类似的项目生命周期，而且在每个项目阶段会有相同或类似的项目产出物;一个项目实施组织的绝大多数项目是属于相同专业应用领域的,并且一个项目实施组织的管理模式和政策是相对稳定的。

很多专业应用领域中都有标准或半标准的项目工作分解结构,可用作新项目的工作分解结构模板。图 5-1 就是这些模板中的一个范例。

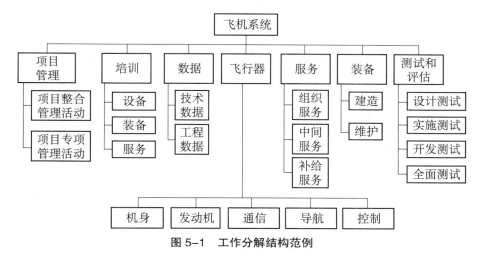

图 5-1 工作分解结构范例

2. 分解技术

分解技术是指将项目产出物(或者项目目标)逐层细分为更小、更易管理的子项目或项目要素,直到将项目产出物分解成非常详尽并能够支持下一步的项目活动分析和定义工作为止。项目分解技术的主要步骤如下。

(1)识别项目主要要素。一般来说,项目主要要素就是根据项目产出物分解得到的项目管理和项目实施工作。通常,项目主要要素的定义是按照"项目实际上将如何开展和管理"的形式去分解。例如:项目产出物可以作为项目工作分解结构的第一级要素,而项目生命周期的各个阶段可以作为项目工作分解结构的第二级要素。图 5-2 是一个软件产品按照分解技术得到的项目工作分解结构示意图。当然,项目工作分解结构的层次划分和分解技术的使用因项目实施组织不同会有所不同。图 5-3 就是工厂建设项目工作分解结构示意图,这是按照子项目划分来分解的范例。

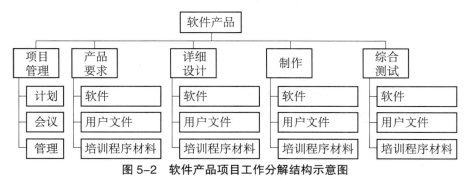

图 5-2 软件产品项目工作分解结构示意图

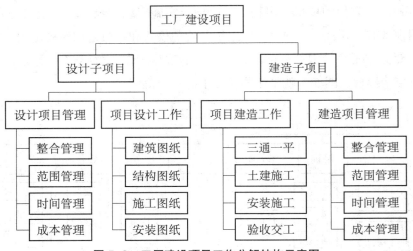

图 5-3　工厂建设项目工作分解结构示意图

（2）项目构成要素的分解。为使项目绩效度量容易进行，识别出的项目主要要素需要进一步分解成更为细化和详细的项目构成要素。项目构成要素是使用有形的、可检验的成果来描述的项目要素。与识别和定义项目主要要素的方法一样，项目构成要素的分解和定义工作也应该按照"实际上项目的工作将如何完成"的形式来进行。项目分解就是把复杂的项目逐步分解成一层一层的要素（工作），直到具体明确为止。例如：每周计划完成情况报表就是有形和可检验的项目计划完成情况报告。

（3）构成要素分解结果的正确性检验。在检验构成要素分解结果的正确性时，需要回答的问题有：为完成整个项目工作，分解出的各层次子项目或工作是必要和充分的吗？如果不是，则这些项目构成要素就必须被修改、增删、或重新定义。分解得到的每项工作界定得清楚完整吗？如果不是，则必须修改、增删或重新定义。分解得到的每项工作是否都能列入项目工期计划和预算计划？是否每项工作都有具体的责任单位？如果不是，就必须重新修订项目的工作分解结构。

需要注意的是，任何项目都不是只有唯一正确的工作分解结构。例如：两个不同的项目团队可能对同一项目给出两种不同的工作分解结构。决定一个项目的工作分解详细程度和层次多少的因素包括：为完成项目工作任务而分配给每个小组或个人的责任和这些责任人的能力；在项目实施期间，管理和控制项目预算、监控和收集成本数据的要求水平。通常，责任人的能力越强，项目工作分解结构就越粗略，层次就越少；反之就越详细，层次就越多。而项目成本和预算的管理控制水平越高，项目工作分解结构就越粗略，层次就越少；反之就越详细，层次就越多。因为项目工作分解结构越详细，项目就会越容易管理，所要求的项目工作管理能力就越低。

三、项目范围定义的工作结果

项目范围定义的最终结果就是给出一份关于项目的工作分解结构。项目工作分解结构是由那些构成并界定项目总体范围的项目要素，按照一定的原则，分类编组构成的一种层次型结构体系。它是有关项目任务的详细描述。这些细化了的项目任务的详细描述构成了项目范围。所有未包括在项目工作分解结构中的任务都不属于项目范围之列。

1. 项目工作分解结构

与项目范围综述的作用一样，项目工作分解结构通常用于定义和确认项目业主/客户、项目实施组织对于项目范围的共同理解。一个正式的项目工作分解结构通常以图表的形式给出。然而，项目工作分解结构与其表现形式并没有直接关系。如果在项目工作分解结构图表中画上一些不属于项目范围的工作，它就不再是一个项目的工作分解结构了。

项目工作分解结构中的每项工作都应有唯一的责任人。处于项目工作分解结构最低层次上的工作通常被称作工作包（Work Package）。这些工作包可以在项目进度管理中进一步被分解，从而得到项目实施中需要开展的各种项目活动，即项目活动是进一步分解和细化工作包得到的。

2. 项目工作分解结构词典

项目工作分解结构词典是对于项目工作分解结构的逐条说明。项目工作分解结构词典通常按照工作包划分词条和进行描述。通常一个项目工作分解结构中的所有工作包都应该被收集在工作分解结构词典里。典型的项目工作分解结构词典的内容包括对于工作包的描述和其他一些计划信息，如项目工期、项目成本预算、人员安排等。

项目工作分解结构不应该与项目的其他一些分解结构相混淆。在一些专业应用领域的项目中，还有一些常用到的分解结构。

（1）项目合同工作分解结构。项目合同工作分解结构（CWBS）是用来定义项目承包商或分包商向项目业主/客户提供产品和劳务的说明报告。项目合同工作分解结构与项目工作分解结构相比，较粗略，因为它主要是对项目产出物的初步分解和描述，而项目工作分解结构是用于开展项目范围管理的，所以要详细得多。

（2）项目实施组织分解结构。项目实施组织分解结构（OBS）是用于表明哪些项目工作要素被分配给了哪些项目实施组织的部门或个人的一种说明文件。这种分解结构侧重于对项目责任和任务的组织落实情况进行描述。

（3）项目资源分解结构。项目资源分解结构（RBS）是项目实施组织分解结构的变形，当项目的工作要素被分配给项目实施组织的某个群体或个人时，常需要使用项目资源分解结构说明这些工作责任人有权得到的资源，以及项目资源的整体分配情况。

（4）项目物料清单。项目物料清单（BOM）是在一些专业应用领域的项目中给出的一种项目所需资源或工作的清单。例如：工程建设项目中有工料清单，它是建设项目所需材料、人工、设备和作业的清单。

（5）项目活动清单。项目活动清单（BOA）是在对项目工作分解结构进一步细化和分解的基础上所生成的，详细说明项目各项具体活动的一种文件。它与项目工作分解结构的关系最为紧密，因为项目活动是通过对工作包的进一步分解之后得到的具体活动。

单元四 项目范围确认

一、项目范围确认的概念

项目范围确认是指项目干系人（项目业主／客户、项目实施组织等）对于项目范围的正式认可、接受的工作和过程。在项目范围确认工作中，要审核项目范围定义工作的结果，以确保所有必需的项目工作均已正确且令人满意地包括在项目范围之中，与实现项目目标无关的工作均未包括在项目范围之中。项目范围确认既可以是对一个项目整体的范围确认，也可以是对一个项目阶段的任务范围确认。如果项目提前终止，则在项目确认过程中应将项目完成的程度及项目的整体范围以文件的形式记录下来。项目范围确认不同于质量控制，质量控制关心的是工作结果的正确性，但是项目范围确认关心的是工作任务的正式性和官方认可与接受程度。

二、项目范围确认的对象和依据

项目范围确认的对象是项目范围定义中生成的主要文件，这包括项目说明书、项目范围综述、项目工作分解结构和项目工作分解结构词典等。项目范围确认的依据包括项目定义和项目范围定义的各种依据、项目实施工作结果以及项目产出物说明文件等。项目定义和项目范围定义的各种依据已经在前面给出，下面主要讨论项目实施工作结果和项目产出物说明文件。

1. 项目实施工作结果

项目实施工作结果是指在项目各项计划实施中所生成的产出物情况，它反映了项目按照计划实施的动态情况。项目实施工作结果主要是在某个项目阶段的范围确认中使用，因为在对整个项目范围的确认中，由于尚未开展项目实施工作，因此还没有项目实施工作结果。

2. 项目产出物说明文件

项目产出物说明文件是指有关项目和项目阶段产出物的全面描述。在进行项目范围的确认和审核时，必须依据各种项目产出物说明文件进行。项目产出物说明文件有助于项目双方（项目实施组织与项目业主/客户）对于项目目标、项目产出物和项目范围有共同的理解。在不同的项目应用领域中，对于项目产出物说明文件在称谓上所用的术语是不同的。例如：有人将其称为项目计划，有人将其称为项目规格书，有人将其称为项目技术文件或项目图纸等。

三、项目范围确认的方法和工具

项目范围确认工作就是对项目范围进行审查和确认，即通过对于项目范围的审查来确认项目范围是否包括实现项目目标所需的全部工作，有没有不属于项目范围的工作包括在定义的项目范围之中，项目范围定义生成的结果是否与项目的要求相符等。项目范围审查的对象包括整个项目范围的定义，项目范围管理计划和项目工作分解结构等项目定义阶段给出的文件，以及它们的合理性和可行性。项目范围确认的工具主要是核检表。

1. 项目范围核检表

项目范围核检表的主要内容如下：
- 项目目标是否完善和准确。
- 项目目标的指标是否可靠和有效（即所需信息是否可以获得）。
- 项目的约束和限制条件是否真实和符合实际情况。
- 项目最重要的假设前提条件是否合理（即不确定性较小）。
- 项目的风险是否可以接受。
- 项目成功的把握是否足够。
- 项目范围定义能否保证项目目标的实现。
- 项目范围定义所能够给出的项目效益是否高于项目成本。

● 项目范围定义是否需要进一步进行深入研究。

2. 项目工作分解结构核检表

项目工作分解结构核检表包括如下内容:

● 项目目标的描述是否清楚。

● 项目产出物（成果）的描述是否清楚。

● 项目产出物（成果）是否都是为实现项目目标服务的。

● 项目各项成果是否可以作为项目工作分解的基础。

● 项目工作分解结构中的各个工作包是否都是为形成项目成果服务的。

● 项目的目标层次描述是否都清楚。

● 项目工作分解结构的层次划分是否与项目目标层次的划分和描述统一。

● 项目工作、项目成果与项目目标之间的关系是否一致和统一。

● 项目工作、项目成果、项目目标和项目总目标之间的逻辑是否正确、合理。

● 项目目标的指标值是否可度量。

● 项目工作分解结构中的工作包是否有合理的数量、质量和时间度量基准。

● 项目目标的指标值与项目工作绩效度量基准是否匹配。

● 项目工作分解结构的层次结构是否合理。

● 项目工作分解结构中各工作包的工作内容是否合理。

● 项目工作分解结构中各工作包之间的相互关系是否合理。

● 项目工作分解结构中各工作包所需资源是否明确与合理。

● 项目工作分解结构中的各项工作考核指标是否合理。

● 项目工作分解结构是否总体协调。

实践证明，以上两种核检表在项目范围管理中是行之有效的。项目范围确认中还有一些其他方法，这些方法的基本思路与核检的方法是基本一致的。

四、项目范围确认的工作结果

项目范围确认工作是全面审核项目范围定义所给出的结果，以确保项目范围管理中的选择与定义正确，确保项目范围计划制订和项目范围定义内容的正确、合理、可行，并最终做出确认的工作。如果项目范围没有获得确认，则整个项目即告中止或终结。项目范围确认的工作结果是对项目范围定义工作的正式接受。这种接受一般需要有正式文件予以确认。在对项目范围的正式确认活动中，要编制和发布项目业主/客户或项目委托人、发起人确认已经接受的项目范围定义和项目或项目阶段工作任务的正式文件。这些文件应该分发给所有的项目干系人。这种项目范围的确认和接受可能会有附加条件，尤其是在项目后期的各个阶段更是如此。

 **项目范围变更控制**

一、项目范围变更控制概述

在项目开始之后，项目各种条件和环境的变化会使项目范围发生变更。项目范围的变更可能会导致项目工期、项目成本或项目质量的改变。因此必须对项目范围的变更进行严格的管理和控制，必须根据项目的实际情况、项目的变更要求和项目范围管理计划，运用项目范围变化控制系统和各种变更的应急计划等，按照整合管理的方法去控制和管理好项目范围的变更。

在项目范围变更控制中，主要应该考虑的问题包括：

- 分析和确定影响项目范围变更的因素和环境条件。
- 管理和控制那些能够引起项目范围变更的因素和条件。
- 分析和确认各方面提出的项目变更要求的合理性和可行性。
- 分析和确认项目范围变更是否已实际发生，及其风险和内容。
- 当项目范围变更发生时，对其进行管理和控制，设法使变更朝有益的方向发展，或努力消除项目变更的不利影响。

项目范围变更控制必须与项目管理的其他控制很好地结合，特别是要与项目工期控制、项目成本控制、项目质量控制等结合起来。

二、项目范围变更控制的依据

1. 项目工作分解结构

项目工作分解结构定义了项目范围的内容和底线。当实际项目实施工作超出或达不到项目工作分解结构的范围要求时，就表明需要进行项目范围的变更。项目范围变更后必须对项目工作分解结构进行调整和更新。

2. 项目实施情况报告

项目实施情况报告一般包括两类信息。一类是项目的实际进程资料，包括项目工作的实际开始／完成时间以及实际发生的费用等情况；另一类是有关项目范围、项目工期和项目成本的变更信息。例如：项目的哪些中间产品已完成，哪些还没有完成；项目的工期和预算是超过了项目计划还是未超过项目计划等。它还提醒项目实施组织注意那些会在未来引发问题和引起项目范围变更的因素和环节。

一般而言，项目实施都有确定的绩效报告期（或称项目报告期）。项目实施情况报告的频率视整个项目长短及项目复杂性而定，项目报告期可以是每天、每周、每月等。如果要对项目实行更为严密的范围管理和控制，那么采取缩短项目报告期就是可行且有效的措施之一。

3. 项目范围变更的请求

项目范围变更的请求可能以多种形式出现，可以是口头或书面的，可以是直接或间接的，可以由内部提出，也可以是外部要求的，甚至是法律强制的。项目范围变更要求既可能是要求扩大项目的范围，也可能是要求缩小项目的范围。绝大多数项目范围变更要求是以下原因造成的：

（1）某个外部事件。例如：政府有关行政法规的变更。

（2）在定义项目范围时产生了错误或疏漏。例如：在设计一个电信系统时疏忽了一个必备的特殊构件。

（3）增加项目价值的变更。例如：在一个环保项目中发现通过采用某种新技术可以降低项目成本，但在最初定义项目范围时新技术尚未出现，所以需要变更项目范围。

4. 项目范围管理计划

项目范围管理计划是有关项目范围总体管理与控制的计划文件。

三、项目范围变更控制的方法和工具

1. 项目范围变更控制系统

项目范围变更控制系统是开展项目范围变更控制的主要工具。这一系统给出了项目范围变更控制的基本控制程序、控制方法和控制责任。这一系统包括文档化工作系统、变更跟踪监督系统，以及项目变更请求的审批授权系统。在项目的实施过程中，项目经理或项目实施组织利用所建立的项目实施跟踪系统，定期收集有关项目范围实施情况的报告，然后将实际情况与计划的工作范围相比较，如果发现差异，则需要决定是否采取纠偏措施。如果决定采取纠偏措施，那么必须将纠偏措施及其原因写成相应的文件，并作为项目范围管理文档的一部分。同时，要将项目范围的变更情况及时通知项目所有干系人，在获得他们一致的认可之后，才可以采取项目范围变更的行动。

项目范围变更控制系统是整个项目变更控制系统的一部分，当项目范围发生变更时，项目其他方面必然也会受到影响，因此项目范围变更应该被整合到整个项目变更控制系统之中，尤其是应该在适当的地方与项目控制的其他系统相结合，以便协调和控制项目范围。当项目按照承发包的方式进行时，项目范围变更控制系统必须与相关合同条款保持一致。

2. 项目实施情况的度量

项目实施情况的度量也是项目范围变更控制的一种有效的方法。这一方法有助于评估已经发生项目范围变更的偏差大小。项目范围变更控制的一个重要内容就是识别已发生变更的原因，以及决定是否要对这种变更或差异采取纠偏行动，而这些都需要依赖项目实施情况度量。

3. 追加计划法

几乎没有项目能够完全按照项目计划实施和完成的，项目范围变更可能要对项目工作分解结构进行修改和更新，甚至会重新分析和制定替代的项目实施方案。项目范围的变更会引起项目计划的变更，即项目范围变更要求项目实施组织针对变更后的情况，制订新的项目计划，并将这部分计划纳入原来的项目计划中。

4. 项目三角形法

项目三角形法是一种项目整合控制的方法，这种方法可以用于对项目范围进行有效的控制。项目三角形是指由项目工期、项目成本和项目范围所构成的三角形，如图5-4所示。大多数项目都有明确的项目工期、项目成本和项目范围的限制。项目工期、项目成本和项目范围三个要素被称为影响项目质量的三大要素。如果调整了这三个要素中的任何一个，另外两个就会受到影响。虽然这三个要素都很重要，但一般来说会有一个要素对项目的影响最大。例如：如果决定对项目工期做出调整，提前完成项目，那么就会面临增加项目成本或缩小项目范围的情况。如果需要调整项目计划以将项目成本控制在项目预算之内，那么其结果可能会延长项目工期或缩小项目范围。同样，如果希望扩大项目范围，那么就会耗费更多的时间和金钱。

在使用项目三角形法控制项目范围的变更时，首先应明确项目工期、项目成本和项目范围三个要素中的哪一个对项目质量影响最大。这决定了哪个要素是最重要的，以及应该如何优化项目范围变更方案和行动。例如：为了不超出项目工期和项目成本，需要调整项目范围以进行优化。因为当项目工期、项目成本和项目范围构成的三角形中任何一条边做出调整时，另外两条边都会被影响。这种影响可能是好

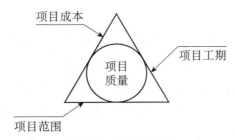

图 5-4　项目三角形

的，也可能是不好的，这取决于项目性质和变更调整的方向。在优化中要不断检验另外两个要素以防止出现不切实际的项目范围计划。例如：如果调整了项目成本，那么最好检查一下项目工期是否还在可接受的范围内。项目三角形法的具体操作做法如下。

（1）调整项目三角形的工期边。当发现项目实际工期突破了项目工期预计时限时，有多种方法可以调整项目工期。调整方法的选择主要取决于项目的限制条件（如资源、范围和任务的灵活性限制等）。有效缩短项目工期的方法是调整项目关键路径上的任务。这方面的措施有：缩短一些工作的作业工期、安排一些工作同步进行、增加资源以加快进度、缩小项目范围等。当调整项目工期时，项目成本可能会增加，而且项目范围也可能发生变更。

（2）调整项目三角形的成本边。当发现项目实际成本超出了项目预算时，就需要重新调整项目的预算和成本。项目成本主要受项目资源配置的影响。所以为了降低成本，首先可以缩小项目范围，这样任务数量减少，占用的资源就会下降，成本就会降低。同时，还可以通过验证项目资源配置的优化情况，发现和消除存在的浪费，从而降低项目成本。另外，也可以通过采用价值工程法分析是否存在替代资源，也许还会找到比较便宜的资源替代昂贵的资源，这样也可以降低项目成本。在调整项目工期以保证项目不超出预算时，项目工期可能会延长、项目范围可能会缩小。在保持项目目标合理平衡的情况下，一般需要优化项目范围以确保资源的有效利用。按照项目三角形，资源被看作项目成本。在调整资源时，项目工期也许会发生变更。例如：如果资源不足需要进行调配，项目工期可能延迟；反之，在有资源剩余时，就可以扩大项目范围，以便更好地利用全部资源。

（3）调整项目三角形的范围边。改变项目范围一般包括改变项目任务的数量和改变项目工期。项目范围和项目质量是密切相关的，在缩小范围的同时也会降低项目的质量标准；相反，在扩大项目范围的同时，也可能会带来项目质量的提高。例如：如果取消一系列可选性的项目任务，那么用于这些任务的资源就可以用于其他方面，而且它们也将不包括在这个项目的预算范围内了；如果增加一些可选性的任务，就要投入更多资源和时间，从而就会扩大项目范围。另外，改变项目范围会影响项目关键路径的工期，使项目工期延后。通常的做法是，当发现必须按照项目工期完成项目，同时又必须将项目成本控制在预算之内时，可以通过缩小项目范围实现。当然，如果发现还有多余的时间或预算，就可以扩大项目范围，从而提高项目质量。

质量与项目三角形的关系。质量是项目三角形中的第四个要素，而且是处于中心位置的关键要素。项目三角形的三条边中任何一条边的改变都会影响项目质量。项目质量虽然不是三角形的"边"，但是却直接受三条边变化的影响。例如：如果发现项目工期比较松，就可以通过增加项目任务来扩大项目范围，这种项目范围的扩大多数能够提高项目及其产出物的质量。反之，如果发现项目预算较紧，就可以通过减少项目任务来缩小项目范围，随着项目范围的缩小，既定的项目质量就难以保证，所以削减项目成本会导致项目质量的降低。

四、项目范围变更控制的工作结果

项目范围变更控制的工作结果有两个，一个是促进项目工作绩效的提高，另一个是生成一系列项目范围变更控制文件。这些文件包括更新调整后的项目工期、项目成本、项目质量、项目资源和项目范围文件，以及各种项目变更行动方案和计划文件。

1. 项目范围变更控制文件

项目范围变更控制文件是在项目范围的全面修订和更新中所生成的各种文件。项目范围通常是受项目业主／客户与项目实施组织双方认可的，所以项目范围的变更同样需要双方认可，并要有正式记录文件。项目范围变更通常还要求对项目成本、项目工期、项目质量以及项目目标进行全面调整和更新。项目范围变更还需要在项目计划中得到及时反映，而且相关的项目技术文件也需要进行相应的更新。另外，应该将项目范围变更的信息及时告知项目干系人。所有这些更新后的文件都属于项目范围变更控制文件的范畴。

2. 项目变更控制中的行动

项目变更控制中的行动包括：根据批准后的项目变更要求而采取的行动和根据项目实际情况的变化所采取的纠偏行动。这两种行动都属于项目变更控制的范畴，因为它们的结果都是使实际的项目范围与计划规定的项目范围保持一致，或者是与更新后的项目范围保持一致。

3. 从项目变更中学到的经验与教训

不管是何种原因，项目变更都属于项目计划管理中的问题。所以在项目范围变更中，人们可以发现问题，收获经验与教训。这些问题、经验与教训均应该形成文件，以使这部分信息成为项目历史数据的一部分。这既可用于本项目后续工作的指导，也可用于项目实施组织今后开展的其他项目。这相当于项目的一种跟踪评估和后评估工作。一般在项目或项目阶段结束以后都需要召开经验总结或评估会议。这种项目经验总结或评估会议应在项目团队内部，以及与项目业主/客户之间分别召开。其目的都是评估项目绩效，确认是否达到项目收益，以及总结本项目的经验和教训。

同步案例

项目经理小李负责了一个新的项目，该项目是为某市开发一个智慧城市公共综合信息服务平台。项目启动阶段，甲方仔细查看了小李提交的项目实施方案，提出由于该项目的投资方构成复杂、项目需求不清晰，希望项目组能想办法解决这个问题。

小李向公司申请了几名经验丰富的系统分析师，加强需求分析阶段的工作。经过较为充分的需求调研，项目组制定了初步的需求说明书。依照公司常用的软件开发生命周期模型，小李认为，需求分析工作较为详细，因此他选择了瀑布模型。

在编写概要设计和细化设计说明书的过程中，甲方提供了几处需求的修改要求。由于工作量不大，因此小李直接安排系统分析师按甲方的要求进行了修改。在编码阶段后期，甲方的投资方发生了变化，新的投资方采用了新的运营模式，需求发生较大变化。由于前期甲方已经强调了项目的需求特点和要求，因此小李只能接受甲方新的变更要求。在执行变更的过程中，项目组发现新的需求将导致系统架构的更改，经过评估，项目将会延期。

【问题1】该项目在整个过程中存在哪些主要问题？
【问题2】请说明项目范围（需求）变更控制流程。

课后习题

一、单选题

1. 项目范围管理的主要工作不包括（　　）。
   A. 界定项目范围　　　　　　　　B. 编制项目范围计划
   C. 为项目实施提供任务范围框架　　D. 项目范围变更控制
2. 制订项目范围计划的方法不包括（　　）。
   A. 项目产出物分析方法　　　　　B. 收益/成本分析方法

C. 头脑风暴法　　　　　　　　　　D. 原型法

3. 不属于项目范围综述内容的是（　　　）。

　　A. 项目的理由　　　B. 项目产出物　　　C. 项目目标　　　D. 项目章程

4. 项目范围定义工作的依据不包括（　　　）。

　　A. 项目范围综述　　　　　　　　　B. 项目的限制条件

　　C. 项目的假设前提条件　　　　　　D. 确认的范围

5. 下列选项中，哪个描述是不正确的（　　　）。

　　A. 项目范围定义指的是把项目产出物进一步分解为更小的、更便于管理的许多组成部分

　　B. 项目范围管理计划文件主要描述如何控制项目范围以及如何变更项目范围，从而进行整合管理

　　C. 头脑风暴法是指通过专家之间的交流，引起思维共振，产生组合效应，形成宏观的智能结构，进行创造性思维

　　D. 工作分解结构分解得越小越好

二、简答题

1. 请简述分解技术。

2. 请简述项目范围变更控制的方法和工具。

3. 项目范围管理有哪些主要工作？为什么要开展这些工作？

4. 项目范围管理有哪些作用？

5. 你是如何理解项目范围管理的？你认为还有哪些更好的项目范围管理技术？

模块六　项目的进度管理

◎ 学习目标

◆ **知识目标**

1. 理解项目进度管理的概念
2. 理解项目工期估算、项目工期计划制订的概念

◆ **技能目标**

1. 掌握项目活动排序的方法
2. 掌握项目工期估算、制订项目工期计划的方法

◆ **素质目标**

树立职业道德观，具备诚实守信时间观念、灵活的思维和良好的职业习惯

↻ 案例导入

　　某系统集成公司现有员工50多人，业务部门分为销售部、软件开发部、系统网络部等。

　　经过近半年的酝酿，在今年1月，公司的销售部直接与某银行签订了一个关于银行前置机软件系统的项目。合同中规定，6月28日之前系统必须投入试运行。在合同签订后，销售部将此合同移交给了软件开发部实施项目。

　　虽然项目经理小丁做过5年的系统分析和设计工作，但这是他第一次担任项目经理。在管理的同时，小丁负责系统分析工作。项目组还有2名有1年工作经验的程序员，1名测试人员，2名负责组网和布线的系统工程师。项目组的成员

均全程参与项目的实施工作。

在承担项目之后，小丁组织大家制定了项目的 WBS，并依照以往的经历制订了项目进度计划，简单描述如下：

1. 应用子系统

（1）1 月 5 日—2 月 5 日 需求分析。

（2）2 月 6 日—3 月 26 日 系统设计和软件设计。

（3）3 月 27 日—5 月 10 日 编码。

（4）5 月 11 日—5 月 30 日 系统内部测试。

2. 综合布线

2 月 20 日—4 月 20 日 调研和布线。

3. 网络子系统

4 月 21 日—5 月 21 日 设备安装、联调。

4. 系统内部调试、验收

（1）6 月 1 日—6 月 20 日 试运行。

（2）6 月 28 日 系统验收。

2 月 17 日小丁发现系统设计刚刚开始，由此推测 3 月 26 日很可能完不成系统设计。

【问题 1】请分析问题产生的原因。

【问题 2】小丁应该如何做以保证项目整体进度不拖延？

【问题 3】概述典型的信息系统集成项目的进度管理的过程。

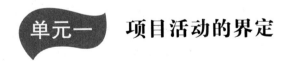 单元一　项目活动的界定

项目的时间管理又称项目工期管理或项目进度管理。项目的时间管理是为确保项目按时完工所开展的一系列管理活动与过程。这包括项目活动的界定（即分析确定为达到项目目标所必须进行的各种作业活动）、项目活动的排序（即分析确定工作之间的相互关系并形成项目活动排序的文件）、项目工期估算（即对项目各项活动所需时间做出估算）、项目工期计划的制订、项目工期计划的控制等。这些项目进度管理的过程与活动既相互影响，又相互关联，它们在理论上是分阶段展开的，但在实际项目实施和管理中是相互交叉和重叠的。

一、项目活动界定的概念及依据

项目活动界定是识别实现项目目标所必须开展的项目活动，为生成项目产出物及其组成部分所必须完成的任务，是一项特定的项目进度管理工作。在项目进度管理中，项目活动界定的主要依据是项目目标、项目范围和项目工作分解结构。同时，在项目活动界定过程中，还需要参考各种历史信息与数据，考虑项目的各种约束条件和假设前提条件等。项目活动界定工作的结果是生成一份项目活动清单、相关的项目活动清单的支持细节和更新后的工作分解结构。正确地界定一个项目的全部活动必须依据下述信息和资料：

1. 项目工作分解结构

项目工作分解结构是界定项目活动所依据的最基本和最主要的信息。项目工作分解结构是一个关于项目所需工作的一种层次性、树状的分解结构及描述。它给出了一个项目所需完成工作的整体表述。项目工作分解结构是界定项目所需活动的一项重要依据。图 6-1 是一个软件开发项目工作分解结构图，可以看出，整个软件开发项目的工作被分解为两个层次构成的一系列工作，我们依据这一工作分解结构，可以进一步细化并界定这个项目的全部活动。项目活动界定所依据的项目工作分解结构的详细程度和层次主要取决于两个因素，一个是项目实施组织中各个项目小组或个人的工作责任划分及他们的能力水平，另一个是项目管理与项目预算控制的要求和能力水平。一般情况下，项目实施组织的责任划分得越细，管理和预算控制水平就越高，工作分解结构就可以详细一些，并且层次多一些；反之，工作分解结构就可以粗略一些，层次少一些。任何项目在不同的项目实施组织结构、管理水平和预算限制下，都可以找到许多种不同的项目工作分解结构。例如：不同项目团队可能为同一个管理咨询项目做出两种不同的工作分解结构，这两种工作分解结构都能够实现项目目标，只是在项目实施组织管理与预算控制方面会采取不同的模式和方法。项目活动界定时还必须充分考虑项目工作分解结构的详细程度和不同详细程度的方案对于项目活动界定的影响。

2. 确认的项目范围

项目活动界定的另一个依据是既定的项目目标和项目范围，以及这方面的信息和资料。实际上，如果一个项目目标不清楚，或者项目范围不确定，那么就可能在界定该项目活动的过程中漏掉一些必须开展的作业与活动；或者将一些与实现项目目标无关的工作界定成为项目的必要活动，从而出现超越项目范围的工作与活动。这些都会给项目进度管理和整个项目管理带来很大的麻烦。所以项目活动界定中必须将获得确认的项目范围作为主要依据。

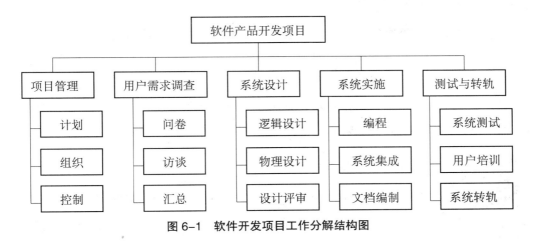

图 6-1 软件开发项目工作分解结构图

3. 历史信息

项目活动界定中还需要使用各种相关的项目历史信息。这既包括项目前期工作所收集和积累的各种信息，也包括项目实施组织或其他组织过去开展类似项目获得的各种历史信息。例如：在类似的历史项目中究竟曾经开展过哪些具体的项目活动，这些项目活动的内容与顺序是怎样的，这些项目活动有什么经验与教训等。

4. 项目的约束条件

项目的约束条件是指项目所面临的各种限制条件和限制因素。所有项目都会有各种各样的限制条件和限制因素，这些限制条件和限制因素既是界定项目活动的关键依据，也是界定项目活动所必须使用的重要信息。例如：一个高科技产品开发项目会受到高科技人才、资源、资金、时间等各种条件和因素的限制，这些都是在界定项目活动时所必须考虑的重要因素。

5. 项目的假设前提条件

在开展项目活动界定的过程中，对于那些不确定的项目前提条件会进行假设，这些假设前提条件对于界定一个项目的活动来说是必需的，否则就会因为缺少条件而无法开展项目活动界定。需要注意的是，假设前提条件存在一定的不确定性，会给项目带来一定的风险。

上述这些都是在项目活动界定工作中所需的依据和信息。另外，在进行项目活动界定的同时，还要考虑进一步分析、修订和更新项目的范围、历史信息、各种项目约束条件和假设前提条件，以及各种可能发生的项目风险等。

二、项目活动界定的方法

如果要完成一个项目，首先就要确定究竟需要通过开展哪些活动才能够实现项目目标。项目活动界定的结果就是要给出这样一份包括所有项目活动的清单。准备这样一份项目活动清单可以采用很多不同的方法，一种方法是头脑风暴法——集思广益，生成一份项目活动清单。这种方法主要适用于较小项目活动的界定。但是对大型和较复杂的项目，则需要使用项目活动分解法和平台法。

知识链接：分解

1. 项目活动分解法

项目活动分解法是为了使项目便于管理而根据项目工作分解结构进一步分解和细化项目工作任务，从而得到结构化、层次化的项目活动的分解方法。这种方法将项目任务按照一定的层次结构，逐层分解成详细、具体和容易管理控制的一系列具体项目活动，从而更好地进行项目的时间管理。这种项目活动分解法有助于完整地找出一个项目的所有活动。使用项目活动分解法最终得到的是关于项目活动的界定，而不是对于项目产出物的描述，这种项目活动界定的结果是为项目进度管理服务的，而不是为项目质量管理服务的。

知识链接：
原型法

2. 平台法

平台法也称原型法，即使用一个已完成项目的活动清单（或该活动清单中的一部分）作为新项目活动界定的一个平台，根据新项目的各种具体要求、限制条件和假设前提条件，通过在选定平台上增减项目活动，定义新项目的全部活动，从而得到新项目的活动清单的方法。这种方法的优点是简单、快捷、明了，缺点是可供使用的平台或原型（已完成项目的活动清单）的缺陷会对新项目活动界定带来一定的影响，而且会由于既有平台的局限性而漏掉或额外增加一些不必要的项目活动。

三、项目活动界定的工作结果

项目活动界定的工作结果是生成下述信息和文件，以指导下一步的项目进度管理工作。

1. 项目活动清单

项目活动界定工作生成的最主要的信息和文件是项目活动清单。项目活动清单列出了一个项目所需开展和完成的全部活动。项目活动清单是对项目工作分解结构的进一步细化和扩展。与项目工作分解结构生成的工作包相比，项目活动清单中列出的活动更为详细、具体和具有可操作性。对于一份项目活动清单的具体要求有两条，其一是要包含一个项目的全部活动内容，其二是不能包含任何不属于本项目的活动内容，即与实现项目目标无关的任何活动。

2. 相关的支持细节

这是指用于支持和说明项目活动清单的各种具体细节信息和文件。这既包括给定的假设前提条件和各种项目限制因素的说明和描述，也包括对于项目活动清单的各种说明和描述的细节信息和文件等。这些相关的支持细节信息都必须整理成文件或文档材料，以便在项目进度管理中能够很方便地使用。它们通常与项目活动清单一起使用。

3. 更新后的工作分解结构

在使用项目活动分解方法界定项目活动的过程中，项目管理人员会发现原有的项目工作分解结构中一些遗漏、错误和不妥的地方，这就需要对原有项目工作分解结构进行必要的增删、更正和修订，从而获得一份更新后的项目工作分解结构。这也是项目活动界定工作的结果之一。当出现这种情况的时候，还需要同时更新其他相关的项目管理文件。特别是在项目活动界定过程中，如果决定采用新的技术或方法，或者采用新的组织结构与管理控制方法，就必须进行项目工作分解结构的更新工作。否则会造成项目活动界定文件与项目其他管理文件脱节，从而使项目管理陷入混乱。

单元二　项目活动的排序

一、项目活动排序的概念

项目活动排序是通过识别项目活动清单中各项活动之间的关联与依赖关系，并据此对项目各项活动的先后顺序进行合理安排与确定的项目进度管理工作。制定项目工期计划，就必须科学合理地安排一个项目各项活动的顺序关系。一般较小的项目或一个项目阶段的活动排序可以通过人工排序来完成，但是复杂项目的活动排序多数要借助计算机信息系统完成。为了制订项目工期计划，项目各项活动的顺序必须准确和合理，并依据这些活动顺序确定项目的活动路径，以及由这些项目活动路径构成的项目活动网络。这些都属于项目活动排序工作的范畴。

二、项目活动排序的依据

1. 项目活动清单及其支持细节文件

这些是项目活动界定阶段的工作成果。其中，项目活动清单列出了项目所需开展的全部活动，项目活动清单的支持细节文件说明和描述了项目活动清单的相关细节、依据与假设前提条件。它们都是项目活动排序工作重要的依据。

2. 项目产出物的说明和描述

项目产出物是开展项目活动的最终结果。项目产出物的专业特性和管理特性会直接影响项目活动顺序的确定。通过对项目产出物的特性分析，项目管理人员可以确定项目活动的顺序；对照项目产出物的描述，项目管理人员可以审查项目活动排序的正确性。所以项目产出物的说明和描述也是项目活动排序的重要依据之一。

3. 项目活动之间的必然依存关系

项目活动之间的必然依存关系也被称为项目活动的硬逻辑关系，这是一种不可违背的逻辑关系。项目活动之间的必然依存关系是指项目活动之间客观需要和不可缺少的关联关系。这种关系一般是物质与环境条件和客观规律方面的限制造成的。它也是项目活动排序的重要依据之一。

4. 项目活动之间的人为依存关系

项目活动之间的人为依存关系是由项目管理人员规定的项目活动之间的关系，是一种可以由人们根据主观意志去调整和安排的项目活动之间的关系。因为这种关系是人为的、主观确定的，所以它们也被称为软逻辑关系。因为这种关系同样会限制项目活动顺序的安排，所以项目管理人员必须科学合理地确定这种人为依存关系。

5. 项目活动的外部依存关系

项目活动的外部依存关系是指项目活动与其他组织的活动，以及项目活动与项目实施组织所开展的其他活动之间的相互关系。例如：在确定一个建筑项目的选址之前，可能需要召开环境听证会，并需要获得政府或主管部门的审批，才能够开展下一项活动。这就体现了典型的外部依存关系。

6. 项目的约束条件与假设前提条件

项目的约束条件是指项目所面临的各种资源与环境限制条件和因素，它们会对项目活动的排序造成影响和限制。例如：在没有资源限制的情况下，两种项目活动可能可以同时开展，但是在有资源限制的条件下，它们就只能依次进行。项目的假设前提条件是对项目活动所涉及的一些不确定条件的假设性认定，项目的假设前提条件同样也会直接影响项目活动的排序。

三、项目活动排序的方法

项目活动排序需要根据项目活动之间的各种关系、项目活动清单和项目产出物的说明和描述以及项目的约束条件与假设前提条件，通过反复的试验和优化而进行。通过项目活动排序确定出的项目活动关系，需要以网络图或文字描述的方式生成。通常，安排和描述项目活动顺序关系的方法有下述 3 种。

1. 顺序图法

顺序图法（Precedence Diagramming Method，PDM）也称单代号网络图法（Activity On Node，AON）。这是一种通过绘制项目网络图，给出项目活动顺序安排的方法，它用节点表示一项活动，用节点之间的箭线表示项目活动之间的相互关系。图 6-2 是一份用顺序图法绘制的一个简单项目活动排序结果的网络图。这种项目活动排序和描述的方法是大多数项目管理中使用的方法。这种方法既可以用人工方法实现，也可以用计算机软件实现。

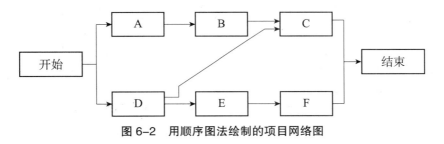

图 6-2　用顺序图法绘制的项目网络图

在这种网络图中有四种项目活动的顺序关系：其一是"结束—开始"的关系，即前面的甲活动必须结束以后，后面的乙活动才能开始；其二是"结束—结束"的关系，即只有甲活动结束以后，乙活动才能够结束；其三是"开始—开始"的关系，即甲活动必须在乙活动开始之前就已经开始了；其四是"开始—结束"的关系，即甲活动必须在乙活动结束之前就要开始。在网络图中，最常用的逻辑关系是前后依存活动之间具有的"结束—开始"的相互关系，而"开始—结束"的关系很少用。

在现有的项目管理软件中，多数使用的也是"结束—开始"的关系，甚至有些软件中只有这种"结束—开始"活动关系的描述方法。

在用节点表示活动的网络图中，每项活动由一个方框表示，对活动的描述（命名）一般直接写在方框内。每项活动只能用一个方框表示，如果采用项目活动编号，则每个方框只能指定一个唯一的活动号。项目活动之间的顺序关系则可以使用连接活动框的箭线表示。例如：对于"结束—开始"的关系，箭线箭头指向的活动是后序活动（后续开展的活动），箭头离开的活动是前序活动（前期开展的活动）。一项后序活动只有在与其联系的全部前序活动完成以后才能开始，这可以使用箭线连接前后两项活动的方法表示。例如：在信息系统开发项目中，只有完成了"用户调查"后，"系统分析"工作才能开始，如图6-3所示。

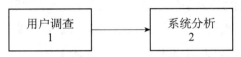

图6-3　用节点和箭线表示的项目活动顺序

另外，有些项目活动可以同时进行，虽然它们不一定同时结束，但是只有它们全部结束以后下一项活动才能够开始。例如：在信息系统开发项目中，各方面用户（如计划部门、销售部门等用户）的信息需求调查可以同时开始，但是不一定同时结束，然而只有所有的用户需求调查完成以后才能够开展项目的系统分析工作。这些项目活动之间的关系如图6-4所示。

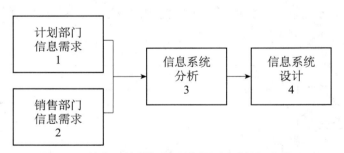

图6-4　信息系统分析与设计项目活动的顺序关系

2. 箭线图法

箭线图法（Arrow Diagramming Method，ADM）也称双代号网络图法（Activity On Arrow，AOA），也是一种描述项目活动顺序的网络图法。这一方法用箭线代表活动，而用节点代表活动之间的联系和依赖关系。图6-5是用箭线图法绘制的一个简单项目的网络图。虽然这种方法没有顺序图法那么流行，但是在一些应用领域中仍不失为一种可供选择的项目活动顺序关系描述方法。在箭线图法中，通常只描述项目活动间的"结束—开始"的关系。当需要给出项目活动的其他逻辑关系时，就需要借用"虚活动"（Dummy Activity）来描述了。箭线图法既可以由人工完成，也可以使用计算机软件完成。

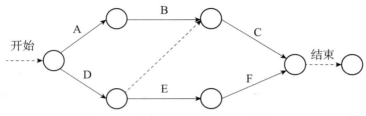

图 6-5　用箭线图法绘制的项目网络图

在箭线图中，一项活动由一条箭线表示，有关这一活动描述（命名）可以写在箭线上方。描述一项活动的箭线只能有一个箭头，箭线的箭尾代表活动的开始，箭线的箭头代表活动的结束。箭线的长度和斜度与项目活动的持续时间或重要性没有任何关系。在箭线图法中，代表项目活动的箭线通过圆圈连接起来，这些连接用的圆圈表示具体的事件。箭线图中的圆圈既可以代表项目的开始事件也可以代表项目的结束事件。当箭线指向圆圈时，圆圈代表该活动的结束事件，当箭线离开圆圈时，圆圈代表活动的开始事件。在箭线图法中，需要给每个事件确定唯一的代号。例如：图 6-6 的项目活动网络图中，"用户信息需求调查"和"信息系统分析"之间就存在一种顺序关系，二者由"事件 2"联系起来。"事件 2"代表"用户信息需求调查"活动结束和"信息系统分析"活动开始之间的一个事件。

图 6-6　项目活动网络图

项目活动的开始事件（箭尾圆圈）也称作该项活动的紧前事件，项目活动的结束事件（箭头圆圈）也称作该活动的紧随事件。例如：对于图 6-6 中的"用户信息需求调查"而言，它的紧前事件是事件 1，而它的紧随事件是事件 2；但是对于"信息系统分析"而言，它的紧前事件是事件 2，它的紧随事件是事件 3。在箭线图法中，有两个基本规则用来描述项目活动之间的关系：

（1）图中的每一个事件（圆圈）必须有唯一的事件号，图中不能出现重复的事件号。

（2）图中的每项活动必须用唯一的紧前事件和唯一的紧随事件的组合形式来予以描述。

图 6-7 中的项目活动 A 和 B 具有相同的紧前事件（事件 1）和紧随事件（事件

2），这在箭线图法中是绝对不允许的。

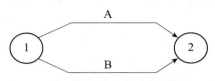

图6-7　错误的项目活动网络图

为了解决上图中出现的问题，箭线图法中规定了一种特殊的活动，被称为虚活动。因为这种活动并不消耗时间，所以它在网络图中用一条虚线构成的箭线来表示。这种虚活动用来描述项目活动之间的一种特殊的先后关系，以满足每项活动必须用唯一的紧前事件和紧随事件的组合来确定的要求。例如：图6-7中给出的活动A和活动B，如果要合理地描述它们，就需要插入一项虚活动，这样就可以使活动A和活动B用唯一的紧前事件和紧随事件的组合来描述了。在图6-8中有两种描述方法，其一是活动A用事件1和事件3的组合来描述，活动B用事件1和事件2的组合来表示，如图6-8（a）所示。其二是活动A由事件1和事件2的组合来表示，而活动B用事件1和事件3的组合来表示，如图6-8（b）所示。这两种方法都是可行的方法。

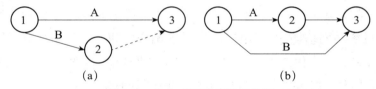

图6-8　加入虚活动后的网络图

根据项目活动清单等信息和网络图方法的原理，就可以安排项目活动的顺序，然后绘制项目活动的网络图了。这一项目进度管理工作的具体步骤是：首先选择使用顺序图法还是使用箭线图法来描述项目活动的顺序安排，其次按项目活动的客观逻辑顺序和人为确定的优先次序安排项目活动的顺序，最后使用网络图法绘制项目活动顺序的网络图。在决定以何种顺序安排项目活动时，需要明确回答以下3个方面的问题：

（1）在该活动可以开始之前，哪些活动必须已经完成？

（2）哪些活动可以与该活动同时开始？

（3）哪些活动只有在该活动完成后才能开始？

解决了这3个问题，就可以安排项目活动的顺序并绘制网络图，从而全面描述项目所需各项活动之间的相互关系和顺序了。

另外，在决定一个项目网络图的详细程度时，还应考虑下列准则：

准则一：项目不但需要有工作分解结构，而且必须有明确的项目活动界定。

准则二：首先根据项目工作分解结构绘制一份概括性的网络图，然后根据项目活动界定结果把它扩展为详细的网络图。有些项目只要概括性的网络图就可以满足项目管理的要求了。

准则三：项目网络图的详细程度可以由项目实施的分工或项目产出物的性质决定。例如：如果一个小组负责装配，另一个小组负责包装，那么就应该将这些任务划分成两项独立的项目活动。如果一项项目活动的结果是一个有形的、可交付的产出物，那么该活动就必须被界定为项目的一项活动。

不管最初的项目活动网络图详细程度如何，项目活动界定应该随着项目的开展逐步细化。因为界定项目近期开展的活动，要比界定项目远期开展的活动容易得多。所以随着项目的展开，项目网络图需要不断更新，以添加更多细节。

3. 网络模板法

在某些情况下，项目实施组织可能给不同的客户做相似的项目，此时新项目的许多活动可能与历史项目活动具有相同的逻辑关系安排。因此，项目实施组织有可能用过去完成项目的网络图作为新项目网络图的模板，并通过增删项目活动去修订这种模板，从而获得新项目的网络图。网络模板法有助于尽快生成项目网络图，它可以用于对整个项目或项目的某个局部活动排序和网络图的绘制。对于有些项目，网络模板法是非常有效的，如安居工程的民用住宅建设项目。

四、项目活动排序的工作结果

项目活动排序的工作结果是一系列有关项目活动排序的文件，主要有以下两种：

1. 项目网络图

项目网络图是有关项目各项活动和它们之间逻辑关系说明的示意图。前面已经讨论了两种项目网络图。项目网络图既可以人工绘制，也可以用计算机软件绘制。它既可以包括项目的所有具体活动，也可以只包括项目的主要活动。项目网络图中附带基本排序符号和活动的简要描述（命名）。

2. 更新后的项目活动清单

在项目活动界定和项目活动排序的工作过程中，通常会发现项目工作分解结构中存在的各种问题，而在项目网络图的绘制过程中，通常也会发现项目活动排序中存在的问题。为了正确反映项目活动间的逻辑关系，就必须对前期确定的项目活动进行重新分解、界定和排序，以解决存在的问题。当出现这种情况时，就需要更新原有的项目活动清单，有时还需要进一步更新原有的项目工作分解结构等文件。

单元三 项目工期估算

一、项目工期估算的概念

项目活动工期估算是对完成项目已确定的各种活动可能所需要的时间的估算，这包括对每一项完全独立的项目活动时间的估算和对于整个项目的工期估算。这项工作通常既可由项目团队中对项目各种活动的特点熟悉的人来完成，也可由计算机进行模拟和估算，再由专家审查确认这种估算结果。对一项项目活动所需时间的估算，通常要考虑项目活动的作业时间和延误情况。例如："混凝土浇铸"会因为下雨、公休而出现延误。通常，在输入各种参数之后，绝大多数项目计划管理软件都能够处理估算问题。

二、项目工期估算的依据

1. 项目活动清单

项目活动清单是在项目活动界定阶段得到的一份计划文件。项目活动清单列出了项目所需开展的全部活动，它是对项目工作分解结构的细化。

2. 项目的约束条件和假设前提条件

这是指项目在工期估算方面的各种约束条件和假设前提条件。其中，约束条件是项目工期计划面临的各种限制因素，假设前提条件是为项目工期估算假定的各种可能发生的情况。

3. 项目资源的数量要求

绝大多数项目活动工期受项目所能得到资源多少的影响。例如：两个人工作一整天的项目活动，如果只有一个人作业就需要两天时间。一般情况下，项目资源数量的多少是决定项目工期长短的重要因素。

4. 项目资源的质量要求

绝大多数项目活动的工期还受项目资源质量的影响。例如：一项活动需要 2 个五级技工工作 2 天，但是如果只有三级技工，可能就需要 4 个人工作 2 天了。一般而言，项目资源质量水平也是决定项目工期长短的重要因素。

5. 历史信息

在估算和确定项目工期中，必须参考有关项目工期的历史信息，这类信息包括相似项目的实际项目工期文件，商业性项目工期估算数据库（一些商业管理咨询公司收集的同类项目历史信息），项目团队有关项目工期的知识和经验等。

三、项目工期估算的方法

1. 专家评估法

专家评价法是由项目进度管理专家运用他们的经验和专业特长对项目工期做出估计和评价的方法。由于项目工期受许多因素的影响，因此使用其他方法进行计算和推理是有一定困难的。此时，专家评估法就是较好的选择。

2. 类比法

类比法是以过去相似项目活动的实际工期为基础，通过类比的办法估算新项目工期的方法。当项目工期方面的信息有限时，可以使用这种方法来估算。但是使用这种方法推算的工期只是一个大概的范围，不够准确，一般用于最初的项目工期估算。

3. 模拟法

模拟法是以一定的假设条件为前提估算项目工期的方法。常见的模拟法有三角模拟法等。三角模拟法既可以用来确定每项项目活动工期的统计分布，也可以用来确定整个项目工期的统计分布。三角模拟法相对比较简单，其具体做法如下：

（1）单项活动工期期望值的计算。对于持续时间高度不确定的项目活动，需要给出活动的 3 个估计时间：乐观时间 t_o（这是在非常顺利的情况下完成某项活动所需的时间）、最可能时间 t_m（这是在正常情况下完成某项活动的时间）、悲观时间 t_p（这是在最不利情况下完成某项活动的时间），以及这些项目活动时间所对应的发生概率。通常对于设定的这 3 个时间，还需要假定它们都服从正态概率分布。然后，用每项活动的 3 个时间推算每项活动的期望工期（平均数或折中值）。这种项目活动工期期望值（t_e）的计算公式如下：

$$t_e = \frac{t_o + 4t_m + t_p}{6}$$

例如：假定一项活动的乐观时间为1周，最可能时间为5周，悲观时间为15周，则该项活动工期期望值为：

$$t_e = \frac{1 + 4 \times 5 + 15}{6} = 6 （周）$$

（2）总工期期望值的计算。在项目的实施过程中，一些项目活动花费的时间会比它们的期望工期少，另一些会比它们的期望工期多。对于整个项目而言，这些多于期望工期和少于期望工期的项目活动耗费的时间有很大一部分是可以相互抵消的。因此所有期望工期与实际工期之间的净总差额值同样符合正态概率分布规律。这意味着，在项目活动排序给出的项目网络图中，关键路经（工期最长的活动路径）上的所有活动的总概率分布也是一种正态分布，其均值等于各项活动工期期望值之和，方差等于各项活动的方差之和。依据这些就可以确定项目总工期期望值。

【例】现有一个项目的活动排序如图6-9所示。假定项目的开始时间为0并且必须在第40天之前完成。

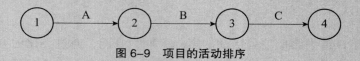

图6-9　项目的活动排序

把这3项活动工期期望值相加，可以得到项目总工期期望值。具体做法如表6-1所示。

表6-1　项目活动工期估算汇总表　　　　　　　单位：天

活动	乐观时间 t_o	最可能时间 t_m	悲观时间 t_p	期望工期 t_e
A	2	4	6	4
B	5	13	15	12
C	13	18	35	20
项目整体	20	35	56	36

上图中每个活动工期的期望值计算如下：

A 活动　　$t_e = \frac{2 + 4 \times 4 + 6}{6} = 4$（天）

B 活动　　$t_e = \frac{5 + 4 \times 13 + 15}{6} = 12$（天）

C 活动　　$t_e = \frac{13 + 4 \times 18 + 35}{6} = 20$（天）

由表6-1可以看出，3项活动的乐观时间为20天，最可能时间为35天，而悲观时间为 56 天，据此计算出的项目总工期期望值与 3 项活动的工期期望值之和（$4+12+20=36$）的结果是相同的，这表明对整个项目而言，那些多于工期期望值和少于工期期望值的项目活动所耗时间是可以相互抵消的，因此项目总工期估算的时间分布等于 3 项活动消耗时间平均值或工期期望值之和。

另外，这一工期估算中的方差有如下关系：

$$活动 A \quad \delta^2 = \left(\frac{6-2}{6}\right)^2 = 0.444 （天）$$

$$活动 B \quad \delta^2 = \left(\frac{15-5}{6}\right)^2 = 2.778 （天）$$

$$活动 C \quad \delta^2 = \left(\frac{35-13}{6}\right)^2 = 13.444 （天）$$

由于总分布是一个正态概率分布，因此它的方差是 3 项活动工期期望值的方差之和，即 16.666。总分布的标准差 δ 是：

$$\delta = \sqrt{\delta^2} = \sqrt{16.666} = 4.08 （天）$$

图 6-10 给出了总概率曲线与其标准差的图示。

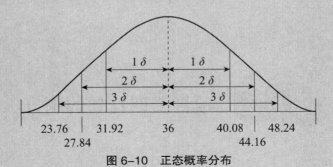

图 6-10　正态概率分布

图 6-10 是一个正态曲线，其在 31.92 与 40.08 之间包含的总面积是 68%；在 27.84 与 44.16 之间包含的总面积是 95%；在 23.76 与 48.24 之间包含的总面积是 99%。由此可以得出：在 23.76 天与 48.24 天之间完成项目的可能性为 99%（概率为 0.99）；在 27.84 天与 44.16 天之间完成项目的可能性为 95%（概率为 0.95）；在 31.92 天与 40.08 天之间完成项目的可能性为 68%（概率为 0.68）。

四、项目工期估算的工作结果

1. 估算出的项目工期

项目工期估算是对完成一项活动所需时间及其可能性的定量计算，根据项目各项活动的工期估算可以进一步估算出整个项目所需工期。估算出的项目活动工期应包括对项目活动工期可能变化范围的评估。例如：项目活动需要 2 周 ±2 天的时间，这表示项目活动的工期至少为 8 天，不会超过 12 天，最可能的是 10 天（每周 5 天工作日）。

2. 项目工期估算的支持细节

这是有关项目工期估算的依据与支持细节的说明文件。其中，项目工期估算的依据给出了项目工期估算中所使用的各种约束条件和假设前提条件、各种参照的项目历史信息，以及项目活动清单、资源数量要求和质量要求等方面的资料和文件。项目工期估算的支持细节包括所有与项目工期估算结果有关的文件与说明。

3. 更新后的项目活动清单和项目工作分解结构

在项目活动估算的过程中，可能会发现项目工作分解结构和项目活动清单中存在的各种问题，因此需要对它们进行修订和更新。如果有这种情况发生，就需要更新原有的项目活动清单，从而获得更新后的项目活动清单和工作分解结构，并且要将其作为项目工期估算的工作文件与其他项目工期估算正式文件一起作为项目工期估算的工作结果输出。

单元四　项目工期计划的制订

一、项目工期计划制订的概念

项目工期计划制订是根据项目活动界定、项目活动顺序安排、各项活动工期估算和所需资源进行的分析和项目计划的制订与安排。制订项目工期计划要定义项目的起止日期和具体的实施方案与措施。在制订出项目工期计划之前必须同时考虑这一计划所涉及的其他方面的问题和因素，尤其是项目工期估算和成本预算。

二、项目工期计划制订的依据

在开展项目工期计划制订以前的各项项目进度管理工作所生成的文件，以及项目其他计划管理工作所生成的文件都是项目工期计划制订的依据。其中最主要的有以下 6 项。

1. 项目网络图

这是在活动排序阶段所得到的项目各项活动以及它们之间逻辑关系的示意图。

2. 项目工期的估算文件

这也是项目进度管理前期得到的文件，是对于已确定项目活动的工期的估算文件。

3. 项目的资源要求和共享说明

这包括有关项目资源质量和数量的具体要求、各项目活动以何种形式与项目其他活动共享何种资源的说明。

4. 项目作业制度安排

项目作业制度安排也会影响项目工期计划制订。例如：一些项目的作业制度规定可以是只能在白班作业一个班次，也可以是三班倒作业。

5. 项目作业的各种约束条件

在制订项目工期计划时，有两类主要的项目作业约束条件必须考虑：强制的时间（项目业主 / 客户或其他外部因素要求的特定日期）、关键时间或主要的里程碑（项目业主 / 客户或其他投资人要求的项目关键时间或项目工期计划中的里程碑）。

6. 项目活动的提前和滞后要求

任何一项独立的项目活动都应该有关于其工期提前或滞后的详细说明，以便准确地制订项目工期计划。例如：项目订购和安装设备的活动，可能允许有一周的提前或两周的延期。

三、项目工期计划的制订方法

项目工期计划是项目专项计划中最为重要的计划之一，这种计划的制订需要反复地试算和综合平衡，因为它涉及的影响因素很多，而且它会直接影响项目集成计划和其他专项计划。这种计划的制订方法比较复杂，常用的有以下几种。

1. 系统分析法

系统分析法是通过计算所有项目活动的最早开始和结束时间、最晚开始和结束时间，统一安排项目活动，获得项目工期计划的方法。这些时间的计算要反映出项目工期计划对于资源限制和其他约束条件以及各种不确定因素的考虑。这种方法在项目工期计划制订中运用得较多。这种方法的几个基本概念如下：

（1）项目的开始和结束时间。为建立一个项目所有活动工期计划安排的基准，必须为整个项目选择一个预计的开始时间（Estimated Start Time）和一个要求的完工时间（Required Completion Time）。这两个时间的间隔规定了项目完成所需的时间周期（或称项目的时间限制）。整个项目的预计开始时间和结束时间通常是项目的目标之一，需要在项目合同或项目说明书中明确规定。然而，在一些特殊情况下可能会使用时间周期的形式来表示项目的开始时间和结束日期（如项目要在开始后 90 天内完成）。

（2）项目活动的最早开始和结束时间、最晚开始和结束时间。为了使项目在要求的时间内完成，还必须根据项目活动的工期和先后顺序来确定各项活动的时间。这需要给出每项活动的具体时间表，并在整个项目预计开始和结束的时间基础上确定每项活动能够开始和完成的最早时间和最晚时间。其中，一项活动的最早开始时间是根据整个项目的预计开始时间加上或减去所有紧前事件的工期得来的；一项活动的最早结束时间是用该活动的最早开始时间加上该活动的工期得来的。项目活动的最晚开始时间是用该活动最晚结束时间减去该活动的工期得来的，而项目活动的最晚结束时间是用该活动的最晚开始时间加上该活动的工期得来的。

（3）关键路径。因为只有时间最长的项目活动路径完成之后，项目才能够完成，所以一个项目最长的活动路径被称为关键路径（Critical Path）。在项目工期计划制订中，目前广为使用的系统分析法主要有项目计划评审技术（PERT）和关键路径法（CPM）。其中，最重要的是关键路径法。关键路径法是一种运用特定的、有顺序的网络逻辑和估算出的项目工期，确定项目每项活动的最早、最晚开始和结束时间，并制订项目工期网络计划的方法。关键路径法关注的是项目活动网络中关键路径的确定和关键路径总工期的计算，其目的是使项目工期缩至最短。关键路径法通过反复调整项目活动的计划安排和资源配置方案使项目活动网络中的关键路径逐步优化，最终确定合理的项目工期计划。

在项目工期计划制订过程中，首先找出项目的关键路径和关键路径上各项活动的估计工期，然后就可以确定整个项目的工期和项目工期计划了。在这一方法中，一个项目的最早结束时间等于项目计划开始时间加上项目关键路径上前期各项活动的工期期望值之和。

2. 模拟法

模拟法是根据一定的假设前提条件和这些条件发生的概率，运用三角模拟法等

114

方法，确定每个项目活动工期的统计分布和整个项目工期的统计分布，然后使用这些统计数据制订项目工期计划的一种方法。同样，由于三角模拟法相对比较简单，一般都使用这种方法去模拟估算项目单项活动的工期，然后根据各个项目可能工期的统计分布估算整个项目工期，最终制订项目工期计划。

3. 资源水平法

这种方法又称作基于资源的项目工期计划方法。使用系统分析法制订项目工期计划的前提是项目的资源充足，但是在实际中，多数项目都存在资源限制，因此有时需要使用资源水平法制订项目工期计划。这种方法的基本思想是将稀缺资源优先分配给关键路径上的项目活动。使用这种方法制订的项目工期计划常常比使用系统分析法制订的项目工期要长，但是更经济和实用。

4. 甘特图法

这是由美国学者甘特发明的一种使用条形图制订项目工期计划的方法，是一种比较简便的工期计划和进度安排方法。这种方法是在 20 世纪早期发展起来的，因为它简单明了，所以到今天仍然广泛使用。甘特图把项目工期和实施进度安排两种职能组合在一起。项目活动纵向排列在图的左侧，横轴则表示工期。每项活动预计的时间用线段或长条表示。另外，图中也可以加入一些表明每项活动由谁负责等方面的信息。简单的项目甘特图如图 6-11 所示。

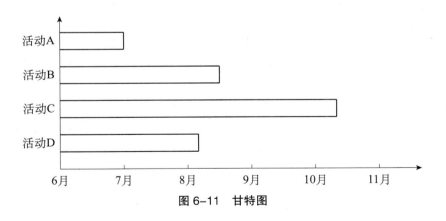

图 6-11 甘特图

5. 项目管理软件法

项目管理软件法是广泛应用于项目工期计划制订的一种辅助方法。使用特定的项目管理软件就能够将系统分析法和资源水平法相结合，快速地制订多个可供选择的项目工期计划方案，最终选定一个满意的方案。这对于优化项目工期计划是非常有用的。当然，虽然使用了项目管理软件，但最终决策还是需要由人来做出的。

四、项目工期计划制订的工作结果

1. 项目工期计划书

项目工期计划书至少应包括每项活动的计划开始日期和计划结束日期等信息。一般在项目资源配置得到确认之前，这种项目工期计划只是初步计划，在项目资源配置得到确认之后才能够得到正式的项目工期计划。项目工期计划书既可以是文字描述形式，也可以是图表的形式。表6-2就是一种里程碑表式的项目工期计划书。

表6-2　里程碑表式的项目工期计划书

事件（里程碑）	1月	2月	3月	4月	5月	6月	7月	8月
分包合同签订			△					
规格书完成				△				
设计审核					△			
子系统测试						△		
第一单元提交							△	
全部项目完成								△

2. 项目工期计划书的支持细节

这是关于项目工期计划书各个支持细节的说明文件。这包括所有已识别的假设前提条件和约束条件说明，具体计划实施措施的说明等。例如：在一个建设工程项目中，项目工期计划书的支持细节包括项目资源配置的说明、项目现金流量表、项目的物料采购计划和其他一些项目工期计划的保障措施等。

3. 项目进度管理的计划安排

项目进度管理的计划安排是有关如何应对项目工期计划变更和有关项目实施的作业计划管理安排。这一部分内容既可以整理成正式的项目进度计划管理文件，也可以作为项目工期计划正式文件的附件，或者只是做一个大体上的框架说明即可。但是无论使用什么方式，它都应该是整个项目工期计划的一个组成部分。

4. 更新后的项目资源需求

由于在项目工期计划编制中会出现对于项目资源需求的各种改动，因此在项目工期计划制订过程中需要对所有的项目资源需求改动进行必要的整理，并编制成一份更新后的项目资源需求文件。这一文件将替代旧的项目资源需求文件并在项目工期计划管理和资源管理中使用。

 **项目工期计划的控制**

一、项目工期计划控制的概念

项目工期计划控制是对项目工期计划的实施与项目工期计划的变更所进行的管理控制工作。项目工期计划控制的主要内容包括对于项目工期计划影响因素的控制（事前控制），对于项目工期计划完成情况的绩效度量，对项目实施中出现的偏差采取纠偏措施，以及对于项目工期计划变更的管理控制等。项目开始实施以后就必须严格控制项目的进程，以确保项目能够按项目工期计划进行和完成。在这一工作中，必须及时定期地将项目实施的情况与项目计划进度进行比较并找出二者的差距，一旦发现这种差距超过控制标准就必须采取纠偏措施，以维持项目工期的正常发展。项目经理必须根据项目实际进度并结合其他发生的具体情况，定期地改进项目的实际工作或更新项目进度计划，最终实现对于整个项目工期的全面和有效的控制。

二、项目工期计划控制的依据

1. 项目工期计划文件

项目工期计划文件是项目工期计划控制最根本的依据。项目工期计划文件提供了度量项目实施绩效和报告项目工期计划执行情况的基准和依据。

2. 项目工期计划实施情况报告

这一报告提供了项目工期计划实施的实际情况及相关信息。例如：哪些项目活动按期完成了，哪些未按期完成，项目工期计划的总体完成情况等。通过比较项目工期计划和项目工期计划实施情况报告，可以发现项目工期计划实施的问题和差距。

3. 项目变更请求

项目变更请求是对项目计划任务所提出的改动要求。它既可以是业主/客户提出的，也可以是项目实施组织提出的，还可以是法律要求的。项目的变更可能会导致延长或缩短项目的工期，也可能增加或减少项目的工作内容。但是，无论哪一方面的项目变更，都会影响项目工期计划，所以项目变更请求也是项目工期计划控制的主要依据之一。

4. 项目进度管理的计划安排

项目进度管理的计划安排包括应对项目工期计划变动的措施和管理安排，项目资源方面的安排，应急措施等。项目进度管理的计划安排也是项目工期计划控制的重要依据。

三、项目工期计划控制的方法

1. 项目工期计划变更的控制方法

项目工期计划变更的控制方法是针对项目工期计划变更的各种请求，按照一定的程序进行全面控制的方法。这包括项目工期变更的申请程序、项目工期变更的批准程序和项目工期变更的实施程序等一系列控制程序及相应的方法。

2. 项目工期计划实施情况的度量方法

项目工期计划实施情况的度量方法是一种测定和评估项目实施情况，确定项目工期计划完成程度和实际情况与计划要求的差距大小与幅度的管理控制方法。这一方法的主要内容包括定期收集项目实施情况的数据，将实际情况与项目计划要求进行比较，报告项目工期计划实施情况存在的偏差和是否需要采用纠偏措施。这一方法要求设置固定的项目工期计划实施情况，并定期和不定期地度量和报告项目工期计划的实施情况。在一个报告期内，需要为项目工期计划的控制收集和积累的数据或信息，包括项目实施情况的数据、各种项目变更的信息等。这些数据或信息的收集必须及时、准确，以便为更新项目工期计划服务。例如：如果项目报告期是一个月，这些数据和信息就应该在月末之前收集完毕，这样才能保证信息的及时和有效。反之，如果信息已经过时或不准确，就容易引起项目工期计划和控制方面的决策失误。一般从对项目的控制角度来看，这种报告的报告期越短，越有利于及早发现问题并采取纠正措施。特别是当不确定性因素较多、风险较大或项目出现问题时，一定要缩短报告期，增加报告的频率，直到项目计划进度恢复正常为止。例如：对于一个工期 5 年的项目而言，其报告期可以是一个月，但是当出现偏离项目工期计划或超出项目预算等情况时，就应该立即将这一项目的报告期缩减至一周，以便更好地控制项目工期计划的实施。

3. 追加计划法

在整个项目的实施过程中，很少有项目能完全依照项目工期计划实施。一些项目活动会提前完成，而另一些项目活动则会延期完成。实际项目工期计划实施情况无论是快还是慢都会对项目的最终结束时间产生影响。因此，项目工期计划控制方法中还有一种是追加计划法（或称附加计划法），这种方法可以根据可能出现的工期计划变化，修订项目活动的工期估算、项目活动排序和整个项目的工期计划。在整个项目实施的过程中，可能发生的各种变更也会对项目工期计划产生影响，因此也要对项目范围、预算或工期计划进行修改。追加计划法包括 4 个步骤：首先是分析项目实施进度并找出存在的问题；其次是确定应采取哪些具体的纠偏措施；再次是修改项目工期计划并将纠偏措施列入计划；最后是重新计划项目工期，估算和评价采取纠偏措施的效果并制订项目工期的追加计划。使用这种方法时需要重点分析两种活动，其一是近期需要开展的项目活动，其二是所需时间较长的项目活动。积极控制正在进行或随后即将开展的项目活动工期比控制很久以后开始的项目活动的工期要有效得多。同时，如果能够缩短所需工期较长的项目的工期，显然要比在所需工期较短的项目上想办法有用得多。有多种方法可以用于缩短项目活动的工期，其中最显而易见的方法是投入更多的资源。例如：分派更多的人来完成同一项目，或者要求工作人员增加每天的作业时间。另外，缩小项目范围或降低项目质量要求也是缩短项目工期的常用方法。在一些非常情况下，甚至可以取消一些项目活动来缩短项目工期。当然，改进项目工作方法或技术、提高劳动生产率，才是缩短项目工期的最佳方法。

4. 项目工期管理软件法

对项目工期计划的管理控制而言，运用项目管理软件也是很有用的方法之一。这种方法可以用来追踪和对比项目实际实施情况与工期计划要求的差距，预测项目工期计划的变化及其影响，调整、更新与追加项目工期计划。

四、项目工期计划控制的工作结果

1. 更新后的项目工期计划

这是根据项目工期计划实施中的各种变化和纠偏措施，对项目工期计划进行修订以后所形成的新的项目工期计划。它是对原有项目工期计划进行全面修订后得到的结果。

2. 项目工期计划中要采取的纠偏措施

这里的纠偏措施是指为纠正项目工期计划实施情况与计划要求之间的偏差，所采取的具体行动方案。因为在项目工期管理中，需要采取各种纠偏措施保证项目按时完工，所以项目工期计划中要采取的纠偏措施也是项目工期控制的重要工作结果之一。

3. 可供吸取的经验和教训

在项目实施过程中，有关项目工期计划控制方面的各种可供吸取的经验和教训也是项目工期计划控制工作的结果之一。这方面的内容包括有关项目工期计划变动的原因、采取纠偏措施的理由，以及项目工期计划失控的经验和教训等。

4. 项目工期计划实施结果的改善

这是项目工期计划控制工作最主要的结果。正是由于项目工期计划控制工作的开展，项目工期计划的实施结果才得以提高和改善，项目实施工作才能够按照计划（包括最初的和更新后的计划）完成。

同步案例

某一信息系统工程项目由 A、B、C、D、E、F、G 7 个任务构成，项目组根据不同任务的特点、人员情况等，对项目任务进行了历时估算和排序，并给出了进度计划，如图 6-12 所示。

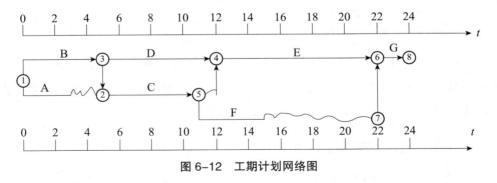

图 6-12　工期计划网络图

【问题 1】请指出该项目的关键路径、工期。

【问题 2】本例给出的进度计划图叫什么图？还有哪几种图可以表示进度计划？

【问题3】请计算任务 A、D 和 F 的总时差和自由时差。

【问题4】若任务 C 拖延 1 周，对项目的进度有无影响？为什么？

课后习题

一、单选题

1. 以下哪一个选项是不对的？（　　）

　　A. 项目的时间管理又称项目工期管理或项目进度管理

　　B. 项目工作分解结构是界定项目活动所依据的最基本和最主要的信息

　　C. 项目的约束条件是指项目所面临的各种限制条件和限制因素

　　D. 项目活动界定的平台法与原型法无关

2. 项目活动界定工作的结果不包括（　　）。

　　A. 项目活动清单　　　　　　　　　B. 相关的支持细节

　　C. 项目进度计划　　　　　　　　　D. 更新后的工作分解结构

3. 项目活动排序的依据不包括（　　）。

　　A. 项目活动清单及其支持细节文件

　　B. 活动资源估算与费用估算的结果

　　C. 项目产出物的说明和描述

　　D. 项目活动之间的必然依存关系

4. 项目活动排序的方法不包括（　　）。

　　A. 顺序图法　　　　B. 箭线图法　　　　C. 网络模板法　　　　D. 因果图法

5. 假定一项活动的乐观时间为 1 周，最可能时间为 5 周，悲观时间为 15 周，则该项活动的工期期望值为（　　）周。

　　A. 4　　　　　　　　B. 5　　　　　　　　C. 6　　　　　　　　D. 7

二、简答题

1. 简述项目进度管理的含义。

2. 项目活动界定的方法有哪些？

3. 项目活动排序的方法有哪些？

4. 简述项目工期估算的依据。

5. 制订项目工期计划的方法有哪些？

模块七　项目的成本管理

学习目标

◆ **知识目标**

1. 理解项目成本的概念
2. 理解项目成本估算、项目成本预算的概念

◆ **技能目标**

1. 掌握项目成本估算的方法、项目成本预算计划的制订方法
2. 掌握项目成本控制的方法

◆ **素质目标**

树立职业道德观，具备诚实守信的品质，具备灵活的思维和良好的价值观

案例导入

　　赵工担任某软件公司的项目经理，他于 2023 年 5 月底向公司提交项目报告。该项目中的各项任务具有严格的串联关系，合同金额为 3.3 亿元，总预算为 3 亿元。

　　赵工的项目报告描述如下：财务方面，5 月底财务执行状况很好，只花了 6 000 万元；进度方面，已完成 A、B 任务，虽然 C 任务还没有完成，但项目团队会努力赶工，使进度重回正轨。

　　按照公司的要求，赵工同时提交了各项任务实际花费的数据，如表 7-1 所示。

表 7-1 各项任务实际花费数据表

任务	预计完成日期	预算费用（万元）	实际费用（万元）
A	2023 年 3 月底	1 400	1 500
B	2023 年 4 月底	1 600	2 000
C	2023 年 5 月底	3 000	2 500
D	2023 年 8 月底	9 000	
E	2023 年 10 月底	7 600	
F	2023 年 12 月底	6 000	
G	2024 年 1 月底	600	
H	2024 年 2 月底	800	
合计		30 000	

【问题 1】请计算出目前项目的 PV、EV、AC（采用 50/50 规则计算挣值，即工作开始记作完成 50%，工作完成记作完成 100%）。

【问题 2】请计算该项目的 CV、SV、CPI、SPI，判断项目当前的执行状况。

【问题 3】按照项目目前的绩效情况，推算该项目的 EAC。基于以上结果，计算项目最终的盈亏情况。

【问题 4】针对项目目前的情况，项目经理应该采取哪些措施保证项目按计划完成？

单元一　项目成本管理概述

一、项目成本管理的概念

项目成本管理是为保障项目实际发生的成本不超过项目预算而开展的项目成本估算、项目预算编制和项目预算控制等方面的管理活动。项目成本管理也是为确保项目在既定预算内按时、按质、经济、高效地实现项目目标所开展的一种项目管理活动。随着现代项目管理对项目本身内涵的拓宽，人们开始认识各种项目的成本管理规律和方法，这对不断深化和发展项目成本管理的内涵起到了很大的推动作用。这种对于项目成本管理认识上的发展主要表现在两个方面：其一是现代项目成本管理包括各种各样项目的成本管理（工程建设项目的成本管理只是一个组成部分），其二是现代项目成本管理的方法与传统的工程建设项目成本管理方法有很大不同。

二、项目成本管理的内容

现代项目成本管理首先考虑的是以最低的成本完成项目的全部活动，但同时也必须考虑项目成本对于项目成果和质量的影响，这是现代项目成本管理与传统项目成本管理的重要区别。例如：在决策项目成本时，如果为了降低项目成本而限制项目辅助管理或项目质量审核工作的要求和次数，就会给项目成果和质量带来影响，甚至最终可能会提高项目的成本或增加项目客户的使用成本。同时，项目成本管理不能只考虑项目成本的节约，还必须考虑项目带来的经济收益的提高。特别是对一些特殊项目，如资本投资项目、新产品开发项目、信息系统建设项目等，预测和分析项目产出物未来的经济价值与收益是项目成本管理的核心工作之一。在项目成本管理中，还需要运用像投资回收期分析、现金流量表分析、收益回报分析等方法管理项目的成本和收益。

现代项目成本管理的主要内容包括：

1. 项目资源计划

项目资源计划是一项通过分析、识别和确定项目所需资源种类（人力、设备、材料、资金等）、数量和投入时间的项目成本管理工作。在项目资源计划工作中，最为重要的是确定能够充分保证项目实施所需各种资源的清单和资源投入的计划安排。

2. 项目成本估算

项目成本估算是一项根据项目资源需求和计划，以及各种资源的市场价格或预期价格等信息，估算和确定项目各种活动的成本和整个项目全部成本的项目成本管理工作。项目成本估算最主要的任务是确定项目所需人、机、料、费等成本。

3. 项目成本预算

项目成本预算是一项制定项目成本控制基线或项目总成本控制基线的项目成本管理工作。这主要包括根据项目的成本估算为项目各项具体活动或工作分配和确定费用预算，以及确定整个项目总预算两项工作。项目成本预算的关键是合理、科学地确定项目的成本控制基线。

4. 项目成本控制

项目成本控制是一项在项目的实施过程中，努力将项目的实际成本控制在项目成本预算范围内的项目成本管理工作。这包括依据项目成本的实施发生情况，不断分析项目实际成本与项目预算之间的差异，通过采用各种纠偏措施和修订原有项目预算的方法，使整个项目的实际成本控制在一个合理的水平。

5. 项目成本预测

项目成本预测是一项在项目的实施过程中，依据项目成本的实施情况和各种影响因素的发展与变化，不断地预测项目成本的发展和变化趋势、最终可能出现的结果，从而为项目的成本控制提供决策依据的项目成本管理工作。

事实上，上述这些项目成本管理工作之间并没有严格、独立、清晰的界限，在实际工作中，它们常常相互重叠和相互影响。同时在每个项目阶段，项目团队都需要积极地开展项目成本管理工作，只有这样才能够做好项目成本的管理工作。

三、项目成本管理的理论与方法

项目成本管理有许多不同的方法，每种方法都有优缺点，都有适用情况和条件。但是在现代项目成本管理中，比较科学和客观地反映项目成本管理规律的理论和方法有三种：其一是全过程项目成本管理的理论与方法，其二是全生命周期项目成本管理的理论与方法，其三是全面成本管理的理论与方法。对于项目成本管理者来说，这些项目成本管理的理论与方法都是非常有用的。

1. 全过程项目成本管理的理论与方法

全过程项目成本管理的理论与方法是自 20 世纪 80 年代中期开始，由我国项目成本管理领域的工作者提出的一种从项目全过程的角度来确定和管理项目成本的理论与方法。进入 20 世纪 90 年代以后，我国项目成本管理界的学者和工作者对全过程项目成本管理的理论与方法作了进一步的完善和验证。这使得我国项目成本管理的理论与方法正在从简单的造价定额管理逐步走上全过程项目成本管理的道路。应该说，在项目成本管理科学中的全过程项目成本管理的理论与方法，是由我国项目管理工作者提出和推动发展的，这是我国对项目成本管理科学所做的重要贡献之一。

2. 全生命周期项目成本管理的理论与方法

全生命周期项目成本管理理论主要是由英美的一些学者和工作者于 20 世纪 70 年代末、80 年代初提出的。进入 20 世纪 80 年代，以英国成本管理界的学者与工作者为主的一批人，在全生命周期项目成本管理理论方面做了大量的研究并取得了突破。全生命周期项目成本管理的方法既是一种项目投资决策工具，又是一种分析和评价项目备选方案的方法，也是项目成本控制的一种指导思想和技术方法。全生命周期项目成本管理要求对一个项目的建设期和运营期的所有成本进行全面的分析和管理，以实现项目全生命周期（包括项目前期、建设期和使用期）总成本最小化的目标。

3. 全面成本管理的理论与方法

全面成本管理就是通过有效地使用专业知识和专门技术去计划和控制项目资源、成本、盈利和风险。当然，全面成本管理发展到今天，在理论与方法上仍然还有许多地方需要进一步研究和开发，但是它是 21 世纪项目成本管理的新技术和新方法。

由于不同项目在不同的时间、不同的场合，由不同的项目实施组织采用不同的项目成本管理方法实施，因此上述现代项目成本管理的方法都是需要学习和掌握的项目成本管理理论与方法。项目成本管理工作者可以根据不同项目的需要而选用不同的项目成本管理理论与方法。

单元二 项目成本估算

项目成本估算是项目成本管理的一项核心工作，其实质是通过分析估计和确定项目成本。这项工作是确定项目成本预算和开展项目成本控制的基础和依据。

知识链接：项目
成本估算

一、项目成本估算的概念

项目成本估算是指根据项目资源需求和计划，以及各种资源的市场价格或预期价格等信息，估算和确定项目各种活动的成本和整个项目全部成本。当项目有承发包合同时，应仔细区分项目造价与项目成本这两个概念，因为项目造价中不仅包括项目成本，还包括承包商的盈利部分。

根据估算精度的不同，项目成本估算可分为初步项目成本估算、技术设计后的成本估算和详细设计后的项目成本估算等几种不同精度的项目成本估算。因为在项目初始阶段，许多活动的细节尚未确定，所以只能粗略地估计项目成本；在项目完成了技术设计（属于一种较为详细的设计）之后，就可以进行较详细的项目成本估算了；而等到项目各种细节确定之后，就可以进行更详细的项目成本估算了。因此，项目成本估算在一些大型项目的成本管理中都是分阶段做出不同精度的成本估算，而且这些成本估算是逐步细化和精确的。

项目成本估算既包括识别各种项目成本的构成科目，也包括估计和确定各种成本的数额。例如：在大多数项目应用领域中，人工费、设备费、管理费、物料费、开办费等都属于构成项目成本的科目（可以进一步细分出二级科目）。项目成本估算还包括综合分析和考虑各种可供选择的项目成本方案的成本协调问题。例如：在许多项目应用领域中，如果在设计阶段增加一些工作就会提高项目设计成本，但是设计质量的提高可能会大大减少项目的实施成本。因此在项目成本估算过程中，必须考虑项目设计成本与项目实施成本的关系，努力使项目预期的收益最大化。

二、项目成本构成及其影响因素

项目成本是指项目形成全过程所耗用的各种费用的总和。项目成本构成是指项目总成本的构成因素。项目成本构成的影响因素是指能够对项目成本的变化造成影响的因素。

1. 项目成本构成

项目成本是由一系列的项目成本细目构成的。主要的项目成本细目包括以下4类。

（1）项目定义与决策成本。项目定义与决策是每个项目都必须经历的第一个阶段，项目定义与决策的好坏对项目实施和项目建成后的经济效益与社会效益会产生重要影响。为了对项目进行科学的定义和决策，项目实施组织要在这一阶段进行翔实的调查研究，收集和掌握第一手信息资料，进行项目的可行性研究，最终做出决策。完成这些工作要耗用许多人力、物力资源，花费许多资金。这些构成了项目成本中的项目定义与决策成本。

（2）项目设计成本。根据项目的可行性研究报告，在经过分析、研究和试验等环节后，项目就可以进入设计阶段了。任何一个项目都要开展项目设计工作，无论是工程建设项目（它的设计包括初步设计、技术设计和施工图设计）、新产品开发项目（它的设计就是对于新产品的设计），还是科学研究项目（它的设计是对整个项目的技术路线和试验方案等方面的设计）。这些设计工作同样会产生费用，因此也是项目成本的一个重要组成部分，这一部分通常被称为项目设计成本。

（3）项目采购成本。项目采购成本是指为获得项目所需的各种资源（包括物料、设备和劳务等），项目实施组织必须开展一系列询价、选择供应商、招投标等工作。对于询价、选择供应商、合同谈判与合同履约的管理会产生费用，对于劳务的承发包、开标、评标、定标、谈判、签约、履约的管理也会产生费用。这些就是项目为采购各种外部资源所需花费的资金，即项目采购成本。

（4）项目实施成本。在项目实施过程中，为生成项目产出物所耗用的各项资源构成的费用统一被称为项目实施成本。这既包括在项目实施过程中所耗费物质资料的成本（这些成本以转移价值的形式转到了项目产出物中），也包括项目实施中所耗费活劳动的成本（这些成本以工资、奖金和津贴的形式分配给了项目团队成员）。项目实施成本的具体细目包括：

1）项目人工成本。这是给各类项目实施工作人员的报酬。这包括项目施工、监督管理和其他方面人员（但不包括项目业主/客户）的工资、津贴、奖金等全部发生在活劳动上的成本。

2）项目物料成本。这部分是项目实施组织为项目实施需要购买的各种原料、材料所带来的成本，如油漆、木料、墙纸、灌木、毛毯、纸、艺术品、食品、计算机或软件等。

3）项目顾问费用。当项目实施组织因缺少某项专门技术或完成某个项目任务的人力资源时，他们可以雇用分包商或专业顾问完成这些任务。为此项目就要付出相应的顾问费用。

4）项目设备费用。项目实施组织为实施项目会使用某种专用设备，无论是购买还是租用设备，所发生的成本都属于设备费用的范畴。

5）项目其他费用。不属于上述细目的其他费用。

6）项目不可预见费。项目实施组织还必须准备一定数量的不可预见费（意外开支的准备金或储备），以便在项目发生意外事件或产生风险时使用。例如：由于项目成本估算遗漏的费用，由于出现质量问题需要返工的费用，发生意外事故的赔偿金等。

由于项目实施成本是项目总成本的主要组成部分，在没有项目决策或设计错误的情况下，项目实施成本会占项目总成本的 90% 左右，因此项目成本管理的主要工作是对项目实施成本的管理与控制。

2. 项目成本构成的影响因素

项目成本构成的影响因素有许多，而且不同应用领域中的项目，其影响因素也不同。最为重要的项目成本构成的影响因素包括如下 4 个方面：

（1）耗用资源的数量和价格。项目成本自身（或称狭义的项目成本）受两个因素的影响，其一是项目各项活动所消耗与占用资源的数量，其二是项目各项活动所消耗与占用资源的价格。这表明项目成本管理必须管理项目消耗与占用资源的数量和价格这两个因素。降低项目消耗与占用资源的数量和价格，可以降低项目成本。在这两个因素中，资源消耗与占用数量是第一位的，价格是第二位的。因为通常资源消耗与占用数量是一个相对可控的内部因素；而价格是一个相对不可控的外部因素，主要是由外部市场条件决定的。

（2）项目工期。项目工期是整个项目或项目某个阶段或某项具体活动所需要或实际花费的工作时间周期。从这层意义上说，项目工期与时间是等价的。在项目实现过程中，各项活动消耗与占用的资源都是在一定的时点或时期发生的。所以项目成本与工期是直接相关的，项目成本随着工期的变化而变化。

（3）项目质量。项目质量是指项目能够满足业主/客户需求的特性与效用。一个项目的实现过程就是项目质量的形成过程。在这一过程中，为达到质量要求需要开展两个方面的工作：其一是质量的检验与保障工作，其二是质量不合格的补救工作。这两项工作都要消耗资源，因此都会产生成本。项目质量要求越高，项目质量检验与保障成本就越高，项目的成本也就越高。因此，项目质量也是项目成本构成最直接的影响因素之一。

（4）项目范围。从根本上来说，任何一个项目的成本都取决于项目范围，即究竟需要做什么事情和做到什么程度。从广度上来说，项目范围越大，项目成本越高；项目范围越小，项目成本越低。从深度上来说，项目任务越复杂，项目成本越高；项目任务越简单，项目成本越低。因此，项目范围是项目成本的直接影响因素之一。

根据上述分析可以看出，要实现对项目成本的科学管理，还必须对项目耗用资源的数量和价格、项目工期、项目质量、项目范围等因素进行集成的管理与控制。如果只对项目耗用资源的数量和价格因素进行管理和控制，那么无论如何也无法实现项目成本管理的目标。然而，这仍然是当今项目成本管理中经常存在的问题。

三、项目成本估算的方法

1. 类比估算法

这是一种在项目成本估算精确度要求不高的情况下使用的项目成本估算方法。这种方法也被称作自上而下法，是一种通过比照已完成的类似项目的实际成本，估算新项目成本的方法。类比估算法通常比其他方法更简便易行、费用更低，但它的精确度也低。有两种情况适用这种方法，其一是以前完成的项目与新项目非常相似，其二是项目成本估算专家或小组具有很强的专业技能。类比估算法是最简单的成本估算方法之一，它将估算项目的各个成本科目与已完成同类项目的各个成本科目（有历史数据）进行对比，从而估算新项目的各项成本。这种方法的局限性在于很多时候没有真正类似项目的成本数据，因为项目的独特性和一次性使得多数项目之间不具备可比性。类比估算法的优点是这种估算是基于实际经验和实际数据的，所以可信度较高。

2. 参数估计法

参数估计法也称参数模型法，是利用项目特性参数建立数学模型来估算项目成本的方法。例如：工业项目可以使用项目生产能力作参数来估算项目成本，民用住宅项目可以使用每平方米单价作参数来估算项目成本。参数估计法使用一组项目费用的估算关系式，通过这些关系式对整个项目或其中大部分的费用进行一定精确度的估算。参数估计法重点集中在成本动因（即影响成本最重要因素）的确定上，这种方法并不考虑项目成本细节，因为是项目成本动因决定了项目成本总量的主要变化。参数估计法能针对不同项目成本元素分别进行计算。参数估计法是许多国家规定采用的一种项目成本估算方法，它的优点是快速并易于使用（只需要一小部分信息），并且其准确性在经过校验后较高。这种方法的缺点是：如果不经校验，使用参数估计模型估算出的项目成本可能不精确。

3. 工料清单法

工料清单法也称自下而上法。工料清单法是指对工料清单中各项物料和作业的成本进行估算，向上滚动加总后得到项目总成本。这种方法虽然耗时，但是估算精确度较高，它可对每个工作包进行详细分析并估算其成本，然后统计得出整个项目的成本。这种方法的优点是为项目成本估算提供了相对详细的信息，所以它比其他方式的成本估算更为精确。这种基于项目工料清单的项目成本估算方法能够给出一个最接近实际成本的估算数据。这种方法的缺点是要求提供详细的工料消耗与占用数据，这种数据本身就需要大量的时间和经费支持。另外，这种成本估算方法所需的工料消耗与占用数据需要有数据来源，而且因为这些数据经常是过时的数据，所以使用这种方法时往往需要做出各种各样的项目成本费率调整。

4. 软件工具法

这是一种运用现有的计算机成本估算软件去确定项目成本的方法。项目管理技术的发展和计算机技术的发展是密不可分的，计算机的出现和运算速度的迅猛提升使得使用计算机估算项目成本变得可行以后，大量的项目成本管理软件涌现。目前项目成本管理软件根据功能和价格水平被分为两个档次：一类是高档项目成本管理软件，这是供项目成本管理专业人士使用的软件，这类软件功能强大、价格高，能够较好地估算项目成本；另一类是低档项目成本管理软件，这类软件虽功能不是很齐全，但价格较便宜，可用于做一些中小型项目的成本估算。大部分项目成本管理软件都有项目成本估算的功能，但是这种功能在很大程度上还要依靠人的辅助来完成，而且人的作用仍然占据主导地位，这是这种方法的缺陷。

四、现有项目成本估算方法的问题

现有项目成本估算方法是按照基于资源消耗和基于部门的成本确定方法建立的，

主要存在 3 个方面的问题。

1. 基于资源消耗的成本估算问题

现有项目成本估算方法是基于资源消耗原理建立的，这种方法对项目成本的估算是从一个项目所需消耗与占用资源的多少入手，根据项目所需资源的消耗与占用数量做出项目成本估算。这种项目成本估算方法不是从消耗资源的具体活动和过程的分析入手，不是从确定项目要开展哪些活动和采用什么样的方式方法去开展这些活动，以及采用哪些具体的项目组织管理技术和项目实施技术等事务的根源入手，而是使用基于项目资源消耗定额或项目消耗统计数据等办法，通过套用标准定额或比照历史统计数据来确定项目成本。这种方法不考虑项目所需活动、所用技术和方法、项目具体的时间和地点，千篇一律地套用标准定额或统计数据，所以科学性较低。最新的项目成本管理理论与方法研究证明，现有基于资源消耗的成本估算方法实际上存在原因与结果倒置的问题。因为一个项目的具体活动以及具体活动的过程和方法是形成项目成本的根本动因，而资源消耗与占用数量只是开展项目活动的条件，要科学地确定项目成本就应该首先从分析项目具体活动的内容与过程入手，然后依据开展项目活动所用的技术与方法确定项目的资源消耗与占用数量，最终才能科学地确定项目成本。

2. 基于部门的成本估算问题

现有项目成本估算方法同时还是一种基于部门的成本估算方法。这种项目成本估算方法将那些间接形成项目实体的活动费用，按照以部门津贴发放和分摊的方式估算和确定。例如：构成项目成本的企业管理费、其他费用等项目成本科目就属于此类。这类费用的确定多数按照"项目直接费用 × 一个规定的取费比率"的办法来确定。我国规定，要根据不同施工单位的资质套用不同的取费比率估算和确定这类费用。这种基于部门的成本估算方法存在以下问题：其一这种基于部门的估算项目间接取费的办法不是依据项目真实需要开展的管理和其他辅助活动去估算和确定它们的费用；其二很难保证规定的取费比率是科学和准确的。此外，间接取费和其他费用数量的确定是以直接取费的成本部分为基数，一方面由于国家的干预，在取费比率和方法上会形成对于一些落后企业的保护或偏袒，从而影响市场竞争；另一方面为了使各种项目实施组织（设计单位、承包商、分包商等）和部门（承包商下属的各个部门）争取较高的间接取费数量，会高估项目成本的直接取费。

3. 成本估算依据方面的问题

现行项目成本的估算和确定的依据有许多种。一种是由国家或地区统一制定的项目成本标准定额。如今，我国和世界上其他一些国家或地区仍在采用统一标准定额作为确定项目成本的依据。我国的成本管理部门仍在不断地制定和发布有关项目的作业量、项目成本、取费指标等方面的标准定额以及工料价格指数、取费调整指数等各种各样的定额修订参数，这些都是成本估算依据。此外，其他一些国家或地区多数是按照历史统计数据作为参考依据确定具体的项目成本。另外，还有一些国家或地区是将标准定额和历史统计数据这两种数据混用的。所有这些标准定额或历史统计数据作为估算和确定项目成本依据都存在一个问题，即估算和确定项目成本依据在一定时间内相对固定不变。对于一个具体项目而言，不管是标准定额还是历史统计数据，这种相对固定不变的成本估算依据存在一定的局限性和时滞性。标准定额在编制出来以后相当长的一段时期内是固定不变的，然而项目所用的实施技术、管理技术和实施环境等都是动态的，尤其是如今技术进步和技术创新的速度快，各种新工艺、新方法、新材料层出不穷，这些动态的变化一方面会影响项目实施的工作绩效，另一方面会影响项目所耗人力、物力资源的数量，从而影响项目成本。所以现有相对静态的项目成本估算依据，在一定程度上来看是不科学的，它无法很好地适应市场与技术的不断变化，至少无法满足科学估算和确定项目成本的客观需要。

五、项目成本估算的工作结果

1. 项目成本估算文件

这是通过采用前述项目成本估算方法而获得的项目成本估算文件。项目成本估算文件是对完成项目所需费用的估计和计划安排，是项目管理文件中的一个重要组成部分。项目成本估算文件要对完成项目活动所需资源、资源成本和数量进行概括或详细的说明。这包括对于项目所需人工、物料、设备和其他科目成本估算的全面说明和描述。另外，这一文件还要全面说明和描述项目的不可预见费等内容。项目成本估算文件中的主要指标是价值量指标。为了便于在项目实施期间或项目实施后进行对照，项目成本估算文件中也需要使用其他一些数量指标对项目成本进行描述。在某些情况下，项目成本估算文件将必须以多种度量指标描述，以便于开展项目成本管理与控制。

2. 相关支持细节文件

这是对于项目成本估算文件的依据和细节的说明文件。这类文件的主要内容包括：

（1）项目范围的描述。因为项目范围是直接影响项目成本的关键因素，所以这一文件通常与项目工作分解结构和项目成本估算文件一起提供。

（2）项目成本估算的基础和依据文件。这包括制定项目成本估算的各种依据性文件，各种成本计算或估算的方法说明，以及各种参照的国家规定等。

（3）项目成本估算的各种假设前提条件的说明文件。这包括在项目成本估算中各种项目实施的效率、项目所需资源的价格水平、项目资源消耗的定额估计等假设前提条件的说明。

（4）项目成本估算可能出现的变动范围的说明。这主要是关于在各种项目成本估算假设前提条件和成本估算基础与依据发生变化后，项目成本可能会发生什么样的变化、多大的变化的说明。

3．项目成本管理计划

这是关于如何管理和控制项目成本变动的说明文件，是项目管理文件的一个重要组成部分。项目成本管理计划文件可繁可简，具体取决于项目规模和项目管理主体的需要。一个项目开始实施后有可能会发生各种无法预见的情况，从而危及项目成本目标的实现。为了防止、预测或克服各种意外情况，就需要对项目实施过程中可能出现的成本变动，以及相应需要采取的措施进行详细的计划和安排。

单元三　项目成本预算

一、项目成本预算的概念

项目成本预算是一项制定项目成本控制基线或项目总成本控制基线的项目成本管理工作，它涉及根据项目成本估算为项目各项活动分配和确定预算和定额，以及确定整个项目总预算的一系列管理工作。项目成本预算工作内容包括根据项目成本估算向项目各项具体活动分配预算定额和确定项目成本控制的基线（项目总预算），制定项目成本控制标准和规定项目不可预见费的划分与使用规则等。

知识链接：项目
成本预算

二、项目成本预算的依据

1．项目成本估算文件

这是项目成本估算所形成的工作结果文件。在项目成本预算工作中，项目各项工作与活动的预算定额主要是依据这一文件制定的。

2. 项目工作结构分解

这是在项目范围界定和确认中生成的项目工作分解结构文件。在项目成本预算工作中要依据这一文件，分析和确定项目各项工作与活动成本估算的合理性和项目预算定额。

3. 项目工期进度计划

这是一种有关项目各项工作开始与结束时间的文件。依据这一文件可以安排项目的资源与成本预算方面的投入时间。项目工期进度计划通常是项目业主/客户与项目实施组织共同商定的，它规定了项目必须完成的时间和每项活动所需时间、资源，所以也是项目成本预算的依据之一。

三、项目成本预算计划的制订

项目成本预算计划是按照时间，分阶段给出项目成本预算的计划安排，是项目成本预算的基线。一般这种分阶段的成本预算基线是呈 S 形曲线分布的，具体如图 7-1 所示。由图 7-1 可以看出，项目成本预算包括两个因素，一个是项目成本预算，另一个是项目成本的投入时间。图 7-1 中的 Tc_1、Tc_2、Tc_3 给出了 3 种不同的项目成本预算方案。在实际应用中，项目成本预算并不是越低越好，因为这样会造成成本预算过低而出现项目实施资源供给不足，导致项目质量或效率下降。当然，项目成本预算也不是越高越好，虽然高预算使项目实施的资源供给比较充裕，但却会造成各种各样的浪费。

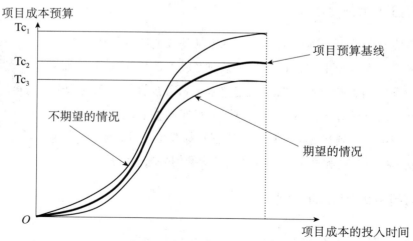

图 7-1　项目成本预算及其不同情况示意图

项目成本预算计划制订实际上主要包括 3 件事：（1）确定项目总预算；（2）确定项目各项活动的预算；（3）确定项目各项活动预算的投入时间。

1. 制订项目预算计划的方法

在项目成本管理中，有很多制订项目成本预算计划的方法可供选择。

制订项目预算计划的方法包括各种常规的预算确定方法、预算分配和安排的方法以及用于项目成本估算的一些方法，它们各自适用于不同的项目和项目情况。这里只介绍一种利用甘特图制订项目预算计划的方法。甘特图也称横道图，它是以横线来表示每项活动起止时间的一种项目工期计划制订方法，也可以用来表示一个项目的预算。甘特图的优点是简单明了、直观和易于编制，是小型项目中常用的计划制订工具，即使在大型项目管理中，它也是高级管理层了解全局、基层安排各种计划进度的有力工具。项目的管理者可以使用甘特图安排各项活动，从而估算各个阶段的成本预算和时间，合理地把项目总预算分配到各个阶段和具体活动中。

图 7-2 是一个带有项目预算的甘特图，图中最上面一行是项目的时间坐标，中间是项目的时间进度计划，最下面的一行是项目在不同时间上的预算分配情况。如果希望项目成本预算更为详尽，还可以在项目各项工作旁边标上它们的预算额度。

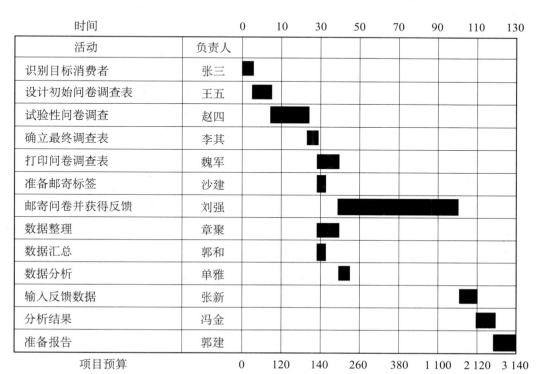

图 7-2 消费者市场研究项目预算的甘特图

2. 项目成本预算计划制订方法选择的影响因素

选择项目成本预算计划方法时必须考虑各种影响因素。

（1）项目规模大小。很显然，小项目应采用简单的成本预算计划制订方法，大项目须考虑选用较复杂的成本预算计划制订方法。

（2）项目复杂程度。项目规模并不一定总是与项目复杂程度成正比。例如：修一条高速公路的项目规模虽然不小，但并不复杂，所以仍然可以用较简单的成本预算计划制订方法。

（3）项目紧急程度。急需开展项目时，为了尽早开始工作，此时需要采用一种简易快速的项目成本预算计划制订方法。

（4）项目细节的掌握程度。项目细节的掌握程度不同，采用的项目成本预算计划制订方法就会不同。如果掌握的细节多，就可以采用精确的项目成本预算计划制订方法。

（5）有无相应的技术设备和人员。需要借助计算机的成本预算计划制订方法，没有计算机就无法制订；没有掌握项目成本预算具体方法的合格管理人员，也无法制订项目成本预算计划。

此外，根据情况不同，还须考虑项目业主/客户、项目实施组织、承包商等方面的要求。

3. 项目成本预算计划的制订步骤

（1）项目成本总预算的分配。项目成本总预算的分配是指根据项目成本估算，在确定项目成本总预算以后，将项目成本总预算分配到项目工作分解结构中的各个工作包上，并为每一个工作包建立自己的成本预算。这是一种自上而下分配项目预算的方法，它将项目成本总预算按照项目工作分解结构和每个工作包的实际需要进行合理的分配。

（2）工作包预算的分配。工作包预算的分配是指根据项目工作包的成本预算，确定一个项目工作包中各项活动具体成本预算的工作。这是一种将工作包成本预算按照构成工作包的各项活动内容和资源需求进行成本预算分配的工作。这既可以采用自上而下的预算分配方法，也可以采用自下而上的预算分配方法。其中，自下而上法是先分析和确定一个项目工作包中的各项具体活动的成本预算，然后详细分析和说明这些具体活动的资源需求，最终根据资源需求制定各项活动的成本预算，从而形成一个工作包的成本预算。

（3）制定项目成本预算的时间安排。项目预算计划制订的第三步就是从时间上分配和安排整个项目的成本预算，即制定项目成本预算的时间安排，最终形成项目总预算的累计时间分布（S形曲线）。通常将项目各工作包的成本预算分配到项目工期的各个时段以后，就能确定项目在何时需要多少成本预算和项目累计的成本预算，这是项目资金投入与筹措和项目成本控制的重要依据。

 **项目成本控制**

一、项目成本控制的概念

项目成本控制工作是一项在项目实施过程中，努力将项目的实际成本控制在项目预算范围内的项目成本管理工作。随着项目的开展，根据项目实际发生成本的情况，不断修正原来的成本估算，并对项目的最终成本进行预测等工作，也都属于项目成本控制的范畴。

项目成本控制涉及对那些可能引起项目成本变化的影响因素的控制（事前控制）、项目实施过程中的成本控制（事中控制）和项目实际成本发生以后的控制（事后控制）这3个方面的工作。要实现对于项目成本的全面控制，最根本的任务是要控制项目各方面的变动和变更，并做好项目成本的事前、事中和事后控制。

项目成本控制的具体工作包括：监视项目的成本变动，发现项目成本控制中的偏差，采取各种纠偏措施防止项目成本超过预算，确保实际发生的项目成本和项目变更都能够有据可查，防止不正当或未授权的项目变更所发生的费用被列入项目成本预算，以及采取相应的成本变动管理措施等。

有效控制项目成本的关键是要经常及时地分析项目成本的实际状况，尽早地发现项目成本出现的偏差和问题，以便在情况变坏之前能够及时采取纠正措施。因为项目成本一旦失控是很难挽回的，所以只要发现项目成本有偏差和问题就应该积极地解决，而不是寄希望于随着项目的展开一切都会变好。项目成本控制问题越早发现和处理，对项目范围和项目进度的冲击越小，越能够达成项目目标。

二、项目成本控制的依据

1. 项目成本实效报告

这是指项目成本管理与控制的实际绩效评价报告，它反映了项目预算的实际执行情况，其中包括哪个阶段或哪项工作的成本超出预算、哪项未超出预算、究竟问题出在什么地方等。这种绩效报告通常要给出项目成本预算额、实际执行额和差异数额。其中，差异数额是评价、考核项目成本管理好坏的重要标志。编制项目成本实效报告是一件细致而严肃的工作，要充分注意报告的准确性、及时性和适用性。项目成本实效报告是项目成本控制的主要依据之一。

2. 项目变更请求

项目变更请求既可以是项目业主/客户提出的，也可以是项目实施者或其他干系人提出的。因为任何项目的变更都会造成项目成本的变动，所以在项目实施过程中提出的任何变更都必须经过项目业主/客户同意。如果项目实施组织不经过项目业主/客户同意，或是仅仅获得项目业主/客户组织中的非权威人士的口头赞同，就做了项目变更和项目成本预算的变动，那么就会面临这类变更收不到款项的风险。

3. 项目成本管理计划

这是关于如何管理项目成本的计划文件，是项目成本控制工作的十分重要的依据。特别值得注意的是，这一文件给出的内容很多是项目成本事前控制的计划和安排，这对于项目成本控制工作是很有指导意义的。

三、项目成本控制的方法

项目成本控制的方法包括两类，一类是分析和预测项目各要素变动与项目成本发展变化趋势的方法，另一类是如何控制各种要素的变动从而实现项目成本管理目标的方法。这两个方面的方法将构成一套项目成本管理的方法。这套方法主要涉及的技术和工具有 4 个。

1. 项目变更控制体系

通过建立项目变更控制体系，对项目成本进行控制。这包括从项目变更的请求，到变更请求批准，一直到最终变更项目成本预算的项目变更全过程控制体系。项目变更是影响项目成败的重要因素。一般可以通过两方面的工作去解决这个问题。

（1）规避。在项目定义和设计阶段，通过确保项目业主/客户和全体干系人充分参与，真正了解项目的需求；在项目定义和设计结束后，通过组织评审，倾听各方面的意见；同时保持与项目业主/客户沟通渠道的畅通，及时反馈，避免项目后期发生大的变更或返工，从而规避项目成本的变动。

（2）控制。建立严格的项目变更控制系统和流程，对项目变更请求不要简单地拒绝或同意，而是先通过一系列评估确定该变更会带来的成本和时间代价，再由项目业主/客户判断是否接受这个代价。简单来说，项目可以变更的前提是项目业主/客户必须接受项目成本会发生变更。在这里需要强调一点，有些项目变更是设计缺陷或不可预见的原因造成的，这样的项目变更有时是必需的。

2. 项目成本实效度量的方法

挣值（Earned Value，EV）又称已完成工作量的预算成本（Budgeted Cost for Work Performed，BCWP），即项目成本实效，是指项目实施过程中某阶段实际完成工作量及按预算定额计算出来的工时或费用。在项目成本管理中，项目成本实效（挣值）度量的方法是非常有价值的一种项目控制方法。其基本思想就是通过引进一个中间变量，即挣值，帮助项目成本管理者分析项目成本和工期变化并给出相应的信息，从而能够使项目成本管理者对项目成本的发展趋势做出科学的预测与判断。

3. 附加计划法

因为很少有项目是按照原定计划完成的，所以可以采用附加计划法，通过新增或修订原有计划，对项目成本进行有效的控制。项目成本控制也一样需要使用附加计划法。如果没有使用附加计划法，往往会出现这样的问题：当遇到意外情况时，项目管理者没有应对办法，可能因实际情况与计划不符而造成项目成本失控的局面。附加计划法是未雨绸缪、防患于未然的项目成本控制方法之一。

4. 计算机软件工具

目前市场上有大量项目管理软件可供选择。利用项目管理软件，用户可以进行的工作有：生成任务一览表（包括各项目的预计工期）；建立项目活动之间的相互依存关系；以不同的时间尺度测量项目活动（包括工时、工日等）、处理某些特定的约束条件（如某项活动在某天之前不得开始等）；跟踪项目团队成员的薪金和工作；统计公司的假日、假期；处理工人的轮班工作时间；监控和预测项目成本的发展变化；发现项目成本管理中的矛盾和问题；根据不同要求生成不同用途的成本或绩效报告；以不同方式整理项目信息；联机工作和网络数据共享；对项目进度、预算或职员变动迅速做出反应；通过比较分析实际成本与预算成本，找出项目实施情况中存在的问题并能提供各种建议措施，以供项目成本管理者参考。

四、项目不确定性成本的控制

由于存在各种不确定因素，因此项目成本一般分为3种。其一是确定性成本，对这一部分成本，人们知道它是的确会发生的而且知道其数额大小；其二是风险性成本，对这一部分成本，人们只知道它可能发生和它发生的概率大小与分布情况，但是人们不能肯定它一定会发生；其三是完全不确定性成本，对这一部分成本，人们既不知道它是否会发生，也不知道它发生的概率和分布情况。这 3 种不同性质的项目成本综合构成了一个项目的总成本。

项目成本的不确定性主要表现在 3 个方面，其一是项目具体活动本身的不确定性，其二是项目具体活动的规模及其资源消耗与占用数量的不确定性，其三是项目具体活动的资源消耗与占用价格的不确定性。

1. 项目具体活动本身的不确定性

这是指在项目实现过程中有一些项目具体活动可能发生，也可能不发生。例如：如果出现雨天，项目的一些室外施工就要停工，并且需要组织排水；而如果不下雨就不需要停工，也不需要组织排水。但是否下雨是不确定的，所以停工和排水的活动就有很大的不确定性。虽然人们在安排项目实施计划时有气象资料作参考，但是气象资料给出的只是降水的概率，即下雨的可能性，而不是确定性结论。这种项目具体活动的不确定性会直接转化成项目成本的不确定性。由于这种不确定性无法消除，因此对于这种不确定性成本的控制主要依赖于附加计划法和项目不可预见费等。

2. 项目具体活动的规模及其资源消耗与占用资源数量的不确定性

这是指在项目实现过程中，有一些具体活动的规模本身的不确定和这种活动规模变动所造成的资源消耗与占用资源数量的不确定，以及由此造成的项目成本的不确定。例如：在一个工程建设项目的地基挖掘过程中，如果实际地质情况与地质勘查资料不一致，则地基挖掘工作量就会发生变化，资源的消耗与占用数量也会变化。虽然人们在确定地基挖掘工作量时有地质勘探资料作依据，但是地质勘探调查多数是一种抽样调查，由此给出的调查结果只是在一定置信区间内相对可信的资料，因此存在不确定性。这种项目具体活动规模及其资源消耗与占用资源数量的不确定性也会直接转化为项目成本的不确定性，是造成项目成本不确定的主要根源之一。因为这种项目成本的不确定是很难预测和消除的，所以多数情况下也需要设置项目不可预见费。

3. 项目具体活动的资源消耗与占用价格的不确定性

这是指在项目实现过程中有一些项目活动资源的消耗与占用价格会发生异常波动（有规律的价格变化不属于这一范畴）。人们虽然可以对项目活动资源的消耗与占用价格进行预测，但是通常这种预测都是在相对条件下的预测，预测结果本身都包含相对不确定性，所以项目具体活动资源的消耗与占用价格也是不确定的。这种项目具体活动的资源消耗与占用价格的不确定性同样会直接影响项目成本的波动，这种不确定性也是项目成本不确定性的主要根源之一。对于这种项目不确定性成本的控制，多数也是需要设置项目不可预见费。

另外，项目所有的不确定性成本会随着项目实施的开展，从最初的完全不确定性成本逐步地转变成为风险性成本，然后转变成确定性成本。因为随着项目的逐步实施，各种完全不确定的事件将逐步转化为风险性的（随着事件的变化人们逐步了解事件发生的概率），然后风险性事件会进一步转化成确定性的。换句话说，随着项目的推进，各种事件的发生概率会逐步向确定的方向转化，有些事件会随着项目的逐步实施而发生，而有些事件就不发生了。当项目完成时，一切都是确定的，一个完全确定的项目成本也就形成了。因此，项目的成本控制工作必须从控制项目的确定性、风险性和完全不确定性三类不同性质的成本去开展。

依据上述分析可知，项目成本的不确定性是绝对的和客观存在的，这就要求在项目的成本管理中必须同时考虑对风险性成本和完全不确定性成本的管理，以实现对于项目成本的全面管理。在实现项目成本全面管理中，最根本的任务是首先要识别一个项目具有的各种风险并确定它们的风险性成本；其次是要通过控制风险的发生与发展直接或间接地控制项目的不确定性成本。同时还要开展对风险性成本和不可预见费等风险性成本管理储备资金的控制，从而实现项目成本管理的目标。

五、项目成本控制的工作结果

开展项目成本控制的直接工作结果是带来了项目成本的节约和项目经济效益的提高。开展项目成本控制的间接工作结果是生成了一系列项目成本控制文件。

1. 项目成本估算的更新文件

这是对项目原有成本估算的修订和更新的结果文件。这一文件中的信息，一方面可以用于下一步的项目成本控制，另一方面可以在未来作为项目历史数据和信息使用。

2. 项目预算的更新文件

这是对项目原有成本预算的修订和更新的结果文件，是项目后续阶段成本控制的主要依据。这一文件同样有作为项目成本控制使用、作为历史数据和信息使用两方面的作用。

3. 项目活动方法改进文件

这是有关项目具体活动方法改进与完善方面的文件，它包括两个方面的信息：其一是项目活动方法与程序的改进方面的信息，其二是项目活动方法改进所带来的项目成本降低方面的信息。

4. 汇总文件

这是有关项目成本控制中的失误或错误以及各种经验与教训的汇总文件。制作经验与教训的汇总文件的目的是总结经验和接受教训，以便改进下一步的项目成本控制工作。项目经理应及时组织项目成本控制评估会议，并就项目成本控制工作做出相应的书面报告。

单元五　挣值分析方法

项目成本控制的关键是经常及时地分析项目成本状况，尽早地预测和发现项目成本的差异与问题，努力在情况变坏之前采取纠偏措施。挣值分析与管理的方法是实现这一目标的重要方法，这一方法的基本思想是通过引进一个中间变量，即挣值，来帮助项目管理者分析项目成本的变动情况，并给出项目成本与工期变化的信息，以便对项目成本发展趋势做出科学预测与判断，并据此做出正确的决策。

一、挣值的定义

挣值（Earned Value，EV）又称已完成工作量的预算成本（Budgeted Cost for Work Performed，BCWP），即项目成本实效，是指项目实施过程中某阶段实际完成工作量及按预算定额计算出来的工时或费用。这一变量的计算公式如下：

EV = 实际完成的作业量 × 已完成作业的单位预算成本

二、挣值分析方法的内涵

1. 3 个关键中间变量

（1）计划值（Planed Value，PV）：在既定时间点前计划完成活动或 WBS 组件工作的预算成本，即项目计划作业的预算成本，也可表示为 BCWS（Budgeted Cost of Work Scheduled）。

（2）挣值（Earn Value，EV）：在既定时间段内实际完成作业的预算成本，也可表示为 BCWP（Budgeted Cost of Work Performed）。

（3）实际成本（Actual Cost，AC）：在既定时间段内实际完成作业所发生的实际总成本，也可表示为 ACWP（Actual Cost of Work Performed）。

这 3 个指标是项目成本水平指标，反映了项目成本的计划和实际水平。

2. 3 个差异分析变量

（1）项目成本进度差异。项目成本进度差异（Cost Schedule Variance，CSV）的计算公式是：

$$CSV = BCWS - ACWP = PV - AC$$

这一指标反映了项目计划作业的预算成本与项目实际完成作业的实际成本之间的绝对差异。这种差异是由于项目成本从预算成本变化到实际成本和项目进度，从计划工作量变化到实际完成工作量这两个因素的变动造成的。

（2）项目成本差异。项目成本差异（Cost Variance，CV）的计算公式是：

$$CV = BCWP - ACWP = EV - AC$$

这一指标反映了项目实际完成作业的预算成本与项目实际完成作业的实际成本之间的绝对差异。这一指标剔除了项目工作量变动的影响，独立地反映了项目预算成本和实际成本差异这一单个因素对于项目成本变动造成的影响。

（3）项目进度差异。项目进度差异（Schedule Variance，SV）的计算公式是：

$$SV = BCWP - BCWS = EV - PV$$

这一指标反映了项目实际完成作业的预算成本与项目计划作业的预算成本之间的绝对差异。这一指标剔除了项目成本变动的影响，独立地反映了项目实际完成作业和计划作业差异这一单个因素对于项目成本的影响（虽然指标名称是项目进度差异，但是反映的是成本变化）。

3. 2 个指数变量

（1）成本绩效指数。成本绩效指数（Cost Performance Index，CPI）的计算公式如下：

$$CPI = BCWP/ACWP = EV/AC$$

该指标是项目实际完成作业的预算成本与项目实际完成作业的实际成本的比值。这一指标以排除项目工作量变化的影响为基础，度量项目成本控制工作的绩效情况。它是前面给出的项目成本差异指标的相对数形态。

（2）计划完工指数。计划完工指数（Schedule Completion Index，SCI）的计算公式如下：

$$SCI = BCWP/BCWS = EV/PV$$

该指标是项目实际完成作业的预算成本与项目计划作业的预算成本的比值。这一指标以排除项目成本变动因素的影响为基础，度量项目进度变动对于项目成本的相对影响程度。它是前面给出的项目进度差异指标的相对数形态。

同步案例

某项目工期为 6 个月，该项目的项目经理在第 3 个月月末对项目进行了中期检查，检查结果表明：目前已完成计划进度的 90%，相关情况如表 7-2 所示，表中活动之间存在 F—S（结束—开始）关系。

表 7-2 计划进度表   单位：万元

序号	活动	第1月	第2月	第3月	第4月	第5月	第6月	PV
1	制订计划	4	4					8
2	需求调研		6	6				12
3	概要设计			4	4			8
4	数据设计				8	4		12
5	详细设计					8	2	10
	月度PV	4	10	10	12	12	2	
	月度AC	4	11	11				

【问题 1】计算中期检查时项目的 CPI、CV 和 SV，以及"概要设计"活动的 EV 和 SPI。

【问题 2】按照当前的绩效，计算项目的 ETC 和 EAC。

【问题 3】请对该项目目前的进展情况作出评价。如果公司规定，在项目中期评审中，项目的进度绩效指标和成本绩效指标在计划值的 ±10% 范围内即为正常，则该项目是否需要采取纠偏措施？如需要，请说明可采取哪些纠偏措施进行成本控制；如不需要，请说明理由。

【问题 4】结合本案例，判断下列选项的正误。

1. 应急储备是包含在成本基准内的一部分预算，用来应对已经接受的已识别风险，和已经制定应急或减轻措施的已识别风险。　　　　　　　　　　　　　（　　）

2. 管理储备主要应对项目的"已知—未知"风险，是为了管理控制的目的而特别留出的项目预算。　　　　　　　　　　　　　　　　　　　　　　　　（　　）

3. 管理储备是项目成本基准的有机组成部分，不需要高层管理者审批就可以使用。　　　　　　　　　　　　　　　　　　　　　　　　　　　　　　（　　）

4. 成本基准就是项目的总预算，不需要按照项目工作分解结构和项目生命周期进行分解。　　　　　　　　　　　　　　　　　　　　　　　　　　　　（　　）

5. 成本管理过程及其使用的工具和技术会因应用领域的不同而不同，一般在项目生命周期定义过程中进行选择。　　　　　　　　　　　　　　　　（　　　）

课后习题

一、单选题

1. 以下说法不正确的是（　　　）。

A. 现代项目成本管理首先考虑的是以最低的成本完成项目的全部活动

B. 项目成本预算是一项制定项目成本控制基线或项目总成本控制基线的项目成本管理工作

C. 项目成本预测和项目成本估算一样

D. 项目成本预测是指在项目的实施过程中，依据项目成本的实施情况和各种影响因素的发展与变化，不断地预测项目成本的发展和变化趋势、最终可能出现的结果，从而为项目的成本控制提供决策依据

2. 影响项目成本的因素不包括（　　　）。

A. 耗用资源的数量和价格　　　　　B. 项目工期

C. 项目质量　　　　　　　　　　　D. 领导决策

3. （　　　）不属于项目成本估算的方法。

A. 监督成本绩效法　　　　　　　　B. 类比估算法

C. 参数估计法　　　　　　　　　　D. 软件工具法

4. 项目成本预算的依据不包括（　　　）。

A. 项目成本估算文件

B. 项目工作结构分解

C. 项目活动及未来的运营活动分配资金

D. 项目工期进度计划

5. 项目成本控制的主要依据不包括（　　　）。

A. 项目成本实效报告　　　　　　　B. 项目变更请求

C. 项目成本管理计划　　　　　　　D. 项目质量检验

二、简答题

1. 简述项目成本管理的主要方法。

2. 简述影响项目成本构成的因素。

3. 简述项目成本估算的方法。

4. 简述项目成本预算计划的制订步骤。

5. 简述项目成本控制的方法。

模块八　项目的质量管理

学习目标

◆ **知识目标**
1. 理解项目质量的概念、项目质量管理的概念
2. 理解项目质量管理的相关内容
3. 理解项目质量控制的相关内容

◆ **技能目标**
1. 掌握项目质量计划的制订方法
2. 掌握项目质量控制的方法

◆ **素质目标**
树立职业道德观，具备创先导优的质量观，具备灵活的思维和良好的质量意识

案例导入

某公司承接了一个银行业务系统的软件开发项目，质量要求很高。项目经理小赵制订了项目的整体计划，将项目划分为需求、设计、编码和测试4个时段，以便充分开展测试工作。

需求分析完成后，项目组编写了《需求分析报告》。项目经理小赵召集部分骨干开会，对《需求分析报告》进行了评审。为了尽快进入下一阶段工作，评审会从早上一直开到晚上，终于把全部文件都审完了，评审组找到了几处小问题，并当场进

行了修改，项目经理小赵宣布可以进入设计阶段了。

设计人员根据文件编写了《设计说明书》，并提交给了小赵，小赵对《设计说明书》仔细审阅后，便安排程序员开始编码。

编码阶段结束后，进入了测试。第一轮测试，发现了 70 多个缺陷。工作人员进行了修复，又重新提交了测试。第二轮测试，项目组又发现了 100 多个缺陷。就这样反复修改和测试，直到第 6 轮，发现了 33 个缺陷。这时小赵终于松了口气，因为小赵认为测试很快就会完成。

【问题 1】请分析此案例中的项目质量管理存在哪些问题。

【问题 2】请画出测试缺陷的趋势图。根据趋势图分析"小赵认为测试很快就会完成"是否有道理，并说明原因。

【问题 3】请结合软件开发生命周期理论，分析软件存在缺陷的原因。

【问题 4】请结合实际经验说明软件项目的质量管理工作重点。

单元一　项目质量管理概述

项目质量管理的概念与一般质量管理的概念有许多相同之处，也有许多不同之处，这些不同之处是由于项目的一次性和独特性等特性决定的。要弄懂和掌握项目质量管理的概念，首先要搞清楚一般的质量和质量管理的概念，然后根据项目的特性去学好项目质量管理。

一、质量的基本概念

在日常生活中，人们每天都要消费各种各样的产品和服务，这些产品和服务有好有坏，它们的好坏既代表了它们的质量，也代表了一个企业或组织的质量管理水平。实际上，质量和质量管理是人们日常生活中天天和事事都会遇到的问题。

1. 质量的定义

对于什么是质量有许多不同的说法，所以对于质量的定义也有许多种。其中美国质量管理专家朱兰博士对于质量的定义和国际标准化组织（International Organization for Standardization，ISO）对于质量的定义最具权威性。

（1）朱兰关于质量的定义。朱兰认为：质量就是产品的适用性，即产品在使用的时候能够满足用户需要的程度。

这一定义从两个方面对质量做出了规定。其一，"质量就是产品的适用性"，这表明只要产品适用就是好产品，就是达到质量要求的产品。其二，"产品在使用的时候能够满足用户需要的程度"，这表明产品质量的高低取决于产品能够在多大程度上满足用户对于该产品的具体需要，满足需要程度高的产品就是高质量的产品，满足需要程度低的产品就是低质量的产品。

（2）国际标准化组织关于质量的定义。质量是反映实体（产品、过程或活动等）满足明确和隐含的需求能力和特性的总和。实体是指承载质量属性的具体事物。反映质量的实体包括产品、过程（服务）和活动（工作）3 种，其中：产品是指能够为人们提供各种享用功能的有形实物；过程是指为人们带来某种享受的服务；活动是指人们在生产产品或提供服务中所开展的作业或工作。

质量本身的含义是指实体能够满足用户需求的能力和特性的总和。这表明质量的高低并不取决于实体的各种能力和特性是否都是最好的，只要实体的能力和特性总和能够满足用户的需求即可。当然，这里的需求包括用户明确和隐含的两类需求。明确的需求一般是在具体产品交易合同中标明的，隐含的需求一般是需要通过市场或用户调查获得的。

对于不同实体，质量的实质内容也不同，即实体满足用户明确和隐含的需求在实质内容上也不同。对于产品而言，质量主要是指产品能够满足用户使用需求所具备的功能特性，一般包括产品的性能、寿命、可靠性、安全性、经济性、外观等特性。对于服务（过程）而言，质量主要是指服务能够满足用户（包括内部用户）期望的程度，因为服务质量取决于用户对于服务的预期与客户对于服务的实际体验二者的匹配程度，人们对于服务质量的需求与期望在不同的时间和情况下也会不同，而且用户对于服务质量的期望与体验会随时间与环境的变化而变化，所以服务质量中隐含的需求成分比较高。对于活动（工作）而言，质量一般是以工作的结果来衡量的，工作的结果既可以是工作所形成的产品，也可以是提供的服务，所以工作质量也可以用产品或服务质量来度量。反过来说，实际上是工作质量决定了工作产出物（产品或服务）的质量，因此在质量管理中对于工作质量的管理是最为基础的质量管理。

2. 质量特性的概念

质量是指事物的优劣程度。因为不同的产品或服务能够满足人们不同的需要，所以不同的产品和服务各有不同的质量特性。服务的质量特性与产品的质量特性就有很大差异，这是服务本身所具有的无形性、不可储存性等特性决定的。产品或服务的质量特性又分为：内在质量特性、外在质量特性、经济质量特性、商业质量特性和环保质量特性等多种特性。这些不同质量特性的具体内涵如下：

（1）内在质量特性。这主要是指产品的性能、特性、强度等方面的质量特性。这些质量特性主要是在产品或服务的持续使用中体现出来。

（2）外在质量特性。这主要是指产品外形、包装、色泽、味道等方面的特性。这些质量特性都是产品或服务外在表现方面的特性。

（3）经济质量特性。这主要是指产品的寿命、成本、价格、运营维护费用等方面的特性。这些特性是与产品或服务购买和使用成本有关的特性。

（4）商业质量特性。这主要是指产品的保质期、保修期、售后服务水平等方面的特性。这些特性是与产品生产或服务提供企业承担的商业责任有关的特性。

（5）环保质量特性。这主要是指产品或服务对于环境保护的贡献或对于环境造成的污染等方面的特性。这些特性是与产品或服务对环境的影响有关的特性。

二、质量管理的基本概念

一个组织为了确保自己产品或服务的质量能够达到客户的需求与期望，就必须开展质量管理活动，通过开展质量管理去保障和提高组织的工作质量和产品或服务的质量，完成组织的使命、实现组织的目标。实际上，现在的质量管理是组织在市场经济下的安身立命之本。

1. 质量管理的定义

对于什么是质量管理，也有许多不同的说法和定义。其中，日本的质量管理学家谷津进和国际标准化组织从不同的角度诠释了质量管理。这两种定义的具体描述与含义如下：

（1）谷津进的定义。谷津进认为，质量管理就是向消费者或客户提供高质量产品与服务的一项活动。这种产品和服务必须保证满足需求、价格便宜和供应及时。

这一定义给出了质量管理的目的、目标和作用，明确了质量管理的根本目的是向消费者或客户提供高质量的产品和服务，明确质量管理的目标和作用就是使产品和服务达到三项要求，其一是满足需求，其二是价格便宜，其三是供应及时。

（2）国际标准化组织的定义。国际标准化组织认为，质量管理是确定质量方针、目标和职责并在质量体系中通过诸如质量策划、质量控制和质量改进使质量得以实现的全部管理活动。

国际标准化组织对于质量管理的定义是从质量管理活动所涉及的内容和方法角度做出的。由这一定义可以看出，质量管理是一项具有广泛含义的企业管理活动，它包括下述 3 个方面的内容：

1）质量管理是涉及从企业质量方针的制定，一直到客户对质量的最终体验全过程的管理活动。质量管理是一项贯穿在企业产品生产和服务全过程中各阶段、各项工作中的一项专门针对质量保障和提高的管理活动。

2）质量管理是各级管理者的一项重要管理职责。这包括从最高管理者的质量管理决策（质量方针、目标和职责的制定）和中层管理者对于质量管理的实施（质量策划、质量控制等），以及基层管理者对于质量管理方针政策的贯彻执行（质量控制和质量改进等）。

3）质量管理既涉及对于产品和服务本身功能与特性的管理，也涉及对于制造产品和提供服务过程中的工作质量管理。因为工作质量是产品和服务质量的保障，所以只有高水平的工作质量，才会有高水平的产品和服务质量。

2. 质量管理的内涵和术语

质量管理既是企业各级管理者的管理职责，又是涉及企业活动全过程的管理工作。这项管理工作具有非常深刻的内涵和许多独特的术语。国际标准化组织在有关质量管理的定义和标准中给出了质量管理的基本内涵和相关的术语解释。

（1）质量方针。质量方针是由组织的最高管理者正式发布的关于一个组织的总的质量宗旨和质量方向。质量方针作为组织的质量宗旨和方向，是一个组织的大政方针中的重要组成部分，它反映了组织最高领导的质量意识和决心，它是一个组织在一定时期内相对稳定的质量工作指导思想。它的制定和实行会直接影响一个组织的质量管理工作。

（2）质量体系。质量体系是实施质量管理所需的组织结构、程序、过程和资源。一个组织只有建立了科学的质量体系，才能够全面地开展质量管理活动，因为质量体系是质量管理的基础，是质量管理工作的组织保障，没有它就无法开展科学的质量管理，就无法保证产品或服务的质量。

（3）质量策划。质量策划是确定质量的目标和要求，以及确定采用质量体系要素的目标和要求的活动。这种策划活动实际上就是质量管理的一种规划或计划性的工作，通过这种规划或计划性工作，可以确定下一步质量和质量管理目标、管理措施和具体要求（时间、工作、质量等）。

（4）质量控制。质量控制是为达到质量要求所采取的作业技术与活动。其中的质量要求是指对于需要的表达或将需要转化为一组针对实体特性的定量或定性的规定要求，以使其能够实现和被考核。而其中的作业技术与活动的内容包括：确定控制对象、规定控制标准、制定控制方法、选用检验技术、处理事故（失控）等。

（5）质量保障。质量保障是为了保证实体能够满足质量要求，并提供足够的证明以表明实体保证能够满足质量要求，而在质量体系中实施的，并根据需要进行证实的，全部有计划和系统性的活动。由此可见，质量保障是一系列有计划的活动，而这种活动的目的是确保实体的质量。另外，为了证明一个组织能够提供高质量的实体，就需要对其生产和管理活动的可信性和可靠性进行审核和评价，这些也都属于质量保障活动的范畴。

（6）质量改进。质量改进是为向本组织及其客户提供更多的收益，在整个组织内所采取的旨在提高组织活动和过程的效益和效率的各种措施。这里的过程是指将输入转化为输出的一组彼此相关的活动。实际上，质量改进是一种持续改进与完善的组织活动，这包括对于产品与服务的持续改进与完善、对于生产过程与作业方法的持续改进与完善，以及对于组织管理活动的持续改进和完善。

三、项目质量的概念与特性

项目质量是项目实施全过程所形成的、能满足客户或社会需要的并由工程合同有关技术标准、设计文件、实施规范等具体详细设定产品或服务的安全、适用、耐久、经济、美观等特性要求的项目质量以及项目实施各阶段、各环节工作质量的总和。

项目质量在很大程度上既不同于产品质量，也不同于服务质量。项目质量的特性主要表现在 2 个方面。

1. 项目质量的双重性

项目质量的双重性是指项目质量既有产品质量的特性，又有服务质量的特性。这是因为在同一个项目中，会有许多项目产出物具有产品的有形性、可储存性和可预先评估性等特性，所以这些项目产出物完全属于产品的范畴，而另一些项目产出物具有无形性、不可储存性和无法预先评估等特性，所以完全属于服务的范畴。例如：对于一个房屋建设项目而言，最终形成的建筑物属于产品的范畴，但是在建房过程中的图纸设计、施工管理和顾问咨询等都属于服务的范畴。当然，不同项目的产出物不同，它们所包含的产品和服务的比例也不同。例如：一个婚礼的组织项目的产出物有很大比例属于服务的范畴，而一个专用车辆制造项目的产出物有很大比例属于产品的范畴。但是无论如何，一个项目的产出物都具有产品和服务两个方面的成分，因此项目的质量具有产品质量和服务质量的双重特性。

2. 项目质量的过程性

项目质量的过程性是指一个项目的质量是经由整个项目的全过程形成的，是受项目全过程的工作和活动质量直接和综合影响的。任何项目的质量都不是因一个项目的某个阶段或某项活动形成的，而是经由整个项目的全过程形成的。特别需要指出的是，项目质量的形成与产品和服务质量的形成都不相同。由于项目具有一次性和独特性，人们（包括项目业主/客户和实施组织）在项目的定义和决策阶段往往无法充分认识和界定自己"明确和隐含"的需求，因此一开始无法比较明确和完全地确定项目的质量要求，它是在项目进行过程中通过不断修订和变更而最终形成的。尤其是一些带有探索性质的项目（科研项目、产品开发项目、创新项目等），它们的质量在很大程度上是在项目实施过程中通过各种各样的项目质量变更而不断地修订，最终在项目结束前才形成一个明确的项目质量要求与最终结果。甚至，就是一些很小的项目（像房屋装修）也需要使用项目变更等手段去不断地修改对于项目质量的要求，直至最终项目结束才能完全确定对于项目质量的要求，并最终形成项目质量。这与单纯的产品或服务质量的确定和形成过程相比要复杂和麻烦得多，所以项目在质量管理方面的付出要比单纯的产品或服务（可以周而复始生产的产品或提供的服务）质量管理大得多。

项目质量与产品或服务质量的最大差别有两条。其一，周而复始生产的产品或提供的服务都能够在产品或服务的定义和设计阶段就确定下来，但是一个项目质量在绝大多数情况下只有项目全过程完成以后才能确定。虽然在项目定义和设计阶段，人们可以对项目的质量提出基本的要求，但是几乎没有哪个项目是完全按照项目定义和设计阶段确定的项目质量完成的，绝大多数的项目在实现过程中都会通过项目变更去修订和更新对于项目质量的要求和规定。其二，产品的生产和服务的提供是周而复始的（否则就属于项目了），所以它们在不断循环的过程中都有持续改善和提高的余地与可能性。但是项目是具有一次性和独特性的，在项目实施过程中，人们可以通过项目变更去不断改变项目质量，一旦项目全过程结束就没有持续改善质量的机会或余地了，即使要改进也只能开展一个新项目。例如：卫星或航天器发射项目，一旦全部发射过程结束，不管是成功还是失败，都没有改进的机会了，除非开展一个新的项目（采取的一些特别手段和措施，也都属于新项目的范畴）。

四、项目质量管理的概念

项目质量管理是指为确保项目质量目标要求而开展的项目管理活动，其根本目的是保障最终交付的项目产出物能够符合质量要求。项目质量管理包括两个方面的内容，其一是项目工作质量的管理，其二是项目产出物的质量管理，因为任何项目产出物的质量都是靠项目的工作质量保证的。现代项目管理中的质量管理是为了保障项目的产出物能够满足项目业主/客户以及项目干系人的需求所开展的对于项目产出物质量和项目工作质量的全面管理工作。虽然项目质量管理的概念与一般质量管理的概念有许多相同之处，但是也有许多不同之处。这些不同之处是项目的特性所决定的。项目质量管理的基本概念包括：项目质量方针的确定，项目质量目标和质量责任的制定，项目质量体系的建设，以及为实现项目质量目标所开展的项目质量计划、项目质量控制和项目质量保证等一系列项目质量管理工作。

一般情况下，在项目质量管理中，同样要使用全面质量管理（Total Quality Management，TQM）的思想。国际标准化组织认为，全面质量管理是一个组织以质量为中心，以全员参与为基础，目的在于通过让客户满意和本组织所有成员及社会受益而达到长期成功的一种质量管理模式。从这一定义中可以看出，全面质量管理的指导思想分两个层次：其一，一个组织以质量为中心，并且一个组织的每个员工要积极参与质量管理；其二，全面质量管理的根本目的是使全社会受益和使组织本身获得长期成功。确切地说，全面质量管理的核心思想是质量管理的全员性（全员参与质量管理的特性）、全过程性（认真管理好质量形成的全过程）和全要素性（认真管理好质量所涉及的各个要素）。

现代项目管理理论认为，全面质量管理的思想也必须在项目质量管理中贯彻，项目质量管理必须按照项目团队成员都参与的模式开展质量管理（全员性）；项目质量管理的工作内容必须贯穿项目全过程（全过程性），从项目的初始阶段、计划阶段、实施阶段、控制阶段，一直到项目最终结束阶段；项目的质量管理要特别强调对于项目工作质量的管理，强调对于项目的所有活动和工作质量的管理和改进（全要素性），因为项目产出物的质量是由项目工作质量保障的。

需要说明的是，本章所讨论的项目质量管理的基本方针与国际标准化组织在ISO9000 和 ISO10006 系列中的标准和方针是一致的，实际上现代质量管理与现代项目质量管理相互间的影响很大，基本理念并无大的差异。此处所介绍的项目质量管理的一般性方法与其他人提出的质量管理方法，以及近年来倍受推崇的全面质量管理方法也是一致的。当然，项目质量管理的方法与产品质量管理的方法是有很大差别的，这种差别是项目本身具有的一次性、独特性、创新性等特性，和项目质量具有的双重性和过程性所决定的。但是在质量管理的思想和理念上，项目质量管理和产品质量管理都认为下述理念至关重要：

1. 使客户满意是质量管理的目的

全面理解客户的需求，努力设法满足或超过客户的期望是项目质量管理和产品或服务质量管理的根本目的。任何项目的质量管理都要将满足项目业主／客户的需求（明确的需求是在项目说明书中规定的，隐含的需求需要与项目业主／客户深入沟通）作为最根本的目的，因为整个项目管理的目标就是要提供能够满足项目业主／客户需求的项目产出物。

2. 质量是干出来的，不是检验出来的

项目质量和产品质量都是各种实施和管理活动形成的结果，它们不是通过质量

检验获得的。质量检验的目的是找出质量问题（不合格的产品或服务），是一种纠正质量问题或错误的管理工作。避免错误和解决问题的成本通常比纠正错误和解决问题后果的成本要低，所以在质量管理中要把管理工作的重心放在避免错误和问题的质量保障方面，对于项目质量管理尤其应该如此。

3. 质量管理的责任是全体员工的

项目质量管理和产品质量管理的责任都应该是全体员工的，项目质量管理的成功是项目团队全体成员的积极参与和努力工作的结果。项目团队全体成员要明确和理解自己的质量责任并积极地承担自己的质量责任。项目质量管理的成功所依赖的最关键因素是项目团队全体成员的积极参与、对于项目产出物质量和项目工作质量的责任划分与责任履行。

4. 质量管理的关键是不断地改进和提高

项目质量管理和产品质量管理的过程中都会使用"戴明循环"（戴明博士所提倡的 PDCA 循环，其中 P 是计划、D 是执行、C 是检查、A 是处理）。这是一种持续改进工作的方法和思想，这种方法和思想同样是项目质量管理的一种指导思想和技术方法。但是，项目的一次性和独特性，导致这种方法有时具有一定的局限性。这种局限性主要体现在项目管理中的 PDCA 只能适用于那些重复性作业和活动，大多数项目的一次性活动是不太适用的。

五、ISO10006：2017 项目质量管理标准及其不足

由国际标准化组织颁布的 ISO10006：2017 是专门用于提高项目质量管理的标准。它给出了项目质量管理系统的构成、项目质量管理的概念和做法，对于提高项目质量管理是非常有价值的。ISO10006：2017 对应的中文名称是《质量管理—项目质量管理指南》，其最新版本主体部分的核心内容包括：其一是这一标准所涉及的范围界定、所引用的标准和相关的定义；其二是有关项目特征的说明，包括项目管理的界定、项目组织、项目阶段和项目过程等；其三是项目管理过程中的质量规定，包括项目策划过程、项目集成管理过程、项目范围管理过程、项目进度管理过程、项目成本管理过程、项目资源管理过程、项目组织与人力资源管理过程、项目沟通与信息管理过程、项目风险管理过程、项目资源获得过程等各方面的质量保障与控制方面的规定。

使用 ISO10006：2017 的规定为项目确定方向的过程中，项目管理者应考虑下列对项目质量有重要影响的概念：满足项目业主/客户和其他干系人的明确的和隐含的需要是最重要的；一个项目是按一系列规划好并相互关联的过程来实施的；项目

过程和产品的质量都必须满足项目的目标；项目管理者要负责为项目质量创建一个好的环境；项目管理者要负责持续改进项目实施的过程。该标准还规定：项目组织（包括项目业主/客户和项目实施组织）的管理者应相互合作，共同创建质量环境。创建这种环境的方法包括：建立组织机构开展项目质量管理以实现项目目标；收集和处理数据与有关事实并依据这些信息做出相关决策；开展项目实施绩效评估并将其结果用于质量管理；使项目的全体人员参与项目过程和提高项目产出物的质量；与承包商和其他组织建立互利关系；指定有能力的人员采用恰当的工具、技术、方法和实施惯例去实施、监测及控制项目过程，实施质量纠偏和预防措施以及质量改进过程。

为了实现项目目标，项目质量管理重点应放在项目过程的质量和项目产出物的质量两个方面。

ISO10006：2017标准规定：ISO9000系列标准描述了许多过程及与产品有关的质量管理惯例，如文档、审核和过程的控制方法，这些方法可以帮助实现项目目标。适用于项目过程的典型方法惯例见附录。所以实际上，项目质量管理的ISO10006：2017是ISO9000系列的一个部分，它大量借用ISO9000系列的方法和工具。例如：ISO10006：2017的附录A是"项目质量管理的惯例—引用ISO9000族标准"，它给出了适用于许多项目过程质量管理的方法和惯例，它指明了在ISO9000系列中的哪些章节可以找到更详细的信息。附录B"项目实施质量评价"给出了项目实施过程中质量控制方面的相应规定。现在已经有许多国家在贯彻这一标准，并且已经开始在推广ISO10006：2017的质量认证工作。我国也开始了这方面的探索和实践。当然，也有人对ISO10006：2017的内容和效果提出了一些疑义，甚至有人认为，如果将主要精力放在标准条款的套用上，那么使用这一标准可能还会具有负面的效果。

ISO10006：2017的主要内容与美国项目管理协会的项目管理知识体系是基本一致的，因为它主要是参考美国项目管理学会的项目管理知识体系指南（PMBOK）编制的，对此有许多项目管理专家认为ISO10006：2017中遗漏了许多东西。例如：ISO10006：2017中没有项目质量管理的标准程序、没有项目实施的质量控制标准程序，只有项目计划管理过程的要求和说明，这对于项目质量管理是十分不利的。ISO10006：2017这种缺少项目质量管理标准程序、方法和工具的问题是由于它参考美国项目管理学会的项目管理知识体系指南造成的，因为该指南中本身就缺少项目质量管理的具体方法和工具。当然，对于项目质量管理而言，对不同性质的项目和不同专业领域的项目会有不同的要求，所以很难确定统一的标准项目质量管理程序。另外，ISO10006：2017规定了一些项目质量管理工作，但是对于这些工作的具体描述却使用了大量的模糊语言。例如：ISO10006：2017规定，当一个项目活动涉及新的技术方法时应该给予特殊的关注。什么是特别关注？关注到什么程度？采用什么方法特别关注？究竟应该关注哪些问题和要素？如何特别关注项目的质量风险？
这些问题在 ISO10006：2017 文件中都没有正面回答和描述。"所有的非正式协议都
应正规地进行文档化处理"也很容易引起人们的误解，从而使人们错误地使用了这
一标准而导致项目质量管理的失败。因为这究竟是要表明，非正式的协议经过正规
的文档化处理是变成了正式协议呢，还是正式的协议不需要进行正规的文档化处理
呢？这些问题的确是 ISO10006：2017 中的一个不足之处，它可能给项目质量管理造
成一定的负面影响。但是，无论如何，ISO10006：2017 为项目质量管理和整个项目
管理提供了一些重要的原理和技术方法。

单元二　项目质量计划

一、项目质量计划的概念

项目质量计划是指确定项目应该达到的质量标准和如何达到这些质量标准的工
作计划与安排。项目质量管理的基本原则之一是：项目质量是通过质量计划的实施
和所开展的质量保障与控制活动达到的，而不是通过质量检查得到的。因此，项目
质量管理是从对项目质量的计划安排开始，通过实施项目质量计划和开展质量保障
与控制活动实现的。项目质量管理只有通过这些工作，才能努力控制、杜绝返工、
质量失败等消极后果的出现，最终使项目达到质量要求。

二、制订项目质量计划的前提条件

项目质量计划制订的前提条件是确定项目质量计划的依据和制订项目质量计划
所需的各种信息与文件，这主要包括 5 种信息和文件。

1. 项目质量方针

项目质量方针是项目实施组织和项目高级管理层规定的项目质量管理的大政方
针，是项目实施组织将如何实现项目质量的正式描述和表达，是项目实施组织对待
项目质量的指导思想和中心意图。任何一个项目实施组织都必须制定自己的项目质
量方针，因为它是制订项目质量计划的根本出发点。

在项目的定义与决策阶段，项目经理和管理者就应该准确地认识项目目标，并

根据项目最终要达成的目标，确定项目质量管理的总方针。在项目的计划与设计阶段，还需要进一步明确项目的各种目标和修订项目的质量方针，使项目质量目标和质量方针具体化。

从项目质量管理的角度来看，项目质量方针的主要内容包括 3 项内容。

（1）项目设计的质量方针。项目设计必须符合国家方针政策和现行设计规范；项目设计必须符合设计纲要（要求）的规定；项目设计必须符合实际，体现经济合理与技术先进的原则；项目设计必须充分发挥项目的社会、经济和环境效益。

（2）项目实施的质量方针。在项目实施阶段的质量方针主要有实行项目经理领导下的质量目标管理；在项目管理中，必须坚持质量第一的方针，实行全员的、全过程的质量管理；一般需要将国际标准化组织的标准作为项目质量保证的依据。

（3）项目完工交付的质量方针。在项目完结和交付阶段应该由项目团队全面检验项目的工作和项目产出物的质量，并对照项目产出物的质量是否达到了定义与决策阶段、计划与设计阶段所提出的项目目标和各种要求，得出结论后再将项目交付给项目业主/客户。

2. 项目范围的描述

项目范围的描述是指有关项目所涉及范围的说明，这包括项目目标的说明和项目任务范围的说明。它明确说明了为提交既定特色和功能的项目产出物而必须开展的工作和对于这些工作的要求，因此它同样是项目质量计划制订的主要依据之一。项目范围描述主要包含以下 4 点内容。

（1）项目的目的说明。这是指项目的根本使命和特定需求。在项目完成之后，将依据项目目的衡量一个项目的成功程度，评估项目的完成情况。

（2）项目目标说明。项目目标是指项目要实现的目的性指标。这既包括项目的总体目标，也包括项目的专项指标，如项目的成本、质量、工期等专项目标。

（3）项目产出物简要说明。这是指对于项目要提交产出物的特征、性能、要求等方面的简短而明确的描述，它是项目质量管理活动的基础性依据之一。

（4）项目成果说明。这是指项目产出物所包含的全部成果的概要清单，是对于项目产出物的"部件"的说明。它既包括对于项目有形产出物也包括对于项目无形产出物（过程或服务）的说明。

3. 项目产出物的描述

项目产出物的描述是指对于项目产出物的全面与详细的说明，这种说明既包括对于项目产出物的特性和功能的说明，也包括对于项目产出物有关技术细节的说明，以及其他可能影响项目质量计划制订的有关信息。项目产出物描述要比在项目范围描述中给出的项目产出物简要说明详细得多，因为这是一份专门对项目产出物进行说明和描述的文件，所以它更为详细和准确，而且有时还是项目合同规定的说明内容之一（当项目采用承发包或招投标的方式，使用承包商去实施时更是如此）。

4. 标准和规定

项目实施组织在制订项目质量计划时还必须充分考虑所有与项目质量相关的国家标准、行业标准、各种规范以及政府规定等。当项目所属专业领域暂时没有相关标准、规范以及规定时，项目实施组织应该组织有关人员根据项目的目的和目标制定项目的标准和规范。

5. 其他信息

其他信息是指除项目范围描述和项目产出物描述外，其他项目管理方面的要求以及与项目质量计划制订有关的信息，如有关项目工作分解结构、项目工期计划、项目成本计划等方面的信息。

三、项目质量计划的制订方法

项目质量计划的制订方法有许多，一般根据项目所属专业领域的不同而不同。最常用的项目质量计划制订方法有如下 4 种。

1. 成本 / 收益分析法

项目质量的成本 / 收益分析法也称经济质量法，是一种合理安排和计划项目的成本和收益，使项目的质量总成本相对最低，而质量收益相对最高的一种项目质量计划的方法。项目质量成本是指开展项目质量管理活动所需的开支，项目质量收益是指开展项目质量活动带来的好处。成本 / 收益分析法的实质是通过运用这种方法制订能够保障项目质量收益超过项目质量成本的项目质量管理计划。这种方法要求在制订项目质量计划时必须考虑项目质量的经济性。任何一个项目的质量管理都需要开展两个方面的工作：其一是项目质量的保障工作，这是防止有缺陷的项目产出物出现和形成的管理工作；其二是项目质量检验与质量恢复工作，这是通过检验发现质量问题，并采取各种方法恢复项目质量的工作。这两个方面的工作使项目质量成本产生了两种不同的成本：一种是项目质量保证成本，另一种是项目质量纠偏成本，二者的关系是项目质量保证成本越高，项目质量的纠偏成本就会越低，反之亦然。项目的质量收益是通过努力降低这两种质量成本而获得的收益。

2. 质量标杆法

质量标杆法源自标杆对照法，标杆对照法就是将本企业各项活动与从事该项活动最佳者进行比较，从而提出行动方法，以弥补自身的不足。在项目的质量管理中，管理者通常会采用标杆分析来规划质量，该方法被称为质量标杆法，它是将实际或规划中的项目实践与可比项目的实践进行对照，以便识别最佳实践，进而形成改进意见并为绩效考核提供基础，通过与可比项目特定方面最佳实践的比较，制定项目的质量标准。该方法既可以用于产品，也可以用于过程；既可以在组织内部实施，也可以在组织外部实施。

3. 流程图法

流程图法是用于表达一个项目的工作过程和项目不同部分之间关系的方法，通常也被用于分析和确定项目实施的过程和项目质量的形成过程，所以它也是制订项目质量计划的一种有效方法。一般的项目流程图包括：项目的系统流程图、项目的实施过程流程图、项目的作业过程流程图等。同时还有许多用于分析项目质量的图表，如帕累斯图、鱼骨图、X-R图等也属于使用流程图法编制项目质量计划的工具和技术。这些工具和技术从不同的侧面反映项目质量问题产生的各种原因，以及项目质量问题如何影响项目质量等方面的信息。通过对项目流程中可能发生的质量问题、质量问题的原因分析和归类，人们能够制订应对质量问题的对策和项目质量计划。同时，绘制项目流程图还有助于预测项目质量问题的发生环节，有助于分配项目质量管理的责任，有助于找出解决项目质量问题的措施，所以流程图法是一种绘制项目质量计划的非常有效的方法。在绘制流程图时要注意收集必要的信息和实际情况，要将所有的项目活动均考虑进去，尽量避免漏项，而且各个项目活动的时间顺序应合理。这种方法通常是参考其他类似项目使用过的或已绘制出的各种流程图，先绘制一个粗略的流程图，然后逐步细化，最终得到新项目的质量计划。

4. 实验设计法

实验设计法是一种在计划过程中使用的分析技术方法，它有助于识别在多种变量中何种变量对项目成果的影响最大，从而找出项目质量的关键影响因素以指导项目质量计划的制订。这种方法广泛用于寻找解决项目质量问题的措施与方法。

在一般项目的实施和科研活动中，为保证质量和降低成本，经常会遇到如何选择最优方案的问题。例如：怎样选择合适的配方、合理的工艺参数、最佳的生产条件，以及怎样安排核查方案能做到最节省成本。这一类问题在数学上称为最优化或称优选法。实验设计法是这类决策优化的方法之一，它特别适用于对于质量方案和质量管理方案的优化分析。常用的实验设计法有对分法、均分法和 0.618 法（又称黄金分割法）等。这些方法都可以用于制订科学研究、技术开发之类项目的质量计划。

四、项目质量计划的工作结果

项目质量计划的工作结果是生成一系列项目质量计划文件，主要包括以下 4 种。

1. 项目质量计划

项目质量计划是描述项目实施组织为实现其质量方针而形成的关于项目质量管理工作的计划与安排的文件。这一文件的内容包括实现项目质量目标所需的资源、质量保障的组织结构、质量管理的责任、质量管理的措施和方法等。在整个项目实现的过程中，项目质量计划是整个项目质量管理的指导性文件，所以项目质量计划是一份非常重要的项目质量管理文件，是项目质量计划制订工作最重要的结果之一。

2. 项目质量工作说明

项目质量工作说明是指对于项目质量管理工作的描述以及对于项目质量控制方法的具体说明。这一文件包括如何检验项目质量计划的执行情况，如何确定项目质量控制规定等内容。通常，这种文件是项目质量计划的辅助和支持文件，应该全面给出项目质量管理各方面的支持细节和具体说明，这包括执行项目质量计划中所要使用的具体方法、工具、图表、程序等各方面的规定和说明。

3. 质量核检清单

质量核检清单是一种结构化的质量管理工具，它可用于检查各个项目流程步骤的项目质量计划执行情况和质量控制的实际结果，它也是项目质量计划文件的组成部分之一。质量核检清单常见的形式是列出一系列需要检查核对的工作与对象的清单。质量核检清单通常由细化和转换工作分解结构得到。随着项目种类和所属专业领域的不同，质量核检清单的内容也会有很大差别，所以在项目质量计划制订中要根据具体项目所属专业领域和项目本身的特性，确定相应的质量核检清单。

4. 可用于其他管理的信息

项目质量计划的另外一个结果是给出了一系列可用于项目其他方面管理的信息，这主要是指在制订项目质量计划的过程中，通过分析与识别而获得的有关项目其他方面管理所需的信息，这些信息对于项目的集成管理和项目的其他专项管理都是非常有用的。

 **项目质量管理**

一、项目质量管理的概念与工作内容

项目质量管理，也称项目质量保证，但比质量保证范围更广，它是指在执行项目质量计划过程中，经常性地对整个项目质量计划执行情况所进行的评估、核查与改进等工作。这是一项确保项目质量计划能够得以执行和完成，使项目质量能够最终满足项目质量要求的系统性工作。项目质量管理既包括项目工作本身的内部质量管理，也包括为项目业主/客户和其他干系人提供的外部质量管理。

知识链接：质量保证

项目质量管理主要包括以下 6 个方面的工作。

1. 清晰的质量要求说明

没有明确要求达到的标准，项目实施组织就无法开展项目质量保证工作，就没有项目质量管理的方向和目标。对于项目来说，质量管理的首要工作是提出项目的质量要求，既包括清晰明确的对于项目最终产出物的质量要求，又包括对于项目中间产出物和项目过程的质量要求。这些项目产出物和过程既包括项目工作的里程碑，又包括项目活动所生成的可交付产品。项目产出物的质量要求越详细和具体，项目的质量保障也就越周密和可靠。

2. 科学可行的质量标准

项目质量管理工作还需要有科学可行的项目质量标准。项目质量管理需要进行科学可行的质量管理标准的设计，即根据以前的经验和各种行业质量标准设计出的适用于具体项目质量管理的项目产出物的质量标准。项目环境和一般运营企业的环境有很大差别，在项目环境中，许多工作都是一次性和不重复的，所以项目必须根据各种资料和信息，制定具体的、科学可行的质量标准，通过项目质量标准管理保障项目质量（因为很多项目没有返工和重做的改进机会），这是至关重要的一项工作。

3. 组织和完善项目质量体系

这是项目质量管理中的组织工作，这一工作的目标是要建立和健全一个项目质量保障体系的组织机构，并通过这一体系去开展项目质量管理的各项活动。在项目质量管理中，最为重要的工作之一是建立和健全项目的质量保障体系。项目质量保障体系是为实施项目质量管理所需的组织结构、工作程序、质量管理过程和质量管理各种资源构成的一个整体。一个项目实施组织只有建立了有效的质量管理体系，才能够全面地开展质量管理活动。质量保障体系是质量管理的基础。

4. 配备合格和必要的资源

在项目质量管理中需要使用各种各样的资源，这包括人力资源、物力资源和财力资源等。因此项目质量管理的另一项工作内容就是为项目质量管理配备合格和必要的资源。如果项目聘用的人员不熟悉项目的专业工作，无论是缺乏经验还是缺少培训，都会给项目的质量带来问题。同样，如果缺少足够的资金和必需的设备，项目质量管理人员就很难开展项目质量的保障和控制活动，这也会给项目质量带来问题。

5. 持续开展有计划的质量改进活动

项目质量管理是为了保证项目产出物能够满足质量要求，通过质量体系所开展的各种有计划和系统性的活动。项目质量管理的一项核心工作是持续改进质量。质量改进是为了向项目实施组织及项目业主/客户提供更多的利益，由项目实施组织所采取的旨在提高项目活动效益和效率的各种措施。实际上，项目质量改进是一种持续改进与完善的项目活动，包括对于项目产出物的持续改进和完善、对于项目作业与作业方法的持续改进和完善、对于项目管理活动的持续改进和完善。

6. 项目变更的全面控制

要开展项目质量管理和达到规定的项目质量标准，就必须开展对于项目变更的全面控制。这并不是说所有的项目的变更都必须避免和消除，因为有些项目变更是为提高项目质量服务的，是为更好地满足项目业主/客户的需求服务的，这种项目变更对于项目质量管理而言是可取的。但是有些项目变更却会严重影响项目质量。例如：项目范围的缩小、项目资源的降级替代、项目预算的削减、项目工期的缩短等，都会对项目质量产生不利的影响。一般对于项目每个变更都需要仔细审查其目的，仔细分析它对项目质量的影响，仔细设计相应的质量保障对策，所有这些工作都属于项目质量管理的重要领域。

二、项目质量管理的依据与方法、工具

1. 项目质量管理的依据

（1）项目质量计划。这是项目质量计划工作的结果，是有关项目质量保证工作

的目标、任务和要求的说明文件，它是项目管理工作最根本的依据。

（2）项目实际质量的度量结果。项目实际质量的度量结果是有关项目质量管理和控制工作情况绩效的度量和评价结果，是一种给出项目实际质量情况和相应的事实分析与评价的报告。

（3）项目质量工作说明。项目质量工作说明是对于项目质量管理具体工作的描述，以及对于项目质量保证与控制方法的说明。

2. 项目质量管理的方法、工具

（1）质量核查方法。质量核查方法是用于质量管理的一种结构化审核方法。质量核查的目标是找出问题，从而开展项目质量的改进与提高。项目质量核查既可以定期进行，也可以随机抽查；既可以由项目实施组织内部人员实施核查，也可以由第三方或专业机构完成，然后将结果通知项目实施组织，以便开展项目质量的持续改进和提高工作。项目质量核查方法主要用于对项目所用材料、半成品和配件的质量核查；对项目各项工作质量的核查；对项目最终或中间产出物的质量核查；对项目质量控制方法和工作的核查；对项目各种管理与技术文件的核查；等等。

（2）质量改进与提高的方法。项目质量改进与提高的方法可以用于提高项目的效益和效果，给项目实施组织和项目业主/客户带来更多的收益。项目质量改进与提高的方法包括项目质量改进建议和质量改进行动两个方面的方法。项目质量改进建议的方法是一种通过要求和倡导项目团队成员提出项目质量改进的建议，从而更好地保障项目质量的方法。一般的项目质量改进建议至少应包括：目前存在的项目质量问题及其所造成的后果；发生项目质量问题的原因分析；进行项目质量改进的目标；进行项目质量改进的方法和步骤；进行项目质量改进所需的资源；项目质量改进成果的确认方法；等等。项目质量改进与提高的方法多数是根据项目质量改进建议确定具体的工作方法。这种方法的原理与一般运营管理的全面质量管理中的质量小组活动方法的原理是一致的。

 **项目质量控制**

一、项目质量控制的概念

项目质量控制是指对于项目质量实施情况的监督和管理。这项工作的主要内容

知识链接：质量
控制

包括项目质量实际情况的度量，项目质量实际与项目质量标准的比较，项目质量误差与问题的确认，项目质量问题的原因分析和采取纠偏措施以消除项目质量差距与问题等一系列活动。这类项目质量管理活动是一项贯穿项目全过程的项目质量管理工作。

项目质量管理与项目质量控制概念的最大区别在于：项目质量管理是一种从项目质量管理组织、程序、方法和资源等方面为项目质量保驾护航的工作，而项目质量控制是直接对项目质量进行把关和纠偏的工作；项目质量管理是一种预防性、提高性和保障性的质量管理活动，而项目质量控制是一种过程性、纠偏性和把关性的质量管理活动。虽然项目质量控制也有项目质量的事前控制、事中控制和事后控制，但是项目质量的事前控制主要是对于项目质量影响因素的控制，而不是从质量管理的角度所开展的各种保障活动。当然，项目质量管理和项目质量控制的目标是一致的，都是确保项目质量能够满足项目实施组织和项目业主/客户的需求，所以在项目开展的工作和活动方面，二者目标一致，且有交叉和重叠，只是管理方法和工作方式不同而已。

二、项目质量控制的依据与方法、工具

1. 项目质量控制的依据

有一些项目质量控制的依据与项目质量管理的依据是相同的，有一些是不同的。

（1）项目质量计划。这与项目质量管理是一样的，这是在项目质量计划制订中所生成的计划文件。

（2）项目质量工作说明。这也与项目质量管理的依据是相同的，同样是在项目质量计划制订中所生成的工作文件。

（3）项目质量控制标准与要求。这是根据项目质量计划和项目质量工作说明，通过分析和设计而生成的项目质量控制的具体标准。项目质量目标、计划与项目质量控制标准是不同的，项目质量目标、计划给出的都是项目质量的最终要求，而项目质量控制标准是根据最终要求所制定的控制参数。通常这些项目质量控制参数要比项目目标、计划更为精确、严格和具有操作性，因为如果不能更精确与严格就会使项目质量处于失控状态，就会经常采用项目质量恢复措施，从而产生较高的项目质量成本。

（4）项目质量的实际结果。项目质量的实际结果包括项目实施的中间结果和项目的最终结果，同时还包括项目工作本身的好坏。项目质量实际结果的信息也是项目质量控制的重要依据，因为有了这类信息，人们才可能将项目质量实际情况与项目的质量要求和控制标准进行对照，发现项目质量问题，并采取项目质量纠偏措施，使项目

质量保持在受控状态。

2. 项目质量控制的方法、工具

项目质量控制的方法、工具与一般运营管理的质量控制方法、工具在许多方面是相同的。

（1）核检清单法。核检清单是项目质量控制中的一种独特的结构化质量控制方法。这种方法主要是使用一份列有用于检查项目各个流程、各项活动和各个活动步骤中所需核对和检查的科目与任务的清单，并对照这一清单，按照规定的核检事件和核检频率检查项目的实施情况，并对照清单中给出的工作质量标准要求，确定项目质量是否失控、是否出现系统误差、是否需要采取纠偏措施，最终给出相关核查结果和相应的对策措施决策。

（2）质量检验法。质量检验法既可以在项目的任何阶段上使用，如检验项目的单个活动或检验项目的最终产品；也可以对项目的各方面工作使用，如对于项目工作质量的检验、对于项目资源质量的检验、对于项目产出物质量的检验等。其中，对于项目工作和项目产出物的质量检验法又可分为自检（自己不断检验工作和工作结果的方法）、互检（团队成员相互检验工作和工作结果的方法）和专检（专门质量检验和监督人员检验工作和工作结果的方法）。对于任何一个项目活动而言，在必需的检验及必要的检验文件未完成之前，和项目阶段成果未取得认可、接收或批准之前，一般不应该开展后续工作。项目的质量检验要求每次严格记录检验结果，由合格人员进行评定并决定接受与否。因为项目是不可重复的一次性工作，如果不能按照这种检验方法去做，不但会造成各种责任纠纷，而且会出现由于项目某个中间环节存在质量问题而使整个项目最终结果全部报废的严重后果。

（3）控制图法。控制图是用于开展项目质量控制的一种图示。控制图法给出关于控制界限、实际结果、实施过程的图示描述。它可用来确认项目过程是否处于受控状态。图中上/下控制线表示变化的最终限度，当几个设定间隔内发生连续同一方向的变化时就应分析和确认项目是否存在系统误差并处于失控状态。当确认项目过程处于失控状态时就必须采取纠偏措施，调整和改进项目过程使项目过程回到受控状态。控制图法是建立在统计质量管理方法基础之上的，它利用有效数据建立控制界限，如果项目过程不受异常原因影响，从项目运行中观察得到的数据将不会超出这一界限。控制图的实例如图 8-1 所示。

（4）帕累斯图法。帕累斯图又称排列图，它将有关质量问题的要素进行分类，从而找出重要的少数（A类）、次要的多数（C类）和介于A类、C类之间的B类，以便对这些要素采取 ABC 分类管理。这种图表的具体做法和结果如图 8-2 所示。图

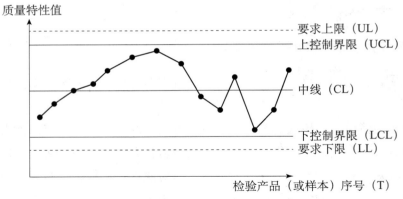

图 8-1 控制图

中有两条纵轴，左边表示频数，右边表示频率，二者是等高的。图中横轴以均匀等分的宽度表示质量要素（或质量影响因素），需要标明序号和要素名。按质量要素等分宽度，沿纵轴画出表示各要素的频数和频率的矩形图。整体来看各矩形代表的频数和频率，得到排列图，并从中找出重要的少数和次要的多数，划分出 A、B、C 三类要素，以便对项目质量实现 ABC 分类管理。

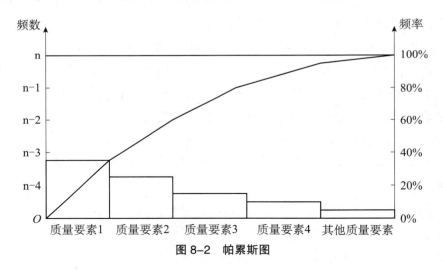

图 8-2 帕累斯图

（5）统计样本法。统计样本法是指选择一定数量的样本，通过检验样本得到的统计数据推断总体的质量情况，以获得项目质量的信息和开展项目质量控制的方法。这种方法适用于大批量生产项目的质量控制，因为样本比总体减少许多，所以可以降低质量控制的成本。统计样本法在一般运营的质量管理中广泛使用，在项目质量控制中也是最重要的方法之一。当然，由于项目具有一次性、独特性等特性，这种方法在某些项目中使用得不多。

（6）流程图法。流程图法的原理和内容在前面已经做了介绍。流程图法在项目质量管理中是一种非常有用和经常使用的质量控制方法，这是由项目质量的过程性所决定的。这种方法主要用于在项目质量控制中，分析项目质量问题发生在项目流程中的哪个环节，造成这些质量问题的原因和这些质量问题发展和形成的过程。

（7）趋势分析法。趋势分析法是一种使用各种预测分析技术来预测项目质量未来发展趋势和结果的质量控制方法。使用这种质量控制方法所开展的预测都是基于项目前期历史数据做出的。趋势分析常用于项目质量的监控。这种方法的原理是统计分析和预测的原理，包括回归分析、相关分析、趋势外推分析等。

三、项目质量控制的工作结果

项目质量控制的工作结果是质量管理工作和项目质量控制所形成的综合结果，是项目质量管理全部工作的综合结果。

1. 项目质量的改进

项目质量的改进是指通过项目质量管理与控制所带来的项目质量的提高。项目质量的改进是项目质量管理和控制工作共同作用的结果，也是项目质量控制最为重要的结果之一。

2. 对于项目质量的接受

对于项目质量的接受包括两个方面，其一是指项目质量控制人员根据项目质量标准对已完成的项目结果进行检验后对该项结果所做出的接受和认可的决定，其二是指项目业主/客户或其代理人根据项目总体质量标准对已完成项目工作结果进行检验后做出的接受和认可的决定。一旦做出了接受项目质量的决定，就表示一项项目工作或一个项目已经完成并达到了项目质量要求，如果做出不接受的决定就应要求项目返工和恢复并达到项目质量要求。

3. 返工

返工是指在项目质量控制中发现某项工作存在质量问题并且其工作结果无法接受时，所采取的将有缺陷或不符合要求的项目工作结果重新变为符合质量要求的一种工作。返工既是项目质量控制的一个结果，也是项目质量控制的一种工作和方法。返工的原因一般有3个，其一是项目质量计划考虑不周，其二是项目质量管理不力，其三是出现意外变故。返工所带来的不良后果也有3个，其一是延误项目进度，其二是增加项目成本，其三是影响项目形象。有时重大或多次的项目返工会导致整个项目成本突破预算，并且无法在批准工期内完成项目工作。在项目质量管理中，返工是最严重的质量后果之一，项目团队应尽力避免返工。

4. 核检清单

这也是项目质量控制工作的一种结果。当使用核检清单开展项目质量控制时，已经完成了核检工作的清单是项目质量控制报告的一部分。这一项目质量控制工作的结果通常可以作为历史信息使用，以便对下一步项目质量控制所作的调整和改进提供依据和信息。

5. 项目调整和变更

项目调整和变更是项目质量控制的一种阶段性和整体性的结果。它是指根据项目质量控制的结果和面临的问题（一般是比较严重的，或事关全局的项目质量问题），或是根据项目干系人提出的项目质量变更请求，对整个项目的过程或活动所采取的调整、变更和纠偏行动。在某些情况下，项目调整和变更是不可避免的。

📋 同步案例

某系统集成商 A 公司承担了某科研机构的信息系统集成项目，建设内容包括软硬件系统的集成等工作。

在项目建设过程中，由于建设单位欲申报科技先进单位，因此在合同签订后 30 天内，建设单位向 A 公司提出总工期不变同时增加部分功能的要求。

由于此客户为 A 公司的重要客户，因此为维护客户关系，A 公司承担了项目建设任务。A 公司将应用软件分成多个子系统，并分别组织开发团队突击开发。为提高效率，开发团队尽量采用并行的工作方式，在没有全面完成初设计的情况下，有些开发团队同时开始详细设计与部分编码工作；同时，A 公司还新招聘了 6 名应届毕业生加入开发团队。

在项目建设过程中，建设单位由于面对多个开发小组，因此觉得沟通起来很麻烦，产生了很多抱怨；虽然 A 公司采取了多种措施来满足项目工期不变和新增功能的要求，但项目还是频繁出现设计的调整和编码工作返工的情况，导致项目建设没有在约定的 6 个月工期内完成；同时在试运行期间，系统出现运行不稳定和数据不一致的情况，直接影响建设单位科技先进单位的申报工作；建设单位对 A 公司按合同规定提出的阶段验收申请不予回应。

【问题 1】简要分析 A 公司没有按期保质保量完成本项目的原因。

【问题 2】结合本案例所述项目工期的调整，简述 A 公司应按照何种程序进行变更管理。

【问题 3】A 公司重新任命王工为该项目的项目经理，负责项目的后续工作。请指出王工应采取哪些措施使项目能够进入验收阶段。

课后习题

一、单选题

1. 以下选项错误的是（　　　　）。

    A. 朱兰认为，质量就是产品的适用性，即产品在使用的时候能够满足客户需要的程度

    B. 质量是反映实体（产品、过程或活动等）满足明确和隐含的需求能力和特性的总和

    C. 内在质量特性主要是指产品的性能、特性、强度等方面的质量特性

    D. 外在质量特性主要是指产品外形、包装、色泽、味道等方面的特性

2. 全面质量管理的核心思想不包括（　　　）。

    A. 全员性　　　　　B. 全过程性　　　　　C. 全要素性　　　　　D. 全质量性

3. 戴明循环即 PDCA 循环中的 D 的含义是（　　　　）。

    A. 计划　　　　　B. 执行　　　　　C. 检查　　　　　D. 处理

4. 制订项目质量计划的前提条件不包括（　　　　）。

    A. 项目质量方针　　　　　　　　B. 项目范围的描述

    C. 项目产出物的描述　　　　　　D. 质量管理报告

5. 某企业针对实施失败的系统集成项目进行分析，计划优先解决几个引起缺陷最多的问题。该企业最可能使用（　　　　）法进行分析。

    A. 控制图　　　　　B. 鱼刺图　　　　　C. 帕累斯图　　　　　D. 流程图

二、简答题

1. 简述制订项目质量计划的方法。

2. 简述控制图法的控制原理。

3. 简述帕累斯图法的基本思想。

4. 简述项目质量控制工作结果的主要内容。

5. 简述项目质量管理的主要工作。

模块九　项目的资源管理

学习目标

◆ 知识目标

1. 理解项目资源管理的相关概念
2. 理解项目团队建设的相关内容

◆ 技能目标

掌握项目人员的获得与配备方法

◆ 素质目标

树立职业道德观，具备诚实守信的职业形象，掌握灵活的人际交往技巧，具有良好的情绪调适意识和解决冲突的技巧

案例导入

大王公司拥有800多名员工，近两年因业务快速发展，人员急剧增加，人力资源负责人樊某越来越觉得公司需要一套人力资源管理系统。樊某向大王公司总经理反映了这种需求，并主持了相关部门的联席会议，专门讨论此问题。该会议最终决定满足此需求，其所需资金由总经理基金支持，由人力资源部提出解决方案。

信息中心主任乐某接到这个任务后，认为大王公司的信息中心为公司开发过部门级市场营销管理系统，并把该系统集成到了公司的MRPⅡ系统，有较强的开发能力，而且信息中心比较了解公司的人力资源管理需求，因此他决定采用自主开发人力资源管理项目实施方案，并亲自担任该项目的项目经理。

信息中心的日常工作除维护现有系统之外，还在开发其他项目。随着人力资源管理系统项目的开展，信息中心员工纷纷抱怨压力太大，进度拖延，最后信息中心的其他业务也受到该项目影响，无奈乐某只得申请暂停项目。

【问题1】你认为人力资源管理系统项目暂停的主要原因是什么？

【问题2】为了继续完成人力资源管理系统的开发，需要对该项目实施整体变更，而实施方案的调整是变更的重要内容。针对案例中大王公司人力资源部关于建立人力资源管理系统的需求，为获得这种系统，有哪几种方案可供选择？结合大王公司现状，简要分析每种方案分别有哪些优缺点。

【问题3】针对本案例，请你制作一份项目实施方案并给出相应理由。

项目资源管理概述

项目资源管理（Project Resource Management）是指为了降低项目成本，而对项目所需的人力、材料、机械、技术、资金等资源所进行的计划、组织、指挥、协调和控制等活动。项目资源管理的全过程包括项目资源的计划、配置、控制和处置。天时、地利、人和一直被认为是成功的三大因素。其中，"人和"是主观因素，就显得更为重要。在项目管理中，"人"的因素也极为重要，因为项目中所有活动均是由人来完成的。如何充分发挥"人"的作用，对于项目的成败至关重要。项目资源管理中所涉及的主要内容就是人力资源管理，即如何发挥"人"的作用。

一、人力资源与人力资源管理

人力资源管理是从传统的人事管理发展起来的，但是它与传统的人事管理有着本质的区别。20世纪70年代以前，人们采用人事管理。现代项目管理中的人力资源管理与近年来不断发展的人力资源管理在原理和方法上基本是一致的。

知识链接：人力资源管理

1. 人力资源的概念

经济学把可以投入到生产过程中创造财富的东西统称为资源，并且认为资源的最大特性是它的稀缺性，只有稀缺的东西才能称为资源。人力资源管理将人力看成一种资源，首先肯定了人力作为资源创造财富的本性，同时表明人力这种资源的稀缺性。在学术界，虽然人们对人力资源的定义存在不同的认识和看法，但是将人力作为一种资源来看的观点是一致的。特别是近年来，人们不但将人力看作资源，而且将之看作最重要的资源，是各种资源之本。

2. 人力资源的基本特性

与土地、矿产、森林等自然资源相比，人力资源是最活跃、最具有能动作用、最为重要的一种资源，是人类社会经济领域中最为关键的资源要素。这种资源的基本特性有能动性、再生性、智能性、社会性。

（1）能动性。人力资源的能动性主要表现在：自我学习（人可以通过教育和培训以及从自己和他人的经验中学习，从而不断提高和完善自我，以使人力资源不断增值）、自我激励（人在得到重视、表彰、尊重和自我实现等情况下能够获得很大的激励，从而能够释放更大的能力和价值）、主观意识（人有主观意识，而且其行为受主观意识的支配，通过改变人的主观意识可以改变人的行为，从而使人力资源发挥最大的作用）。

（2）再生性。人力资源具有再生性，这种再生性是基于人口的再生产和劳动力的再生产而形成的。人力资源是不断地在"劳动力消耗—劳动力生产—劳动力再消耗—劳动力再生产"这样的过程中实现再生的。但是，人力资源的再生性不同于一般生物资源的再生性，因为它在不断再生的过程中享用、继承和发扬前人的知识、物资和精神财富，所以能够以一定的速度不断地进化和提高自身的能力，增加这种资源的价值。

（3）智能性。人在体力和脑力劳动过程中能够不断地开发智力和各种能力，能够采用创造机器和工具的方法，将各种知识、方法、技术、手艺和本领以活化和物化的方式见于世，从而将自己从繁重的体力和脑力劳动中解放出来，以使自己能够专门从事创造性的劳动，并且通过使用工具和设备使人力资源的能力和作用大大提高。这种智能性是人力资源与其他资源的最根本的区别。

（4）社会性。人力资源的社会性包括两个方面，其一是指人们需要通过构成社会而发挥人力资源的最大经济效益，其二是指人本身具有很多社会性需求。从社会经济活动的角度看，人的劳动是社会化的，不同的人分别处于不同的集体中，完成不同的社会分工所赋予的职责和作用，因此人力资源的配置在很大程度上会直接影响一个企业、一个地区或一个国家的整个社会与经济的发展。同时，人的各种社会需求（包括社交、尊重等）也直接影响人力资源的配置和使用。

3. 人力资源管理的形成与发展

人力资源管理是随着企业管理理论的发展而逐步形成的，它的形成与发展经过如下 3 个阶段。

（1）科学管理阶段的人事管理。19 世纪末到 20 世纪初被称为人事管理的科学管理阶段，在这一阶段提出的主要理论包括劳资双方合作的理论（劳资双方通过在劳动和利润分配方面的合作使双方获益）、工作定额管理与控制理论（包括研究制定标准操作方法，对员工进行标准操作方法训练，据此制定工作定额，并依据定额完成情况进行分配）、计件工资制（实施有差别和奖励刺激的计件工资制度）。

知识链接：人事管理

（2）行为科学阶段的人事管理。随着社会和科学技术的发展，人们对社会生活的要求日渐提高。不关心员工需求而只把员工看成工具的人事管理方法遭到劳动者的普遍反对。20 世纪 20 年代出现的人际关系学派（后来改称行为科学学派）从心理学、社会学的角度研究了人事管理问题。该学派重视社会环境和人员相互关系以及如何利用这些关系提高工作效率的研究。该学派提出的人事管理理论主要有人事管理应该更重视人际关系方面的管理，人事管理应该更注意关心人、培养人和满足人们不同的需求，一个组织应采用集体报酬和奖励制度并提倡在不同程度上使员工和下级能够参与企业决策和管理工作。

（3）从人事管理到人力资源管理。在此阶段，人们已经认识到人力作为一种战略性资源的重要性；已经认识到必须改革人事管理方式，将人力看成一种可开发和利用的资源去管理、开发和使用；并且认识到在一切资源中，人力资源是最为重要的战略资源。从此人力资源管理的理论与方法不断地发展和深入，现在人们已经将人力作为一切资源之本，是企业赚取利润和获得发展的战略资本，是企业创造收入和进行利润分配的资本。人力资源管理已经发展到了一个以人为本的崭新阶段。

4. 人力资源管理与人事管理的主要区别

人事管理与人力资源管理有很大的差异，主要表现在管理观念不同（人事管理把员工视作劳动力，人力资源管理把员工视作一种为实现组织战略目标服务的战略资源）、管理范围不同（人事管理主要从事员工的选拔、使用、考核、晋升、调动等有关人事的管理，人力资源管理则注重人力资源的配置、开发、使用和管理）、管理的作用不同（人事管理主要负责生产效率的提高和工作条件的改善，人力资源管理更重视人力资源评价、需求预测、人力资源规划和开发）、管理的方法不同（人事管理基本上是按照一种割裂的方式去分别管理组织的人事工作，人力资源管理是按照系统管理方法去管理组织的全部人力资源事务）。

二、项目人力资源管理

项目人力资源管理是指对项目的人力资源所开展的规划、开发、合理配置、准确评估、适当激励、团队建设、资源能力提高等方面的管理工作。这种管理的根本目的是充分发挥项目实施组织各方面的主观能动性，以实现既定的项目目标和提高项目效益。

1. 项目人力资源管理的内容

项目人力资源管理的内容与一般生产运营组织人力资源管理的内容有一致和不一致的地方。项目人力资源管理的内容包括项目实施组织规划、项目人员的获得与配备、项目实施组织成员的开发、项目团队建设。

（1）项目实施组织规划。项目人力资源管理的首要任务是项目实施组织规划。项目实施组织规划是项目整体人力资源的计划和安排，是按照项目目标通过分析和预测给出项目人力资源在数量上、质量上的明确要求、具体安排和打算。项目实施组织规划包括：项目实施组织设计、项目实施组织职务与岗位分析和项目实施组织工作的设计。其中，项目实施组织设计主要是根据一个项目的具体任务需要，设计项目实施组织的结构；项目实施组织职务与岗位分析是通过分析和研究确定项目实施与管理特定职务或岗位的责权利和三者的关系；项目实施组织工作的设计是为了有效地实现项目目标而对各职务和岗位的工作内容、职能和关系等方面进行设计。

（2）项目人员的获得与配备。项目人力资源管理的第二项任务是项目人员的获得与配备。项目实施组织通过招聘或其他方式获得项目所需人力资源并根据所获人力资源的技能、素质、经验、知识等进行工作安排和配备，从而构建一个项目实施组织或项目团队。项目人员的获得方式主要有两种：其一是内部招聘，这是采取工作调换或其他方式在项目实施组织内部获得项目所需的人员的方式；其二是外部招聘，这是通过广告和各种媒体宣传、人才市场和上网招聘等方式，从项目实施组织外部获得项目所需的人员的方式。由于项目的一次性和项目团队的临时性，项目实施组织的人员获得与配备和其他组织的人员获得与配备是不同的。

（3）项目实施组织成员的开发。项目人力资源管理的另一项主要任务是项目实施组织成员的开发和项目团队的建设。项目实施组织成员的开发包括项目人员的培训、项目人员的绩效考评、项目人员的激励等。这一工作的目的是使项目人员的能力得到充分开发和发挥。

（4）项目团队建设。项目团队建设主要包括项目团队精神建设、团队效率提高、团队工作纠纷、冲突的处理和解决，以及项目团队沟通和协调等。项目人力资源管理的这项工作是贯穿整个项目全过程的一项日常的人力资源管理工作，它需要针对具体的项目、具体的项目团队、具体的团队成员开展实际有效的管理工作。

项目人力资源管理工作的核心内容可以用图 9-1 进行说明。

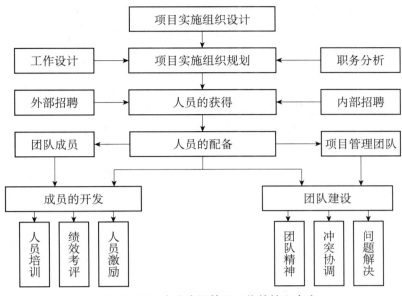

图 9-1 项目人力资源管理工作的核心内容

2. 项目人力资源管理的特性

项目实施组织是一个十分特殊的组织,它有自己特定的组织形式和要求。在完成项目任务的过程中,项目实施组织全体成员要通力协作。通常,项目实施组织以项目团队为最基本的形式。项目团队具有一些独立的特性,这造成了项目人力资源管理与一般人力资源管理不同。要了解项目人力资源管理的特性,首先需要了解项目团队的特性。

(1)团队性。项目工作是以一种团队合作的形式完成的,项目团队的工作是全体成员为实现项目目标而同心协力、协调一致、共同努力完成的。项目工作的绩效很大程度上取决于项目团队所具有的团队精神和团队合作的工作与管理模式。

(2)临时性。项目工作是一次性的,项目团队在项目完成以后就会解散。一般项目完成后项目团队即告解散,项目团队成员会重新回到原来的工作岗位或者组成新的项目团队去从事新的项目。

(3)渐进性。一个项目从立项到实施、完成,项目团队成员是逐渐进入项目团队并开展工作的,而不是同一天所有成员都到齐后才开展工作的。同样,随着项目的实施,那些已经完成自己任务的成员是分期退出项目团队的。所以项目团队还有渐进性这一特性。

3. 项目人力资源管理与一般运营管理中的人力资源管理的不同

项目团队的特性使得项目人力资源管理与一般运营管理中的人力资源管理具有

很大的不同。这主要表现在以下两个方面。

（1）项目人力资源管理强调团队建设。在项目人力资源管理中，建设一个和谐、士气高昂的项目团队是首要任务。因为项目工作是以团队的方式完成的，所以项目团队建设是项目人力资源管理的一个首要任务。项目人力资源管理中的组织规划与设计、人员配备、人员开发都应该充分考虑项目团队建设的需要。当然，在项目经理确定、项目团队成员的挑选、项目绩效评价、员工激励方法选用等各方面也都要考虑项目团队建设的需要。

（2）项目人力资源管理强调高效快捷。由于项目团队是一种临时性的组织，所以在项目人力资源管理中十分强调管理的高效和快捷。除了一些大型和时间较长的项目，一般项目团队的存续时间相对于运营组织而言是很短的，所以必须在项目团队建设和人员开发方面采取高效快捷的方式方法，否则很难充分发挥项目人力资源管理的作用。无论是项目人员培训与项目人员激励，还是项目团队建设与问题解决，都需要采用高效快捷的方法去完成。

单元二　项目人员的获得与配备

项目人员的获得是指项目人员的招聘工作，这是项目人力资源管理工作中非常重要的一项工作。这项工作关系到项目的成败和项目实施组织的兴衰，如果这项工作做得不好，无论后续项目人力资源管理工作如何完善，都将无济于事。项目人员获得的主要目标是要确保项目实施组织能够获得所需的人力资源。一个项目实施组织要想生存并完成项目，就必须选拔和获取合格的人力资源去担负相应的项目工作，因为没有合格的人力资源，项目目标就无法实现。同时，项目实施组织还必须赋予项目团队成员合适的工作，实现项目人员配备的科学与合理，确保团队成员与团队工作相匹配、团队成员与项目实施组织相匹配。

一、人员招聘

1. 人员招聘的基本内容与程序

人员招聘是项目人力资源管理的一个重要环节，其主要任务是采取内部和外部招聘的方式，运用各种各样的方法和手段使项目实施组织获得足够的、高质量的人力资源。项目实施组织需要采用各种方法吸引内部和外部更多的人来应聘，以便使项目实施组织有更大的选择余地，否则会出现因内部和外部应聘人员过少而降低录用标准，或者根本就无法获得足够的人力资源的情况。同时在招聘过程中还要使应聘者更好地了解项目实施组织，减少盲目加入项目实施组织而后又离职的情况发生。项目实施组织人员招聘的主要工作内容和程序如下：

（1）招聘计划的制订与审批。招聘计划是整个招聘工作的依据，制订招聘计划的目的在于使项目实施组织的招聘工作合理化和科学化。项目实施组织的招聘计划是根据项目实施组织规划与设计中所确定的职务和岗位，以及项目各个职务或岗位的任职说明书等信息制订的。项目实施组织需要根据整个组织规划与设计的人力资源需要，从数量、质量和时间等方面制订详细的人力资源招聘计划。

（2）招聘信息的发布。人力资源部门根据制订的人力资源招聘计划的要求、项目实施组织所处的内部和外部环境与条件，选择和确定发布招聘信息的时间、方式、渠道与范围。招聘方式、招聘的职务和岗位、每次招聘的数量和时间、招聘对象的来源与水平以及人员到位时间和招聘预算的不同，招聘信息的发布时间、方式、渠道与范围也不同。项目实施组织的多数人员是通过内部招聘或调配的方式获得的，项目实施组织有时也需要从外部招聘人员。

（3）应聘者提出申请。内部或外部的应聘者在获得招聘信息后，可向项目实施组织的招聘机构提出应聘申请。这种申请多数是书面的。应聘的主要资料包括应聘申请表、个人简历、各种学历、技能和成果证明（证明自己的知识水平、能力水平和所取得的成就）、各种身份证明（包括身份证、以前的聘书等）。

（4）人员选拔。人员选拔对项目实施组织来说是至关重要的，因为项目实施组织的生命周期相对较短，一旦招聘的人员存在问题或不能胜任工作，就会使整个项目的工作受到影响，而且项目实施组织一般较少有机会去改正人员选拔的问题。这就意味着在招聘人员时，项目实施组织必须进行严格的人员选拔。通过人员选拔对应聘者进行辨别和甄选，挑出能力、知识和经验都符合项目招聘计划，同时又愿意为项目实施组织工作的优秀人才。

（5）人员录用。人员录用是整个人员招聘工作的最后一步，这项工作的全过程包括项目实施组织与选拔出的应聘者首先要签订试用合同，然后安排录用的人员上岗试用，在试用到期并经评估合格后，即可签订合同并正式录用了。对于项目实施组织而言，特别是那些短、平、快的项目，有时是没有试用阶段的，而是直接正式录用。

2. 人员招聘的方式

根据招聘对象来源的不同，项目实施组织的人员招聘可以分为内部招聘与外部招聘两各种方式，这两种招聘方式所采取的人员招聘方法是不同的。

（1）内部招聘。内部招聘是从项目实施组织或团体的内部人员中招聘项目实施组织所需的人力资源的一种招聘方式。这种方式可以为组织现有员工提供发展的机会，从而调动公司内部员工的积极性。同时，与外部招聘相比，内部招聘也可以节约大量的费用，省去许多不必要的培训。由于项目实施组织对内部人员有充分的了解，因此内部招聘能够保证人员招聘的质量。

内部招聘的主要方法有 3 种：其一是从组织内部提拔一些合适人员做项目经理和管理人员（因为通过提拔获得的项目经理和管理人员对企业或项目实施组织的情况更为了解，对项目工作环境适应得比较快）；其二是从组织内部人员中调配一部分人去做项目管理或实施工作（这些人的职务、岗位、级别不变，只是从原有的工作岗位变动到项目团队的某个工作岗位、职务上）；其三是内部人员的重新聘用（在内部招聘中，被录用人员与原部门解除聘约，然后与项目实施组织签署聘用合约），这是一种介于内部和外部招聘之间的做法，人的来源虽然是内部的，但聘用合同方式与外部招聘相似。

内部招聘的方式也有许多，主要有 3 种：其一是内部公告的方式（在确定了项目实施组织所需职务和岗位的性质、责任及要求等条件后，在公司或组织一切可以利用的墙报、布告栏、内部刊物上公告，尽可能使公司或组织的全体成员都能获得项目招聘信息，以便参加应聘）；其二是推荐的方式（根据项目实施组织的人力资源招聘计划，由企业或组织内部的单位和员工推荐其熟悉的合适人员，供项目实施组织的人力资源部门进行选择和聘用）；其三是查阅档案＋面谈的方式（根据员工档案资料，了解员工的教育、培训、经验、技能等方面的信息，并从中寻找合适的招聘人选，然后可以通过面谈的方式，在招聘双方同意的基础上获得所需的人力资源）。

（2）外部招聘。外部招聘是指从项目实施组织所在公司或组织以外招聘项目实施组织所需人力资源。这种方式与内部招聘相比，虽然需要花费较多的费用，但是人员选择的范围要比内部招聘广许多，而且采用这种方式招聘的人员能够给项目实施组织带来许多创新思想。通过外部招聘还可以获得许多公司或组织内部没有的特殊人才。

外部招聘的主要方式有 3 种。其一是广告招聘（通过各种媒介向社会广泛告知项目招聘人员的信息，使应聘者知情并应聘的方法），这种方式的特点是范围广、速度快、应聘人员数量大、项目实施组织选择的余地大。这种招聘广告的基本内容应包括项目实施组织的基本情况，招聘的职位、数量和条件，招聘范围，薪资和待遇，报名时间、地点、方式及所需资料，其他有关注意事项。其二是通过就业中介机构招聘（通过一些人才交流中心、职业介绍所等中介机构，获得项目实施组织所需人力资源的方式）。就业中介机构承担双重的角色，既为项目实施组织择人，也为前去求职的人择业。项目实施组织使用这种方法主要是为了获得大量的熟练工和短期聘用人员。其三是信息网络招聘（通过信息网络传播项目实施组织招聘的信息，并且通过网络获得应聘者的各种信息），使用这种方式传播招聘信息范围广、速度快、成本低，不受地域限制，现在已经获得了企业或组织的广泛采用。

二、人员选拔

人员选拔是指对应聘者的资格审查和挑选。项目实施组织的人力资源部门需要采用初选、面试、笔试、体检、个人资料核实等方法选拔和筛选合格的人员，以供项目实施组织聘用。人员选拔是人员招聘工作中十分关键的、技术性很强的一项工作。

1. 人员选拔的意义

人员选拔对项目实施组织来说是至关重要的。无论是采用内部招聘还是采用外部招聘，在各种应聘者进入项目实施组织之前，必须经过一个识别、甄选的过程。这样项目实施组织可以挑出具有相应能力、知识和经验，并乐意为自己工作的优秀人才。

（1）保证项目实施组织能够获得所需的人力资源。人员选拔的根本意义是保证项目实施组织能够获得所需的人力资源。因为如果没有人员选拔这项工作，项目实施组织仅仅凭主观臆断和应聘者的自我介绍无法获得需要的、合适的和优秀的人力资源。

（2）人员的选拔可以为项目实施组织节省费用。人员选拔可以使项目实施组织挑选到优秀的人才，降低雇用不合格人员和不愿意为项目实施组织工作的人员的可能性，降低项目实施组织的人员辞退与辞职比率，这可以为项目实施组织节约人力资源管理的成本。

（3）为应聘者提供公平竞争的机会。人员选拔的一系列面试、笔试和各种测试，能够使每个应聘者有机会展示自己的才能和条件；这种公平竞争还能很好地激励受聘者珍惜自己所获得的机会，努力地为项目实施组织工作。

2. 人员选拔的程序和方法

由于人员选拔是一个复杂的过程，这一工作的好坏取决于整个工作过程中每一个环节是否有效，因此必须采用恰当的人员选拔方法，以实现人员招聘的预期目标。

（1）资格审查与初选。资格审查是对应聘者是否符合项目实施组织的职务或岗位说明与任职要求的一种初步审查。初选是项目人力资源管理者对所有通过了审阅的应聘者所进行的首次筛选。资格审查与初选的任务就是从应聘者中选出参加下一步选拔测试的人员。在初选中，一般需要做两件事情：其一是体检，其二是资料核实。体检并不仅仅是一般的身体健康检查，项目实施组织的人员有时还必须具备一些特定的身体能力，如户外作业人员要有登高的能力等。资料核实是对应聘者提供的证明自己教育状况、工作经历、工作能力等方面的材料所进行的必要核实和调查。

（2）测试。在项目实施组织的人员招聘中，对通过了资格审查与初选的应聘人员，在面试之前还要进一步进行一系列的测试，这是全面了解应聘者各方面情况的一种重要手段。这类测试可以分成心理测试和智能测试。心理测试主要是对应聘者进行职业能力倾向测试、个性测试、价值观测试、职业兴趣测试、情商测试等。一般情况下，项目实施组织在人员选拔中最为注重的是有关合作精神、价值观和个性方面的测试，因为这是建设一个项目团队所需要的。智能测试是主要对应聘者的智力、技能和专业知识方面的测试，通常在项目实施组织人员选拔中更为注重技能和专业知识方面的测试。

（3）面试。由于人员资格审查与初选、测试都不能全面反映应聘者的深层思想，因此在人员选拔中还需要进行面试，以便项目实施组织对应聘者能够有更深层次的了解。特别是在选拔项目经理和管理人员的，面试是一种很重要的手段。面试通常分成以下几类：从面试的目的看，可分成初步面试（由项目实施组织的人力资源管理者与应聘者进行面谈，侧重于应聘者对书面申请材料的补充说明和项目实施组织对应聘者的动机了解与情况介绍）和最终面试（由项目实施组织高层管理人员对已通过初步面试的应聘者所做的面谈，侧重于对应聘者思想和能力的深层次了解）；从参与面试人员的数量看，可分为单独面试（一对一的面试，这有利于双方深入了解，但结果容易受面试人员主观因素干扰）、小组面试（由两三个人项目人力资源管理者组成小组对各应聘者分别进行面试，可以从多种角度对应聘者进行考查）和成组面试（由面试小组对若干应聘者同时进行面试）；从面试的方法看，可分为结构化面试（对所有应聘者提出相同的问题）和非结构化面试（对不同应聘者提出不相同的问题）；等等。

（4）全面评估。在面试结束以后，项目人力资源管理者还需要对应聘者进行一次全面的评估。这种全面评估可采用评语式或者评分式。评语式全面评估的特点是可以对应聘者的不同侧面进行全面而深入的评估，能够反映每个应聘者的特征，但是不便于进行横向比较。评分式全面评估是将每个应聘者的单项评价和综合评价以分数的方式给出，这样不但能够综合全面地评估每一个应聘者，而且可以按照每个应聘者的分数，对全部应聘者进行全面的比较。通常在项目实施组织的人员选拔中，多数是按照两种方法相结合的办法进行全面评估，因为项目管理和实施所需的人力资源多数是一些有特殊专业要求的人，所以需要结合两种方法进行全面评估。

（5）人员甄选。人员甄选是项目实施组织人员招聘的人员选拔工作的最后一个步骤，它也是最为重要的环节。通常，在人员甄选工作中，首先要确定人员甄选的标准，这是衡量应聘者能否被项目实施组织选中的标尺，是以职务或岗位描述、职务或岗位说明书为依据而确定的一些具体的甄选条件和标准。项目实施组织需要根据标准做出人员甄选的决策。通常有两种人员甄选的决策模式：其一是以单项评价为主的甄选决策模式，其二是以综合评价为主的甄选决策模式。其中，以单项评价为主的甄选决策模式主要适用于对特殊专业管理或技术人员的选择，是从众多应聘者中为某一职位或某类性质相似的岗位甄选一个或多个任职者的决策模式；以综合评价为主的甄选决策模式主要适用于对一般项目管理人员和非专业技术人员的选择。

三、人员录用

项目实施组织人员招聘的最后一项工作是人员录用，即最终录用的各项手续和工作。人员录用的工作过程包括：签订试用合同、安排员工试用和正式录用。

1. 签订试用合同

签订试用合同是指由项目实施组织人力资源部门与合格的应聘者之间签订试用一定时期的合同。签订试用合同对应聘者与项目实施组织双方都有好处，都有约束力和保障。一般情况下，试用合同条款所包括的主要内容有试用的项目职务或岗位、试用期限、试用期的报酬和福利、试用期应接受的培训、在试用期的工作绩效目标、试用期应承担的义务与责任、试用期应享受的权利、试用转正的条件和要求、试用期项目实施组织解雇员工的条件与项目实施组织应承担的责任、试用期员工辞职的条件与义务、员工试用期延长的条件等。

2. 安排员工试用

签订试用合同后，员工就可以在合同规定的时间内进入项目实施组织开展工作了，此时项目实施组织要为试用人员安排相应的职务或岗位。一般来说，在试用期间，员工应负的责任和义务均是按照人员招聘中项目实施组织提出的应聘要求和应聘者明确表示的意愿来安排的。员工试用实际上是对招聘来的员工，从实际能力与潜在能力、个性品质与心理素质等方面所进行的进一步考核和审验。对项目实施组织而言，试用还有一个很重要的作用，就是验证招聘的项目团队成员（试用者）能否与现有成员相互合作，能否构成一个和谐而努力奋斗的项目团队。

3. 正式录用

项目实施组织成员的正式录用就是通常所说的"转正"，这是指将那些试用合格的应聘者转为项目实施组织的正式成员的过程。项目实施组织成员能否被正式录用关键在于试用过程中对其考核的结果如何。项目实施组织对试用者应该坚持公平、公正的原则进行录用。在正式录用过程中，项目人力资源部门应完成以下工作：试用期的工作考核鉴定；正式录用的决策；签订正式录用合同；提供相应的待遇；提供必要的帮助与咨询；安排他们正式进入角色和岗位；等等。需要注意的是，在项目实施组织或项目团队中，会有相当一部分成员是不用通过试用而直接正式录用的，因为当项目的周期很短时是无法试用的。

四、招聘评估

招聘评估是项目实施组织对于人员招聘全过程和全部工作所进行的一种评价。其目的是审视项目实施组织的人员招聘工作，分析招聘工作中的经验和教训，以便为未来的项目实施组织人员招聘工作提供经验和信息。招聘评估的主要内容包括人员招聘工作的成本效益评估、录用人员的数量评估、录用人员的质量评估等等。其中，人员招聘工作的成本效益评估主要是对人员招聘的成本和效用、人员招聘的收益与成本比率等方面所进行评估；录用人员的数量评估主要是对录用比率、人员招聘任务计划完成比率和应聘比率等方面所做的评估；录用人员的质量评估主要是对已被录用人员的能力、素质等进行的全面评估。对于招聘方法的评估主要包括人员招聘方法的信度评估和效度评估。

五、项目实施组织的人力资源配备

合理配备人力资源不但有利于项目目标的实现，而且有利于充分挖掘人力资源的潜力、降低人力资源的成本、不断改进与完善项目实施组织的结构、提高项目团队的协调度。因此，人力资源配备工作对于一个项目实施组织而言也是十分重要的。

1. 人力资源配备的原则

（1）人员配备必须以实现项目目标为中心。项目实施组织人员配备的第一原则是必须以实现项目目标为中心，即项目实施组织一切人员配备都必须为实现项目目标而服务。因为项目实施组织的根本目标就是成功地完成项目，所以项目实施组织只需要考虑项目的目标即可。

（2）人员配置必须精简、高效、节约。项目实施组织在人员配备方面必须实现精简、高效和节约的目标，即在项目实施组织人员配备上必须以先进合理的定额和定员标准为依据，确定项目实施组织的人员配备。在项目实施组织中特别提倡兼职，因为一个项目团队中的职能工作种类可能很多，但是每项职能工作的工作量可能较小，所以需要兼职。另外，在人员配备中还需要提倡简化各种职能业务工作的手续、减少项目实施组织层次、精简项目实施组织机构，从而降低配备的人员数量，达到精简、高效和节约的目标。

（3）人员配备应合理安排各类人员的比例。项目实施组织人员配备的另一个原则是要合理安排各类人员的比例关系，包括项目直接工作人员和辅助工作人员的比例（尽量减少辅助工作人员的比重）、项目管理者和项目实施者之间的比例关系（尽量降低项目管理者的比重）。另外，对于一些特殊项目，还需要合理地安排不同专业或工种的人员和不同管理人员的比例关系，从而使各个专业或工种之间的人员能力实现平衡，减少和消除窝工和人力资源浪费的现象。

2. 人力资源配备的方法

项目实施组织人力资源配备的方法包括项目人力资源的需求预测、项目人力资源的供给预测和项目人力资源的综合平衡3个方面。

（1）项目人力资源的需求预测。项目人力资源的需求预测是根据项目所需完成的任务、项目任务所需的组织结构、项目实施组织所需的各类职务和岗位等，最终预测得出项目的人力资源需求。项目人力资源需求的预测方法与一般运营管理的人力资源需求预测相比要简单一些（仅对小项目而言）。除了特大项目，项目人力资源的需求预测不用像一般运营管理的人力资源需求预测那样需要对人员的补充、提升、教育、退休、人才储备等各个方面都做出预测，因为项目实施组织是临时性的，所以它主要涉及的是当前项目人力资源需求的预测。

（2）项目人力资源的供给预测。项目人力资源的供给预测主要涉及两个方面的预测：其一是项目实施组织内部的人力资源供给能力的预测，其二是外部环境对项目供给人力资源能力的预测。前者是关于现有企业或组织能够提供多少项目团队成员的确定性预测，后者是有关外部环境人力资源供给方面的不确定性预测。主要的预测方法是趋势外推法，即根据历史数据找出这两种人力资源来源的供给发展趋势，然后推断项目需要的人力资源供给能力。同样，由于项目实施组织具有临时性，因此它并不需要像一般运营管理那样去做未来生产工艺技术的发展预测和各类人员的长期供给能力预测等复杂的趋势预测。

（3）项目人力资源的综合平衡。项目人力资源的综合平衡是指关于项目人力资源需求与供给的综合平衡。这种综合平衡的方法主要包括总量综合平衡的方法和结构综合平衡的方法。其中，总量综合平衡的方法用于从总体数量上综合平衡项目人力资源的供给和需求，但是不考虑项目管理者与实施者的平衡、不同专业或工种人员的综合平衡以及直接工作人员与辅助工作人员的平衡等人力资源构成结构方面的综合平衡。在总量综合平衡的基础上，人们就需要考虑使用结构综合平衡的方法使项目实施组织各项工作的人力资源实现局部结构综合平衡。

 **员工的发展与团队建设**

员工的发展是现代人力资源管理中的一项重要职能，它使得员工在一个组织职务或岗位上不但能够拥有必要的技能与知识，而且能够得到不断发展，从而实现自己的职业生涯规划目标，并获得工作的满足感。项目实施组织虽然是临时性的，但是它与一般运营组织一样，同样需要制定一系列措施、政策和方法，以便使项目团队成员获得发展。与此同时，项目实施组织在人力资源管理方面的一项独特任务就是要开展项目团队建设。

一、员工培训

项目实施组织的员工发展（或称开发）工作的首要任务是员工培训。这种培训多数是短期的和针对性很强的专业培训。

1. 员工培训的含义与作用

项目实施组织中的员工培训是给项目员工传授项目工作和任务所需基本技能与素质的过程，它是项目人力资源开发的基础性工作之一。项目员工培训包含基本技能培训和基本素质教育两方面。项目实施组织开展员工培训有 3 个作用。

（1）提高项目团队综合素质。培训可使项目员工的能力有所提高，使他们的综合素质得到加强，以便整个项目团队能够更好地合作和努力。

（2）提高项目团队工作技能和绩效。培训可使项目员工的工作技能和专业技术水平得到提高，从而使每个人的工作绩效得到提高，这会使整个团队创造出更高的工作绩效。

（3）提高项目员工工作满意度。培训可以提高项目员工对于工作的满意度，并降低项目成员的流失率。成功的员工培训能够提高员工的知识、技能和素质，这可以有效地减少心理压力，调动员工的主动性与积极性，还可以使员工留恋那些能够获得学习和成长的项目工作岗位，从而降低人员的流动性。

2. 项目员工培训的形式

项目员工的培训与一般运营管理的员工培训不但内容上不同，而且在方式上也不同。项目员工培训主要是一些短期培训，很少有长期、使用正规教育体系的培训。项目员工培训的主要形式有两种，一种是岗前培训，一种是在岗培训。

（1）岗前培训。项目员工培训的首要方式是岗前培训。这种培训多数以短训班形式开展，专业针对性强、方式灵活多样、内容具有鲜明的针对性、花费不大、易于组织、见效较快，所以在项目员工培训中已被广泛采用。在开始项目工作以前，多数项目员工都需要接受岗前培训。例如：建设项目的员工在上岗前都需要接受岗前培训，至少要接受上岗前的安全培训。

（2）在岗培训。项目员工的在岗培训是指员工在自己岗位或工作上所获得的培训。这种培训是以岗位或工作的实际需要为出发点，围绕岗位或工作的特点而进行的有针对性的培训。这种培训偏重于专门技术知识和能力的培训。这种方法在项目员工的培训中运用得较多。无论是项目管理人员还是项目技术人员，都要接受培训，特别是一些特殊项目的工作人员，他们需要在特定的工作环境下接受培训。项目中采用最多的是在岗培训，如许多科研项目人员需要在工作岗位上获得培训，并且边培训、边提高、边工作。

二、绩效考评与激励

绩效考评与激励也是项目人力资源管理的一项重要工作，它是调动项目员工积极性和创造性最有效的手段之一。绩效考评是通过对项目员工工作绩效的评价，反映员工的实际能力及员工对工作岗位的适应程度。激励则是运用有关行为科学的理论和方法，对项目员工的需要予以满足或驳回，从而激发员工的行为动机，激发员工充分发挥自己的潜能，为实现项目目标服务。

1. 项目绩效考评的概念、作用和原则

（1）项目绩效考评的概念。项目实施组织的绩效考评是按照一定的标准，采用科学方法，检查和评定项目员工对职务或岗位所规定职责的履行程度，以确定其工作成绩的一种管理方法。绩效考评是以项目员工的工作业绩为考评对象，通过对项目员工工作的评价，判断其是否称职，并以此作为采取激励措施的依据和项目人力资源管理活动的基本依据。这一工作的主要目的是切实保证项目员工的报酬、奖励、惩罚、辞退等工作的科学性。由于绩效考评是对员工工作绩效的考评，因此考评的依据和标准应该是职务或岗位说明书所给定的工作业绩要求，考评应该全面地反映员工工作业绩、实际能力以及对某种职务或岗位的适应程度。

（2）项目绩效考评的作用。项目员工绩效考评对项目人力资源管理工作具有很重要的作用，具体有3个方面。第一，绩效考评是项目实施组织编制和修订项目工作计划与员工培训计划的主要依据，只有通过绩效考评，项目实施组织才能对员工

的情况和项目的情况有比较全面和深入的了解，因而可以根据员工实际绩效去编制和修订项目工作计划和培训计划，解决薄弱环节和有针对性地对员工进行培训。第二，绩效考评是合理确定工作报酬与奖励的基础，通过绩效考评，可以制定或修订工资报酬办法和奖励政策，进一步修订项目员工绩效标准以使它们更加符合实际。第三，绩效考评是判断员工是否称职，以及惩罚、调配或辞退的重要依据，通过绩效考评，对员工实际表现做出客观反映和评价，并以此为基础做出惩罚、调配或辞退等方面的决定。

（3）项目绩效考评的原则。为了充分发挥绩效考评的作用，达到绩效评估的目的，在绩效评估中必须遵循3项原则。第一是公开原则，项目实施组织要公开绩效考评的目标、标准、方法、程序和结果，并应该接受来自各方面人员的参与和监督，绩效考评结束之后，项目人力资源部门应把评价的结果通报给每一位被考评的项目人员，这有利于项目人员认清问题和差距，找到目标和方向以便改进工作和提高自身素质。第二是客观与公正原则，即在制定绩效考评标准时应该客观和公正，使用定量和定性相结合的方法，建立科学的绩效考评标准体系，以减少矛盾和维护项目团队的团结，否则会引发被评价者对于评价结果的怀疑和被评价者之间、被评价者与人力资源部门之间的矛盾。第三是多渠道、多层次和全方位考评原则，因为员工在不同时间和场合往往有不同的表现，因此在进行绩效考评时，应该多收集信息，建立多渠道、多层次、全方位考评体系。

2. 项目绩效考评的内容

由于绩效考评的对象、目的和范围复杂多样，因此绩效考评的内容也比较复杂。一般绩效评估的基本内容包括3个方面：其一是工作业绩考评，这是员工绩效考评的核心，其结果反映了员工对项目的贡献大小，工作业绩考评的主要内容是工作量的大小、工作效果的好坏、对部下的领导作用（管理者）以及通过改进与提高而获得的创造性成果；其二是工作能力评价，这一评价的结果反映了员工完成项目工作的能力，工作能力评价包括基本能力、业务能力和素质评价，其中素质评价主要是对员工适应性的考查和评价；其三是工作态度评价，这一评价的结果反映了员工对项目工作的认真程度和积极性，其内容主要包括工作积极性、遵纪守法自觉性、对待本职工作的态度、对项目实施组织与其他成员的热情程度、责任感等几个方面。

3. 项目绩效考评的程序和方法

（1）项目绩效考评的程序。一般来讲，项目实施组织的绩效考评工作大致需要按照以下程序进行：首先要制订考评工作计划（根据考评目的和要求计划安排好考评对象、考评内容、考评时间和考评方法等），然后要制定评价标准和评价方法（分为绝对标准和相对标准两类，绝对标准以数据为准，不考虑考评对象的具体情况；相对标准依据每个员工的情况确定考评标准，对不同的考评对象会使用不同的标准），再进行数据资料的收集（跟踪和收集相关信息，主要的方法有工作记录法、定期抽查法、考勤记录法、工作评定法等），之后要开展分析与评价（根据评价的目的、标准和方法，对收集的数据资料进行分析、处理和评价并给出结果），最后是公告和运用绩效考评的结果（把绩效考评结果反馈给员工，为人力资源决策提供依据，修订项目管理政策和进一步提高人员的工作效率等）。

（2）项目绩效考评的方法。项目绩效考评的方法有很多，不同方法的侧重点不同，所适用的考核目标和考核对象也不同。在开展绩效考评时，要根据具体项目的实际情况，综合使用各种考评方法。主要的绩效考评方法有 4 种。第一种是评分表法，这种方法用一系列工作绩效的构成指标以及工作绩效的评价等级，在绩效考评时针对每一位员工的工作实际情况对每项考评指标进行打分，然后将得到的所有分数相加，最终得到工作绩效的考评结果。第二种方法是工作标准法，这种方法把项目员工的工作与项目实施组织制定的工作标准相对照，从而评价并确定员工的绩效，所以工作标准法需要先有标准，然后才能够对照标准进行绩效考评。第三种方法是排序法，这种方法把一定范围内的同类员工，按照一定的标准进行评价，然后采用由高到低或者由低到高进行排序的方式给出项目绩效考评结果。第四种方法是描述法，这是一种使用一篇简短的书面鉴定给出绩效考评结果的方法，这一方法的考评结果描述从内容、格式、篇幅、重点上都是多种多样的，绩效考评者需要根据情况确定。

4. 项目员工激励的定义、作用与原则

这里从人力资源管理的角度对于项目员工激励的定义、作用、原则做进一步的探讨。

（1）项目员工激励的定义。通俗地讲，激励就激发和鼓励，就是调动人的积极性、主动性和创造性。从心理学角度看，激励就是激发人的行为动机。这是一个将外部一定的刺激（诱因）转化为内部心理动力，激活人的动机系统，从而产生强大的推动力，为实现目标而行动的心理过程。从管理学角度来看，员工激励就是管理者采用各种满足员工需要的措施和手段，激发员工工作的动机，调动员工潜在的能力和创造性，从而高效地实现项目实施组织目标的过程。

（2）项目员工激励的作用。激励工作对项目管理是极为重要的，它决定了项目员工履行岗位职责和实现项目目标的积极性，会直接影响项目实施组织的工作效果。具体来讲，激励在项目人力资源管理中的作用有 3 个。第一，激励可以提高项目员工的工作效率，使项目员工的潜能得到最大限度的发挥，调动其积极性，从而更好、

更快地完成工作任务，提高项目工作的绩效。第二，激励有助于项目整体目标的实现，因为激励可以协调项目员工个人目标和项目实施组织的目标，这可以提高员工工作的目的性、主观能动性和创造性，使其更自觉地完成工作任务和实现项目目标。第三，激励有助于提高项目员工的素质，改变项目员工的行为，这种改变是一种真正的学习和提高的过程，是一种项目员工提高自身素质的有效措施。

（3）项目员工激励的原则。项目实施组织的激励工作必须坚持一定的基本原则，具体包括以下4个激励原则：第一是目标原则，激励是鼓励项目员工为实现组织目标而做出更大努力的一种管理手段，如果激励措施不当反而会引起不良后果，危及项目实施组织目标的实现；第二是公平原则，项目员工常把个人报酬与个人贡献的比率同他人的报酬与他人的贡献比率相比较，以此判断是否受到公平的待遇，激励中必须坚持公平原则，坚持按照贡献大小激励；第三是按需激励原则，激励的关键在于满足项目员工的实际需要，通过满足员工的主要需要使项目绩效获得提高；第四是因人而异原则，项目员工的情况千差万别，而且主要需要各不相同，每个员工对各种激励措施的反应程度也不一致，因此采取激励措施必须充分考虑员工的情况，区别对待，力争通过激励提高每个项目员工的积极性。

5. 项目员工激励的方式

（1）物质激励与荣誉奖励。这是项目实施组织最基本的激励手段，也是项目实施组织采用最多的一种激励手段。其中物质激励手段包括发放工资和奖金等。荣誉奖励是公司或组织对个体或群体的高度评价，是满足人们自尊需要、激发人们奋力进取的重要手段。

（2）参与激励与制度激励。这是指尊重员工、信任员工，让他们了解项目实施组织的真实情况，使其在不同层次和深度上参与决策，从而激发主人翁的精神。同时，项目实施组织的各项规章制度，一般都与物质利益相联系，因此也会约束员工的消极行为。规章制度又为员工提供了行为规范和评价的标准。员工遵守规章制度的情况，还与自我肯定、组织舆论等相联系。

（3）目标激励与环境激励。目标激励是项目实施组织凝聚力的核心，它体现了员工工作的意义，它能够在理想和信念的层次上激励全体员工。另外，创造良好的工作和生活环境，一方面直接满足了员工的某些需要，另一方面可以形成一定的压力，这对推动员工努力工作也具有很强的激励作用。环境激励是指通过改善政治环境、工作环境、生活环境和人际环境等来吸纳和稳定人才。环境宽松、氛围温馨、生活安定、心情愉悦，人的潜能就能得到充分发挥。面对激烈的人才竞争，收入是重要的但不是唯一的。为了把优秀人才引进来并留住，除了通过各种方式使人才增加收入，还要改善工作环境。良好的工作环境是一个能够让员工获得与其贡献相符的回报的环境，只有当员工感到付出值得时，公司才能吸引、留住他们。

（4）榜样激励与感情激励。榜样激励是指通过满足项目员工的模仿和学习的需要，引导其行为走向项目实施组织目标所期望的方向。感情激励是指利用情感因素对人的工作积极性造成重大影响。感情激励就是领导者加强与员工的沟通、尊重员工、关心员工、与员工建立平等和亲切的感情。

三、项目团队的建设

项目团队的建设与发展涉及很多方面的工作，包括项目团队能力的建设、项目团队士气的激励、项目团队与客户的合作、团队成员的奉献精神、团队中各个群体能力的提高等。其中，项目团队成员个人的发展是项目团队发展中最基本的需要，这一点作为一个项目团队发展的核心，对于项目目标的实现是非常重要的。

1. 项目团队建设的目标

项目团队不同于一般的群体或组织，它是为实现项目目标而建设的，是一种按照团队模式开展项目工作的组织，是项目人力资源的聚集体。仅仅把一组人员集合在一个项目中共同工作，并不能形成项目团队。项目团队还特指一组相互信任、相互依赖、齐心协力、共同合作、一起工作的团队成员所构成的一个整体。它是一个有既定项目目标，并为之奋斗的集体。要使一组团队成员发展成为一个有效合作的项目团队，就需要项目经理和其他项目管理者积极地开展项目团队的建设工作，不断地为项目团队的完善与提高付出努力。项目团队建设有 5 个目标。

（1）团队成员对项目目标有清晰准确的理解。为使项目团队工作卓有成效，在项目团队的建设中，首先要高度明确项目的工作范围、质量标准、预算和进度计划，要使每个团队成员对于要实现的项目目标有清晰明确的理解，要使每个团队成员对项目的结果以及由此带来的好处有共同的认识和期望。

（2）团队成员清楚自己的角色和职责。团队成员要参与制订项目计划，并知道怎样能够将自己的工作与项目目标结合起来。团队成员应尊重和重视彼此的知识与技能，并且能够相互肯定各自为实现项目目标所付出的劳动，各担其责，完成所承担的任务。

（3）团队成员都要为实现项目目标而努力。每位团队成员都强烈希望为实现项目目标而付出自己的努力。团队成员要乐于为项目成功付出必要的时间和努力，乐于为项目的成功努力做出贡献。

（4）团队成员之间高度合作与互助。有成效的项目团队通常能够进行开放、坦诚而及时的沟通。团队成员愿意交流信息、思想、想法及感情。他们乐于寻求或给予其他成员帮助，他们希望看到其他成员的成功，他们能相互提供并接受各种反馈、建议、批评、意见。

（5）团队成员之间高度信任。一个有效的项目团队，团队成员会相互理解、相互信任并相互依赖。项目团队中的每个成员都是项目成功的重要因素影响，每个成员都可以相信其他人所做和所想的事情是在为项目的成功而努力，而且都会按照标准要求完成任务。团队成员能够相互关心，承认彼此存在的差异，体会自我存在的价值，从而构成一个好的项目团队。

2. 项目团队的冲突处理

多数人认为冲突是一件坏事，应尽量避免。然而，在项目工作中，冲突是必然存在的，有各种不同意见是正常的，甚至有时冲突对项目团队的建设是有利的。在项目团队中，试图压制冲突是一种错误的做法，因为冲突有利的一面是能让人们有机会获得新的想法和逼迫人们另辟蹊径制定更好的问题解决方案。项目工作中的冲突解决也是项目团队学习的好机会，它是项目团队建设工作中的一部分。项目团队必须对冲突有十分清醒的认识。

（1）冲突的原因。在项目工作过程中，冲突可能来源于各种各样的情况。它涉及项目团队成员、项目经理以及项目业主/客户。项目工作中的几种主要冲突来源包括工作内容方面的冲突（关于如何完成工作、要做多少工作或工作以怎样的标准完成的不同意见所导致的冲突），资源分配方面的冲突（因分配给项目团队某个成员或某个群体的资源数量和质量的不同而产生的冲突），进度计划方面的冲突（因对于完成工作的次序或所需时间长短的不同意见而引发的冲突），预算或成本方面的冲突（因项目所需预算或成本的多少而产生的冲突），项目实施组织方面的冲突（因各种组织问题而导致的冲突，特别是在项目团队的震荡阶段，因缺乏沟通或未能及时做出决策而产生的冲突），个体差异造成的冲突（因团队成员在个人价值观或行为方面存在差异以及相互缺乏理解而产生的冲突）。

（2）冲突的处理。项目团队中的冲突不能完全靠项目经理来处理和解决，团队成员间的冲突应该由相关项目团队成员来处理和解决。恰当处理与解决冲突会带来有利的一面，因为问题暴露出来了并得到了重视与解决，同时冲突将迫使团队成员寻求新的方法以更好地解决问题。但是冲突如果处理不当会对项目团队产生十分不利的影响，它会破坏项目团队的沟通，使团队成员不再愿意倾听或尊重别人的观点和意见，破坏项目团队的团结并降低相互信任程度。

处理冲突的方法主要有5种：其一是回避或撤退，回避或撤退的方法使那些卷入冲突的成员撤出以避免冲突升级而形成对抗；其二是竞争或逼迫，竞争或逼迫的方法是一种单赢的冲突解决方法，这种方法认为在冲突中获胜是解决冲突的最好办法，人们甚至会使用各种手段来处理冲突；其三是调停或消除，这一方法是尽力在冲突双方中找出一致、忽视差异，从而消除冲突，这种方法只能缓和冲突但不能彻底解决冲突；其四是妥协与合作，这种方法要求冲突的成员寻求一个调和折中的解决方案，使每个成员得到某种程度的满意，从而消除冲突和共同合作；其五是正视冲突和解决问题，这要求成员正视问题，努力寻求一种双赢的结局，要求以积极的态度对待冲突并就冲突广泛交换意见，尽力找出最好和最全面的冲突解决方案。

除了上述方法以外，项目团队解决冲突的方法还有很多，因为每种方法都有适合的环境与条件，所以上述方法并没有好坏之分。项目团队解决冲突的最佳方法要视冲突双方的个性、冲突的原因、冲突的性质等各种因素而定。但是，有一条是肯定的，项目团队冲突的解决是项目团队建设的一项重要内容。

3. 项目团队问题的解决

项目团队在完成项目的过程中总会遇到一些问题。一般来说，在整个项目的全过程中会产生各种各样的问题，这些问题的解决也是项目团队建设的一项重要工作。项目团队能否有效地解决问题不但会影响项目团队的建设，而且会直接影响项目的成败。项目团队问题的解决遵循以下步骤。

（1）对问题做出界定与说明。项目团队首先应该对遇到的问题做出界定与说明，明确问题的性质和内容。这种界定与说明会使得参加解决问题的团队成员对问题的本质形成一致意见。对于问题的说明要尽可能具体和确切。因为问题界定与说明将被作为问题是否解决的判据。

（2）找出问题产生的原因。一切已经或正在发生的问题都会有许多原因，特别是管理或技术问题更是如此。在解决问题的初期阶段，项目团队常常忙于应付问题而顾不上研究造成问题产生的原因。但是要解决问题就需要多方面收集信息，通过分析找出问题本质、找出问题产生的原因，以便从根本上解决问题。

（3）确定解决问题的方案。在找出问题产生原因的基础上，项目团队首先要努力提出各种解决问题的可行性方案，其次要建立可行性方案评估标准，并根据标准对每个可行方案进行评估，最后要依据评估结果确定解决问题的最佳方案。由于要找到解决问题的最佳方案是很困难的，因此多数时间采用满意的解决方案即可。

（4）制订解决问题的工作计划。有了解决问题的满意方案以后就必须为实施这一方案制订具体的计划，这种计划必须明确包括以下内容：具体任务、成本费用和工期、所需的人员和资源、负责实施的项目团队成员等要素。要注意解决问题的计划一定要同项目全面计划有机地结合起来，防止一个问题没解决，却引发了其他问题。

（5）实施问题解决方案。在选定解决问题的最佳或满意方案并制订解决问题的工作计划以后，就可以安排相应的成员去实施解决问题的方案了。在实施的过程中，要组织好各种资源、安排好各方面的工作，并合理分工合作，以便使问题彻底得到解决。

（6）判断问题是否得以解决。在方案实施以后，还必须判断问题是否真正得以解决了。这时项目团队需要用到第一步中对于问题的界定与说明，把实施解决问题方案的结果同问题界定与说明所描述的情况相比较。如果已经没有原来界定与描述的问题，就可以认定问题已经解决了。

同步案例

A 公司是一家为快消行业提供 App 开发解决方案的软件企业。项目经理范工承接了一个开发鲜花配送 App 的项目，项目需求非常明确。此前 A 公司承接过一个类似的项目，做得很成功，项目结束后人员已经分派到其他项目组。经过认真考虑、反复论证，范工决定采用虚拟团队方式搭建项目组，项目架构师由一位脚踝骨折正在家休养的资深工程师担任，开发团队依据项目模块的技术特点分别选择了西安和南京的两个有经验的项目组，测试交给了成都的小王，其他成员均在北京总部的公司内部选拔。项目经理范工制订了人力资源管理计划并下发给每个成员，以便他们了解自己的工作任务和进度安排。

项目刚进入设计阶段，开发团队就在 App 的测试部署方式和时间上与小王发生了争执，南京开发团队没有跟项目经理范工沟通就直接将问题汇报给了当地的执行总经理王总。王总批评了范工，范工虽然觉得非常委屈，但还是立即召集了包括架构师在内的相关人员召开紧急电话会议。会上多方言辞激烈，终于确定了一套开发团队和测试团队都觉得可行的部署方案。

【问题1】结合案例，请从项目团队管理的角度说明本项目采用虚拟团队形式的利与弊。

【问题2】简述项目人力资源管理计划的内容。

【问题3】根据本案例，简述项目冲突的特点和解决的办法。

课后习题

一、单选题

1. 以下说法不正确的是（ ）。

A. 项目资源管理是指为了降低项目成本，而对项目所需的人力、材料、机械、技术、资金等资源所进行的计划、组织、指挥、协调和控制等活动

B. 项目资源管理中所涉及的主要内容就是人力资源管理，即如何发挥"人"

的作用

C. 自我学习属于人力资源的再生性

D. 与土地、矿产、森林等自然资源相比，人力资源是最活跃、最具有能动作用、最为重要的一种资源，是人类社会经济领域中最为关键的资源要素

2. 人力资源的基本特性不包括（　　）。

A. 能动性　　　　　B. 社会性　　　　　C. 再生性　　　　　D. 公平性

3. 人力资源管理是随着企业管理理论的发展而逐步形成的，它的形成不包括下述阶段（　　）。

A. 科学管理阶段的人事管理　　　　　B. 古典管理阶段的人事管理

C. 行为科学阶段的人事管理　　　　　D. 从人事管理到人力资源管理

4. （　　）不属于项目人力资源管理的特性。

A. 团队性　　　　　B. 临时性　　　　　C. 社会性　　　　　D. 渐进性

5. 下列关于人员选拔的意义的说法，不正确的是（　　）。

A. 保证项目实施组织能够获得所需的人力资源

B. 人员的选拔可以为项目实施组织节省费用

C. 为应聘者提供公平竞争的机会

D. 获取最尖端的人才

二、简答题

1. 简述项目人力资源管理的内容。

2. 简述人员招聘的基本内容和程序。

3. 简述人力资源配备的原则。

4. 简述员工培训的作用。

5. 简述项目员工激励的方式。

模块十　项目的沟通管理

学习目标

◆ **知识目标**

1. 理解沟通的概念、过程和基本原则
2. 掌握项目沟通计划和项目报告所包含的内容

◆ **技能目标**

1. 掌握项目报告的编写方法
2. 掌握项目沟通计划的制订方法

◆ **素质目标**

树立职业道德观，具备诚实守信的职业形象，具有灵活的沟通方法和技巧，具备良好的情绪调适能力

案例导入

乙公司是一家信息技术公司，主要从事信息系统集成和软件开发业务。该公司通过员工王工的介绍与甲公司签订了大型系统开发合同，合同金额为650万元，工期为11个月。乙公司主要为甲公司开发一套综合管理系统，新系统要与现有生产管理系统、财务管理系统连通，以帮助甲公司落实两化（信息化和工业化）深度融合的战略部署，提升甲公司的核心竞争力。甲公司指派信息技术中心的赵主任负责该项目。

项目启动时，乙公司领导安排王工担任此项目的项目经理，王工自己按照公司项目章程模板撰写项目章程，新撰写的项目章程包括内容要求、质量控制人员、项

目实施组织结构、项目基本需求、项目完工日期。

同时为了保证项目质量，王工亲自撰写了初步的项目范围说明书，内容包括项目概述、产品要求、项目完工日期、项目约定条件、初始风险。初步的项目范围说明书撰写完成后，王工通知了项目组成员，按照初步的项目范围说明书开始工作。有人认为初步的项目范围说明书内容过于简单，跟以往项目范围说明书差别太大，但他担心王工不高兴，也没有直接说。

刚进入项目规划阶段，发生的几件事让王工觉得非常棘手：

（1）项目组成员就系统是否包含数据库导出、备份功能产生了分歧，查看初步的项目范围说明书发现也没有相应描述。

（2）有项目组成员认为初步的项目范围说明书中给出的系统安全等级过高，实现难度非常大，可能导致项目成本大幅度增加。

（3）项目组成员不确定项目验收时是否要给客户交付《产品使用手册》，有成员建议既然不确定就不要做，这样可以节约成本。

（4）在初步的项目范围说明书中没有涉及项目的质量管理要求，因此乙公司内部的质量技术部没有安排专门的人员配合王工工作。

（5）一些项目组成员经常抱怨王工大包大揽，项目启动阶段的工作不严格遵照公司管理流程执行，也未征求其他项目组成员的意见和建议。

【问题1】分析案例中的项目启动过程存在哪些问题。

【问题2】该项目的干系人应该包括哪些？

单元一　沟通概述

项目沟通管理是指对于项目实施过程中各种不同方式和不同内容的沟通活动的管理。这一管理的目标是保证有关项目的信息能够适时、以合理的方式产生、收集、处理、贮存和交流。项目沟通管理既是对项目信息和信息传递的内容、方法、过程的全面管理，也是对人们交换思想和交流感情（与项目工作有关的）的活动与过程的全面管理。项目管理人员必须学会使用项目语言去发送和接收信息，去管理和规范项目的沟通活动和沟通过程。因为成功的项目管理离不开有效的沟通和信息管理，所以对项目过程中的口头、书面沟通进行全面的管理是项目管理中

知识链接：项目
沟通管理

一项非常重要的工作。

一、沟通的概念

沟通虽然是我们每个人每天都要做的事情，但是却是一项需要努力学习和锻炼才能做好的事情。一个成功的项目管理人员主要的任务就是充分发挥自己的沟通能力和开展沟通工作，使项目团队更加合理和有效地工作。在项目管理中，有效的沟通管理比一般运营管理重要得多，因为项目实施组织是以团队的方式开展工作的，而团队作业需要更多的思想沟通和信息交流。有关沟通的基本概念包括如下4个方面的内容。

1. 沟通就是相互理解

无论通过什么渠道和媒体，沟通的首要问题都是双方能否相互理解，具体而言，是指沟通双方能否真正理解相互传递的信息和含义，能否真正理解各自表达的思想和感情，能否真正理解字里行间或话里话外的真实意思。

2. 沟通是提出和回应问题与要求

沟通的双方总是向对方提出各种各样的问题与要求，一方总是希望另一方变成某种角色或做某件事情，或者相信某样东西和回答某个问题；而另一方则会要求获得一定的回报。沟通就是双方关注、理解对方的问题和要求，然后做出回应的过程。

3. 沟通交换的是信息和思想

沟通过程中交换的主要是信息和思想。其中，信息是描述具体事物特性的数据，是支持决策的有用消息；而思想是一个人的感情和想法，包括期望、要求、命令等。任何沟通过程都离不开信息的交换和思想的交流，而且在很多情况下这两者是相互依存的。

4. 沟通是一种有意识的行为

沟通是一种有意识的行为，在许多情况下，它受主观意志的支配，所以沟通的效果在很大程度上受到双方主观意愿和情绪的影响。人们倾向于倾听那些想听的话，而不愿听那些不想听或有威胁的话。在沟通过程中，主观意识会造成沟通障碍从而使沟通失效。

二、沟通的过程

任何沟通都必须有沟通的主体和渠道，信息发送者（或称信息源）和信息接收者（或称信息终点）是沟通的主体。沟通的双方在沟通过程中需要通过一定的沟通渠道，按照下述步骤实现信息的交换和思想的交流，如图 10-1 所示。

1. 确定想法

沟通过程中的信息发送者首先要确定沟通的信息或思想，这些是沟通过程中要努力使对方接受和理解的东西，是实际要发出的信息或思想的核心内容。但是这些真实的想法或信息并不是直接发送出去的，它们是原材料，它们还需要经过编码处理。

2. 编码

编码（Encoding）是信息发送者根据信息接收者的个性、知识水平和理解能力等因素，努力设法找到一种信息接收者能够理解的语言和表达方式，将自己要发送的信息或想法进行加工处理的工作。只有完成了编码工作以后，信息发送者才能够把自己的信息或思想发送或传递出去。

3. 选择沟通渠道

信息发送者在完成信息编码以后还需要选择合适的沟通渠道（或称信息传递渠道），以便使信息通过该渠道传递到信息接收者手中。沟通渠道的选择要根据所传递信息的特性、信息接收者的具体情况和沟通渠道的噪声干扰等情况来确定。

4. 传送信息

在选定沟通渠道以后，就可以使用选定的渠道将信息传送给信息接收者了。信息的传送过程有时是由机器设备来完成的，有时是人们面对面谈话实现的。一般情况下，电子型信息的传送依靠各种信息网络，书面型信息的传送依靠邮局或快递公司，而思想型信息的传送多数是以面谈的形式完成的。

5. 接收信息

此时，信息从信息发送者手中转到了信息接收者手中，并被信息接收者所接收。在这一步骤中，信息接收者必须全面关注并认真接收对方送来的信息，特别是在面对面的沟通过程中，仔细倾听对方的讲述，全面接收对方用口头语言和肢体语言传递的信息是非常重要的。

6. 解码

解码（Decoding）是信息接收者对已经接收到的信息进行从初始形式转化为可以理解形式的一项信息加工工作。例如：将各种机器码转换成自然语言的过程，将外语翻译成中文的过程，将方言、暗语、手势转化成能够理解的语言的过程都属于解码的过程。

7. 理解

理解是指通过汇总、整理和推理，信息接收者全面理解那些已经完成解码的信息或数据所表达的思想或要求。例如：全面认识一件事物的特性（信息传递），真正知道对方的意图和想法（交换思想），完全明白对方的想法和感情（感情交流）等。

8. 反馈

反馈是指信息接收者在对信息发送者提供的信息有疑问或者是为了回应对方而做出的回应，这是一种反向的信息沟通过程。反馈是沟通过程中必不可少的一个环节，因为它有助于人们相互理解，而只有相互理解才能够使沟通继续下去。

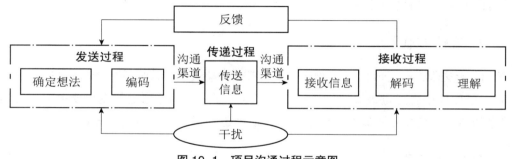

图 10-1　项目沟通过程示意图

沟通过程中的编码、解码、理解和反馈是影响沟通是否有效的关键环节，它们始于确定信息，终于得到全面理解。在这一过程沟通的信息，既有用语言、文字表达的信息，也有包含"言外之意"的信息，特别是在思想交换和感情交流的沟通过程中更是如此。因此必须充分使用反馈和非语言沟通等手段，否则会造成沟通中断或"言者无意，听者有心"的情况。项目经理必须熟悉项目实施组织中的沟通过程，充分使用这一过程去分析和发现项目管理中出现的各种沟通障碍，使项目实施组织中的信息畅通，成员沟通充分。

三、沟通的基本原则

在项目实施组织的沟通中必须贯彻一些基本的沟通原则，以保证项目实施组织中的沟通有效。

1. 准确性原则

信息沟通的准确性原则包括两个方面：其一是沟通中所传递的信息本身必须是

准确的信息，而不能是似是而非、模棱两可的信息；其二是信息沟通中所使用的语言和信息传递方式能被信息接收者所理解，使其能够获得准确的信息。项目实施组织中的沟通只有贯彻准确性原则才具有价值。因为项目实施组织沟通的目的就是要使信息发送者的信息或思想能够被信息接收者正确地理解和接收，便于团队成员能够更好地合作以实现项目目标。但是在实际工作中，常会出现信息发送者发送了不准确的信息，或者信息接收者对信息发送者所发送的准确的信息缺乏足够理解的问题。这种情况多数是双方使用的语言有所不同造成的，在项目中，主要是项目团队中不同专业人员所使用工程语言和专业术语的不同造成的。信息发送者有责任将信息进行编码，以信息接收者容易理解的语言和方式进行表达。这不但要求信息发送者有较高的语言文字表达能力，而且要求他要熟悉下级、同级和上级所使用的语言和理解能力水平。对于信息接收者而言，他在沟通过程中也会影响信息的准确性，如由于注意力不集中或注意力有限而少接收了一部分信息，或错过了接收关键的信息等。信息发送者和信息接收者在沟通过程中都需要设法保证信息沟通的准确性。

2. 完整性原则

沟通中的完整性原则包括两个方面的内容：其一是信息的完备性，其二是沟通的完全性。信息的完备性是指沟通过程中所传递的信息应该是基本完备的，不能够有很大的信息缺口，那样会使对方难以理解从而出现沟通障碍。沟通的完全性是指沟通过程的完整无缺和人员范围的全面性。项目实施组织中的主管人员需要努力地为成员提供他们所需的信息，以保证全团队成员之间的沟通的完整性。在项目管理中，为保障沟通的完整性，特别需要注意的是，信息的完整性取决于项目管理人员对下级工作的支持和态度。因为项目管理人员位于项目信息交流的中心，他们必须充分运用这个中心职位及其权力，使自己获得完整而准确的信息，充分发挥沟通中心的作用。但在实际工作中，有些项目管理人员忽视了这一点，往往越过自己的下级，而直接向项目团队成员发指示、下命令，从而使下级管理人员处于不知情的尴尬境地，这样就违背了沟通完整性的原则，也违反了项目组织管理的统一指挥的原则。当然，在需要紧急动员完成某一项任务或需要下令撤离某一危险场所等时间不允许的情况下，项目管理人员也可以采用不通过其下级，直接同团队成员进行沟通的做法，但是必须保证沟通的完整性。

3. 及时性原则

在项目沟通的过程中，不论是项目管理人员向下沟通、团队成员向上沟通，还是项目团队各职能机构或小组之间的横向沟通，在保证沟通准确性和完整性的基础上还必须保证沟通的及时性。这一原则可以使项目实施组织获得最新的政策、目标、计划、资源和人员配备等信息，使团队成员和项目管理人员能够及时掌握项目信息和各种反馈意见，以及思想、情感等信息，从而提高项目管理的水平。坚持项目沟通及时性原则的最重要原因在于任何信息都有一定的时效性和有效期，即信息过了一定的时间就会成为毫无价值的"旧闻"，失去了指导决策的作用。如果项目管理沟通不能遵循及时性原则，那么就会出现信息滞后所带来的一系列问题。例如：如果计划信息不能够及时地传递给团队成员，就会耽误计划的执行。在实际项目工作中，常常会出现沟通滞后的现象，从而贻误了各种时机和工作，甚至造成严重的后果。当然，信息发送者出于某种意图，对信息交流时间进行必要的控制也是必要的，但是不能违背及时进行信息传递和思想沟通的基本原则。

4. 充分运用非正式组织沟通的原则

这一沟通原则是指当项目管理人员不便使用正式组织（官方）的沟通渠道时，可以使用非正式组织（非官方）的沟通渠道来补充正式组织沟通渠道的不足，因为有时使用非正式沟通渠道会产生更好的沟通效果。此处的非正式组织沟通渠道是指项目实施组织中各种非正式组织中间所存在的信息沟通渠道。例如：项目实施组织中的同乡会、同学会等非正式组织的沟通渠道就属于这一范畴。运用非正式组织开展沟通的另一个原因是有一些信息不适合通过正式组织的沟通渠道来传递，项目管理人员应该合理地使用非正式组织沟通渠道去传递并接收信息，为实现项目实施组织的目标服务。当然，非正式组织沟通渠道使用不当也会出现对项目实施组织目标不利的一面。例如：当一个项目实施组织中小道消息盛行时就会对项目目标的实现带来危害，同时也反映了正式组织渠道的不畅通和非正式组织的信息沟通渠道使用不当。所以在加强和使用正式沟通渠道的同时，在不违背组织原则的前提下，项目实施组织还应该合理地使用各种非正式组织的沟通渠道把信息传递给团队成员，为实现项目目标服务。

四、影响项目实施组织沟通效果的因素

项目实施组织的沟通效果受许多因素的影响，项目管理人员必须努力消除这些因素以保证项目实施组织的信息沟通通畅和有效。以下6个方面的因素会影响项目实施组织的沟通效果。

1. 信息发送者

项目实施组织沟通的起点是信息发送者，信息发送的质量直接影响项目沟通的效果，而且是最大的影响因素。如果信息发送者在沟通能力和技巧方面存在问题，不能够按照项目管理所需的信息沟通原则去传递信息，就会破坏项目实施组织的信

息沟通效果和质量。

2. 信息接收者

信息接收者（或称受众）是影响项目信息沟通的另一个重要因素，它包括信息接收者的接收能力、理解能力、价值观和目标指向等。例如：信息接收者对批评和建议所持的态度、信息接收者能否理解所接收到的信息和数据、是否存在没有被包括在受众中的信息接收者，这些都是直接影响项目沟通效果的重要因素。

3. 沟通环境

影响信息沟通效果的第三个要素是信息沟通环境。因为所有的沟通都是发生在具体的沟通环境之中的，项目实施组织的沟通也是在特定的组织文化环境、人员环境和物理环境下进行的。如果沟通环境存在问题，就会直接影响沟通的效果，甚至使整个沟通完全失效。例如：沟通的物理环境噪声干扰过大，信息接收者就无法听到任何有用的信息而只能听到噪声了。

4. 信息资源

在项目实施组织的沟通中，传递和交流的是信息，如果信息资源本身存在缺陷，肯定会破坏信息沟通的最终结果。根据信息沟通的原理，如果沟通中传递的信息本身是垃圾信息，那么无论怎样沟通都无法实现预期的沟通效果和目的。因此在项目实施组织的沟通过程中，项目管理人员首先必须明确组织的信息需求、团队成员能够接收哪种形式的信息等方面的问题。

5. 沟通方式与渠道

信息沟通方式与渠道是影响沟通效果的另一个因素。项目管理人员应该明确，采用何种沟通方式与渠道能最有效地把信息传递给项目团队的每一位成员。通常，沟通方式与沟通渠道有关，在项目沟通中采取的沟通方式主要有口头沟通、书面沟通和其他形式的沟通。项目实施组织必须根据需要选择一定的沟通方式，然后根据沟通方式选择相应的沟通渠道。

6. 反馈与回应

沟通是一个过程，当一个信息传送之后会引起各种各样的反馈与回应，这些反馈与回应又会促使更进一步的信息沟通。沟通双方为了有的放矢和相互理解，需要建立一套相应的反馈与回应机制。这意味着在沟通的每个阶段都需要给信息接收者做出反馈与回应的机会，这样信息发送者就能够了解对方接收和理解信息的程度，然后相应地增加或者减少所要传递的信息，改变或调整传递信息的方式与代码，从而形成一种互动，使沟通更为有效。

从以上分析中可以发现，任何一个项目的沟通管理都是一项很重要的工作。项目管理人员在制订沟通计划时，必须认真考虑和分析以上这些沟通的基本原则和影响项目实施组织沟通效果的因素，以便使项目的沟通计划更加合理，使项目的沟通更加有效。

单元二　项目沟通计划

项目沟通计划涉及项目全过程的沟通工作、沟通方法、沟通渠道等各个方面的计划与安排。就大多数项目而言，沟通计划的内容是项目初期阶段工作的一个部分。同时，项目沟通计划还需要根据计划实施的结果进行定期检查，必要时还需要加以修订。综上，项目沟通计划管理工作是贯穿于项目全过程的一项工作，项目沟通计划是和项目组织计划紧密联系在一起的，项目的沟通直接受项目实施组织结构的影响。

知识链接：项目
沟通计划

一、制订项目沟通计划前的准备工作

1. 沟通信息

在制订项目沟通计划之前，首先要完成信息收集和信息的加工处理工作。

（1）信息收集。信息收集是制订项目沟通计划的第一步，也是进行项目沟通管理决策的前提条件。没有相关的信息就无法制订项目沟通计划。制订信息沟通计划，需要但不限于以下信息：

1）项目沟通内容方面的信息。这是通过对项目干系人的信息需求进行调查而获得的信息。从项目实施组织的角度而言，这包括：项目团队内部上情下达和下情上达方面的信息需求；项目团队与外部环境及其他项目干系人之间的外情内达和内情外达方面的信息需求；项目团队内部各个职能组织和群体之间的左情右达和右情左达方面的信息需求。在制订项目沟通计划之前，必须全面收集这些方面的信息，以便项目沟通计划能够满足项目实施组织的信息需求。

2）项目沟通所需方法和手段的信息。在收集项目沟通信息需求的同时还需要收集有关项目沟通方式、方法、手段和渠道等方面的信息。这包括：哪些信息需求需要使用口头沟通的方式去满足，哪些需要使用书面沟通的方式去满足；哪些信息需求需要使用面谈或会议的方法，哪些需要使用书面报告和报表的方法，哪些需要使用电子信息工具；等等。这些信息必须收集齐全才能够制订可行的项目沟通计划。

3）项目沟通时间和频率方面的信息。在明确了项目实施组织的信息需求和沟通手段要求之后，还必须确定信息沟通的时间要求和沟通频率。其中，沟通时间要求是指一次沟通持续的时间长短（如一次会议开多长时间），沟通频率要求则是指同一种沟通间隔多长时间进行一次（如各种报表是一个季度沟通一次还是一个月沟通一次）。因为信息都有时效性，所以这方面的信息对于制订沟通计划同样十分必要，没有时间和频率的安排，项目沟通计划就不能成为计划。

4）项目信息来源与最终用户的信息。项目沟通计划的制订还需要有各种项目信息来源和最终用户的信息。这是有关谁是信息生成者、谁是信息发布者，以及谁是信息接收者等方面的信息。对于项目沟通计划而言，项目实施组织必须清楚地知道项目信息来源与最终用户的信息，因为信息来源涉及信息生成者和发布者的责任，而信息最终用户涉及信息接收者的责任（包括接收、理解和使用信息的责任以及信息保密的责任等）。

项目实施组织要收集上述这些有用的信息为制订项目沟通计划服务。首先要努力提高项目信息管理者的信息收集和加工处理水平，其次要建立一支可靠的信息收集队伍，最后要开辟尽可能多的信息来源和渠道，力求收集的信息完整齐备。

（2）信息的加工处理。对收集到的信息进行加工处理也是制订项目沟通计划的重要一环，而且只有经过加工处理后的信息才能作为制订项目沟通计划的有效信息使用。这种信息的加工处理需要遵循准确、系统和可靠的原则与要求。在对收集的各种信息进行加工处理时，要进行归纳、整理、汇总和其他必要的信息处理工作。同时，在信息加工处理时，如果发现信息有缺口或各种信息之间有矛盾时，还要进一步追加调查和收集信息，以填补信息缺口。这是确保项目沟通计划制订所需信息准确的一条可靠途径。这种追加的信息收集工作多数是双向的，即信息收集人员或项目沟通计划制订人员要双向沟通、共同合作，进一步收集有关信息，同时项目各种信息最终用户（如项目经理）也要积极提供信息、要求和反馈意见。

2. 项目沟通需求的确定

项目沟通需求的确定是在信息收集与加工处理的基础上，对于项目实施组织的信息需求做出的全面决策。项目沟通需求是项目全部干系人在项目实现过程中的信息需求。这包括项目业主 / 客户、项目团队、项目经理、项目供应商、项目所在社区等各方面需要了解项目的工期、成本、环境影响、资源需求、预算控制、经费结算等各种信息的全面需求。这种项目沟通需求的确定涉及对于所需信息内容、格式、类型、传递方式、更新频率、信息来源等方面的决策。例如：项目业主究竟需要哪些项目信息，这些信息是以报表还是以报告的形式提供，这些信息是数值型还是字符型的；哪些信息需要通过面谈传递，哪些信息需要通过会议或电子邮件传递；这些报告或报表多长时间报告一次；这些信息是由项目经理报告还是由项目财务主管或项目技术主管报告。项目沟通需求确定涉及以下 5 种信息需求。

（1）项目组织管理方面的信息需求。这是有关项目实施组织、项目团队的上级组织和项目全部干系人关系等方面的组织信息需求。这包括有关组织结构、相互关系、主要责任与权力、主要的规章制度、主要的人力资源情况等方面的信息需求。

（2）项目内部管理方面的信息需求。这是有关项目团队内部开展管理所需的各个方面的信息，包括项目团队内部各种职能管理、各种资源管理、各种工作过程管理等方面的信息需求。

（3）项目技术方面的信息需求。这是有关项目技术工作及技术资料方面的信息需求，包括整个项目产出物的技术信息和资料、项目工作技术信息和资料，以及项目核心技术信息和资料等方面的技术信息需求。

（4）项目实施方面的信息需求。项目实施方面的信息是有关整个项目工期计划及其完成情况方面的信息需求，整个项目实际产出物质量和工作质量方面的信息需求，整个项目的资金与预算控制方面的信息需求等有关项目实施情况的信息需求。

（5）项目与公众关系的信息需求。这包括两个方面的信息需求，一个是项目实施组织所需的各种公众信息（包括国家、地区、当地社区的政治、经济、社会、风俗、文化等方面的信息），另一个是社会公众需要了解的项目信息（包括环保、项目带来的好处、项目的重要性等）。

3. 影响项目沟通方式方法确定的因素

在项目沟通中，针对不同信息的沟通需要采取不同的沟通方式方法，因此在制订项目沟通计划过程中还必须明确各种沟通方式方法。不同的沟通方式方法会直接影响项目信息传递的准确性、可靠性、及时性和完整性。究竟项目实施组织需要采用哪种沟通方式方法，需要根据项目实际需求和客观条件决定。一般来讲，影响项目沟通方式方法确定的因素主要有以下 4 个方面。

（1）沟通需求的紧迫程度。项目的成功必须依靠大量不断更新的信息，但是有些信息的沟通时间紧迫，而有些可以暂缓。所以在确定沟通方式方法时要充分考虑这一因素，对于急迫的信息沟通需求，要选用更为快捷的沟通方式。

（2）沟通方式方法的有效性。采用什么样的方式方法有助于满足项目沟通需要是确定项目沟通方式方法的关键影响因素。例如：会议沟通方式适用于研究和集体决策，公告沟通方式适用于规章制度的发布或各种项目事务的通告。

（3）项目干系人的能力和习惯。沟通方式方法的选择还必须充分考虑项目干系人的经历、知识水平、接收与理解能力和在沟通方面的习惯。这包括干系人现有的能力与习惯以及需要进行广泛学习、培训提高和改进的能力与习惯。

（4）项目本身的规模。如果项目的规模小、工作量不大、生命周期很短，一般可以选用人们习惯的和便于实施的沟通方式方法；如果项目规模大、生命周期长，就需要采取一些先进而有效的项目沟通方式方法了。

二、项目沟通计划的制订

项目沟通计划与一般计划有许多不同之处，如项目沟通工作的责任多数是共担的，项目沟通的资源和预算很难确定和控制等。一般而言，项目沟通计划制订的结果是一份项目沟通计划。项目沟通计划一般应该包括以下内容：

1. 信息的收集和归档格式的规定

项目沟通计划中要规定采用何种方法收集和存储沟通所需的不同类型的信息，已经发布的信息经过更新和更正后如何进行反馈和传播，以及这些工作的程序等。

2. 信息发布格式与权限的规定

项目沟通计划中还要注明各种信息的流向、信息的最终用户和信息发布与使用权限，以及各种不同类型信息的发布方式等。项目信息发布格式与权限的要求和项目组织结构图所表述的权限、责任和汇报关系要一致。

3. 对所发布信息的规定和描述

项目沟通计划中还要对所发布信息进行必要的规定和描述，这包括所发布信息的格式、内容、详尽程度、信息的来源、信息生成时参考的文献、信息相关术语的定义、获得信息的方法、信息储存的要求等。

4. 变更或修订项目沟通计划的规定

项目沟通计划中还需要注明对变更与修订该计划的规定，这包括根据项目需要更新项目沟通计划的周期和内容；项目沟通计划与项目整合计划的同步更新，以及变更和修订项目沟通计划的方法和程序。

5. 约束条件与假设前提条件

项目沟通计划还应该包括两项内容：其一是项目沟通计划的约束条件，其二是项目沟通计划的假设前提条件。前者是在制订项目沟通计划时限制项目沟通的各种因素，后者是那些开展项目沟通的假定存在并作为制订计划依据的前提条件。通常在这些条件发生变化时，应该修订和更新项目沟通计划。

单元三 项目报告

在项目沟通中，报告是传递项目信息最多的形式，是项目沟通中最为重要的信息传递和沟通方法。所有项目管理者都必须了解、熟悉和掌握基本的项目报告方法。

一、项目报告的分类

不管是项目口头报告还是项目书面报告，它们各自都有按照不同分类标准进行分类的方法。

1. 项目口头报告

项目口头报告主要是根据报告的用途分类，这种分类方法能够很好地区分不同的口头报告，而且便于阐明报告中使用的沟通方法。根据用途划分的口头报告有如下3种：

（1）汇报性口头报告。这种口头报告的核心内容是汇报项目整体或某个部分的实际情况或发生的问题。这种口头报告一般采用白描的方法，只要将事情的本来面貌叙述清楚即可，不需要加入分析和评论，因为这种报告的关键是说明事实而不是要说服对方或征得对方的认可。这是在项目沟通中使用最多的一种口头报告。

（2）说服性口头报告。这种口头报告的目的是通过报告去证明一种观点、一个计划、一个方案或其他事情的正确性，并说服对方接受报告者提出的观点、计划或方案等。在项目管理中，这种口头报告也是经常使用的，而且其重要性比汇报性口头报告要高，因为汇报性口头报告只是说明问题，而说服性口头报告是用来解决问题或者商量解决方案的。说服性口头报告中既包括白描的事实叙述，也包括解释性和论证性的叙述。

（3）敲定性口头报告。这种口头报告的目的是通过报告去敲定一件事情，这是一种需要做出决策的口头报告，如敲定一件事情是做还是不做。这种报告是一种请示或商量应该如何办理事情和解决问题的报告，报告者需要在报告过程中提出自己的意见、观点和建议，并说明相应的理由。在敲定性口头报告中，白描性的事实叙述很少，解释性和论证性的叙述也不多，主要是询问性的叙述和说明。

2. 项目书面报告

项目书面报告的种类很多，格式和内容都不相同，报告频率也不相同。有些报告的类型、内容、格式是由项目团队自己确定的，有些报告的要求是由项目业主／客户规定的。因为书面报告要以书面形式给出，所以必须满足读者的要求与期望而不是报告者的要求与期望，这一点是非常重要的。通常，书面报告划分形式有以下 2 种：

（1）按照书面报告的格式划分。按照书面报告的格式划分，可以将书面报告划分成许多种类，但是最为基本的是书面报表和书面报告（狭义的书面报告）。书面报表是项目沟通过程中使用最多的一种书面报告，它是以一种管理工程语言编写的书面报告。书面报表按照固定的报表格式和固定的报告期，分别报告项目的工期、质量、成本、安全等各种报告期中发生的情况和各种对比数据。书面报表通常可以单独报告，也可以与一定的说明性书面报告一起报告，以分析和说明报表的一些细节和问题与问题产生的原因。书面报告是指与书面报表不同的、主要是使用文字说明事情或问题的狭义的书面报告。它是以一种通用语言书写的书面报告，这种书面报告没有固定的报告格式，多数根据报告的问题和事情决定格式。书面报告有定期报告和不定期报告两种，而且有分别涉及项目的工期、质量、成本、安全等各种不同的报告。但是这种书面报告着重讨论的不是事实数据，而是事实的说明和原因的分析。

（2）按照书面报告的用途划分。按照书面报告的用途划分，也会有许多种书面报告，最常用的是项目绩效报告和工作终结报告。项目绩效报告是在整个项目的实现过程中，按照一定的报告期给出的，有关项目各方面工作实际进展情况的报告。这是项目沟通管理中最主要的内容，所以接下来会对其做详细的讨论。工作终结报告是在项目或项目阶段结束之时对项目或项目阶段的工作总结。工作终结报告既不是项目绩效报告的累积，也不是对项目或项目阶段整个过程中发生事情的详尽描述，而是在项目或一个项目阶段结束时必须给出的一种文档。接下来也会对工作终结报告作详细的讨论。

二、项目绩效报告

项目绩效报告不是项目活动过程的描述性报告，而是项目进展情况和结果的汇总报告。项目绩效报告既包括由项目团队成员向项目经理或项目管理者呈送的报告，也包括由项目经理向项目业主／客户呈送的报告，还包括由项目经理向项目实施组织的上层管理者呈送的报告。项目绩效报告通常会有一个特定的期限，称作报告期。项目绩效报告的报告期可以是一周、一个月、一个季度或任何一个合适的周期。大多数项目绩效报告的内容只包括报告期间的进展和结果，不包括项目开始以来的累积进展情况。表 10-1 是一个项目绩效报告纲要的实例。

表 10-1　项目绩效报告纲要

1	自上次报告以来的绩效成果	
2	项目实施的计划完成情况 ● 成本 ● 进度 ● 质量	
3	前期问题解决的情况	
4	本期发生的问题	
5	计划采取的改进措施	
6	下一报告期要实现的目标	

由表 10-1 可知，项目绩效报告中主要包含 6 个细目。

1. 自上次报告以来的绩效成果

这部分应该报告本报告期内已实现的关键项目目标，也可以报告项目的一些特定目标的完成（或没有完成）情况。

2. 项目实施的计划完成情况

这是有关项目成本、工期、质量和范围的实际完成情况的报告，以及实际完成情况与项目计划目标和标准的比较。

3. 前期问题解决的情况

如果前一期的项目绩效报告中曾经提出一些需要解决的问题，则在本期报告中应该给出解决的结果并说明原因，不管已经解决还是没有解决的都应该报告。

4. 本期发生的问题

这是有关本报告期所发生的问题的报告，包括：技术问题、工期问题、成本问题、人员问题和其他任何与项目相关的问题。

5. 计划采取的改进措施

这部分应详细说明在下一个报告期内为解决每一个问题所要采取的改进措施，它包括解释这些措施是否会使项目目标受到威胁，以及项目管理和工作中所要采取的改进措施。

6. 下一报告期要实现的目标

这是有关下一报告期预期目标的说明和规定。这些预期目标要与最新更新或修订的项目计划一致。

三、工作终结报告

项目的工作终结报告既不是绩效报告的累积，也不是对某个项目整个过程中发生事情的详尽描述，它是当项目或项目阶段的目标达成或中止后，对项目或项目阶段进行的总结。项目或项目阶段的总结主要阐述项目成果的正确性，工作终结报告的工作包括收集整理项目记录、分析说明项目成果和效率等。项目或项目阶段的工作终结报告不能拖到项目全部完成后才开始准备，而应该在每个项目阶段中进行适当的总结，以保证重要的、有用的信息不被遗失。项目或项目阶段的工作终结报告包括以下 9 个方面的内容。

1. 项目业主／客户对项目或项目阶段的最初要求

这包括在项目定义阶段项目业主／客户提出的期望与要求，以及项目团队对各项工作的期望与要求。

2. 项目或项目阶段最初确定的主要目标

这包括各种项目计划和合同书中所包括的项目或项目阶段的既定目标和具体目标值，以及这些目标的变更和修订情况。

3. 项目或项目阶段作业的简要描述

这包括对于项目或项目阶段的任务、资源、进度、成本、质量等方面的简要描述，以及相关的约束条件和假设前提条件等方面的说明。

4. 项目或项目阶段成果和预期的对比

这包括项目或项目阶段成果所体现的各种实际利益，主要是项目给项目业主／客户带来的实际利益，以及这些实际利益与项目定义阶段确定的预期利益之间的比较。

5. 项目或项目阶段目标的实现程度说明

这包括项目具体实现的成果与目标相比较，实现的程度等方面的说明和分析。如果项目或项目阶段未能实现预期的目标，那么就需要对造成这种结果的原因作详细的说明。

6. 善后事宜的说明

这部分内容包括需要进一步解决的问题和为了维护、提高或扩大项目成果，项目业主／客户在将来应考虑采取的措施和应开展的活动等。

7. 提供给项目业主／客户的所有产出物的说明

这是项目或项目阶段交付的项目产出物的描述，包括项目或项目阶段生成的设备、材料、软件、设施、技术等，以及相应的图纸、图样、技术说明书和报告及其一览表。

8. 项目成果的最后测试数据

这包括对于项目产出物的测试过程、测试参数、测试方法和测试结果等各方面最后测试数据的汇总。这些都是为项目业主／客户接收和使用项目所提供的。

9. 项目或项目阶段的经验与教训

这主要是有关项目或项目阶段所犯错误或失误的经验总结，以及由此带来的各种可吸取的教训的说明。

四、项目报告的编写原则

在准备各种项目报告时都需要考虑编写原则，以便提供有价值的项目信息。

1. 项目报告要简明

不要试图通过延长报告长度来打动报告接收者，报告的长短不等于项目进展或完成程度的好坏。报告简明才会有更多的被阅读的机会，因此应尽量使各种项目报告简洁明了。

2. 项目报告内容和格式要保持一致

若要项目报告内容和格式保持一致，就需要根据报告内容选用报告的格式和语言。在报告中要突出重点，要尽量使用短句和容易理解的句子，要使用简单的语言，

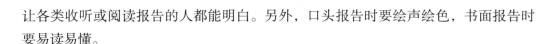

让各类收听或阅读报告的人都能明白。另外，口头报告时要绘声绘色，书面报告时要易读易懂。

3. 借助图表进行简要和充分的表达

图表是项目管理的工程语言，在项目报告中要充分使用，因为许多事物是用一般语言很难描述清楚的，或者效果不佳，图表却可以很好地说明问题。但是图表也不能太烦琐，每张图表最好只讨论一个概念或问题。

4. 报告方式使报告接收者易于理解

有对内的项目报告，也有对外的项目报告；有为项目团队使用的项目报告，也有为项目业主 / 客户服务的项目报告。因为报告接收者不同，所以报告的方式也要有所不同。公开的报告应该是开放的、吸引人的，并以一种报告接收者容易理解的方式进行报告。

五、项目报告和文件管理与控制

在项目实现的过程中，除项目报告外，还有许多其他的文件也属于项目沟通管理的管理对象和范畴。这些既可以是由项目团队提供或管理的，也可以是由项目业主 / 客户提供和管理的。项目报告和文件可以是文本、图样、表格、手册、磁带、磁盘或软件等各种形式。

1. 项目报告和文件管理与控制的重要性

项目报告和文件管理与控制是非常重要的项目沟通管理内容，因为在项目进行过程中，这些报告和文件都可能会改动，而这种改动可能是由于项目业主 / 客户或项目团队提出的变更造成的，因此必须记录、管理和控制这些修改。因为这直接涉及各方的利益和责任，所以项目报告和文件管理与控制是涉及项目各方利益的重要管理与控制工作。

2. 项目报告和文件管理与控制的统一性

在项目的整个过程中，各种项目报告和文件的变更与修订必须贯彻统一性的原则。项目各种报告和文件的变更与修订应该结合起来完成。通常一个项目报告或文件的变更与修订会造成一系列项目报告和文件都需要变更与修订。同时，项目团队必须清楚哪些报告和文件是最新版本或正在使用的版本，并使用它们去开展工作。因此在所有项目报告和文件的页脚都应载有变更或修订日期、变更或修订序号、变更或修订人的姓名和签字。

3. 项目报告和文件管理与控制的及时性

项目报告和文件管理与控制必须及时，而且变更与修订后的项目报告和文件必须及时发到项目团队成员或项目业主/客户手中。一旦项目报告和文件做了修改，最新的文件必须立即发送给那些工作受到变更影响的团队成员手中，并且要发放变更与修订的通知以说明对以前报告和文件所做的改动。如果一个项目报告和文件只是稍作修改，只须分发做了更改的部分；如果修订很大，那么就应该分发重新修订的项目报告和文件。

4. 项目报告和文件管理与控制的制度性

在项目早期就应该制定项目实施组织和项目业主/客户、项目经理和项目团队关于项目报告和文件的变更与修订制度，并在项目实施中逐步健全这种制度。

同步案例

A项目是一个新产品开发项目，项目计划开发周期为11个月。项目团队有11个人，包括项目经理1人、开发工程师5人、测试工程师2人、文档工程师1人、配置管理1人、QA 1人。项目于2022年7月1日开始。

项目计划如下：需求分析1个月，总体设计2个月，详细设计2个月，编码5个月，文档准备、客户验收测试0.5个月，修改Bug并发布0.5个月。项目开工后，项目团队充满激情地努力工作，项目经理也非常有信心按期完成该项目，并在开工会上公布了该项目的考核与激励制度。

2022年8月1日，项目组按期完成《需求规格设计说明书》；2022年10月1日，项目组按期完成了总体设计。

此时，市场部提出，最近有几位客户都问到这个产品了，10月可能有客户要看演示的样品，需要加快开发进度，问项目经理是否可以先开发样品，详细设计后面再补充。

项目经理经过与项目组及项目管理部协商，决定去掉详细设计这个环节，直接进入产品的编码阶段，安排开发工程师根据总体设计负责各自模块的开发工作。

5名开发工程师组成的开发小组进入非常忙碌的编码阶段后，经常加班加点。开发过程中，由于原来制订的计划已完全被打乱，QA无法再根据原来的质量保证计划进行跟踪，项目组其他人员也已无法发挥作用。

2023年2月15日，项目经理向公司管理层反映这个项目存在的问题：市场部提出的需求有部分不能实现，项目团队遇到了技术瓶颈，一些团队成员要离职。为此，由项目管理部组织会议，对新增的部分需求进行评审，最终决定产品要继续开发，确定关键技术问题的解决时间为 2023 年 3 月 15 日，其他工作继续进行。

遗憾的是，关键技术问题一直到 5 月 1 日才解决，这时已有 2 名开发工程师因为缺乏信心而离职。项目经理除了要考虑项目进度，还要考虑项目资源。由于此时其他项目任务也很重，公司资源很紧张，他不得不重新招聘开发工程师。

等项目经理招到 2 名新人后，已是 2023 年 6 月 15 日了，项目本应结束，但现在编码任务至少还需要 1 个月才能完成。在公司的月度会议上，项目经理向包括总裁在内的各位高层领导做了汇报，并因为项目进度延迟受到了批评。

2023 年 8 月 1 日，测试部终于拿到了系统的第一个测试版本。

2023 年 10 月 20 日，系统终于开发和测试完毕，测试部输出最终的测试报告，同意该产品向市场发布，但所有的文档，包括《详细设计》《需求规格设计说明书》《产品说明书》等还没有上传到配置库。

【问题 1】本案例中的项目至少延期了多长时间？

【问题 2】为了实现本案例中市场部提出的要求，作为项目经理，你认为可以采取哪些措施来应对？

课后习题

一、单选题

1. 有关沟通的基本概念的理解，不正确的是（　　　）。

　A. 沟通就是相互理解

　B. 沟通是提出和回应问题与要求

　C. 沟通交换的是信息和思想

　D. 沟通是一种有无意识的行为

2. 项目沟通中，不恰当的做法是（　　　）。

　A. 对外一致，一个团队要用一种声音说话

　B. 采用多样的沟通风格

　C. 始终采用正式的沟通方式

　D. 会议之前将会议资料发给所有参会人员

3. （　　　）是信息接收者对已经接收到的信息进行从初始形式转化为可以理解形式的一项信息加工工作。

　A. 理解　　　　　B. 反馈　　　　　C. 解码　　　　　D. 编码

4. 沟通的基本原则不包括（　　　）。

　A. 准确性原则　　B. 精确性原则　　C. 完整性原则　　D. 及时性原则

5. (　　) 的目的是通过报告去证明一种观点、一个计划、一个方案或其他事情的正确性，并说服对方接受报告者提出的观点、计划或方案等。

    A. 汇报性口头报告　　　　　　　　B. 说服性口头报告

    C. 敲定性口头报告　　　　　　　　D. 综合性口头报告

二、简答题

1. 简述影响项目实施组织沟通效果的因素。

2. 简述影响项目沟通方式方法确定的因素。

3. 简述项目沟通计划的内容。

4. 简述项目口头报告的种类。

5. 简述项目绩效报告的主要内容。

模块十一　项目的风险管理

学习目标

◆ **知识目标**
1. 理解项目风险的定义和分类方法
2. 理解项目风险识别的相关内容
3. 了解项目风险的应对措施

◆ **技能目标**
1. 掌握项目风险识别的方法
2. 学会项目风险的应对措施

◆ **素质目标**
树立职业道德观，具备良好的风险意识，具备灵活的思维

案例导入

　　小鹏是负责某个大型信息系统集成项目的高级项目经理，小张是从事编程工作的行家里手。因人手比较紧张，小鹏选择小张作为负责软件子项目的项目经理，小张同时负责模块的编程工作。因时间紧、任务重，从未接触过管理工作的小张一时无法合理安排，导致软件子项目失控。

　　【问题1】简要说明小鹏在风险管理中有哪些考虑不周的地方。

　　【问题2】简要说明小鹏应采取哪些办法解决上述案例中的问题。

单元一　项目风险概述

项目的实现过程是一个存在很大不确定性的过程，因为这一过程是一个复杂的、一次性的、创新的，并涉及许多关系与变数的过程。项目的这些特性造成了项目实现过程中存在各种各样的风险。如果不能很好地管理这些风险，就会造成各种各样的损失，因此在项目管理中必须充分识别、度量和控制项目风险。确切地说，项目管理中最重要的任务就是对项目不确定性因素和风险的管理。这是因为确定性和常规性的管理工作涉及的是程序化和结构化的管理问题，针对这些问题的管理力度是十分有限的。

一般风险管理理论认为，风险是指由于人们不能预见或控制某事物的一些影响因素，使得事物的最终结果与人们的期望产生较大背离，从而使人们蒙受损失的可能性。产生风险的主要原因是信息的不完备性，即当事者对事物有关影响因素与未来发展变化情况缺乏足够的、准确的信息。由于项目具有一次性、独特性和不确定性，因此它存在很大的风险性，对此必须积极地开展项目风险管理。

一、项目风险的定义

项目风险是指由于项目所处环境和条件本身的不确定性，和项目业主/客户、项目实施组织或项目其他干系人主观上不能准确预见或控制，因此项目的最终结果与当事者的期望产生背离，从而给当事者带来损失的可能性。形成项目风险的根本原因是人们在对于项目未来发展与变化的认识和应对等方面出现了问题。

通常，人们对于事物的认识可以划分成 3 种不同的状态，即拥有完备信息的状态、拥有不完备信息的状态和完全没有信息的状态。3 种不同的认识状态决定了当事者的决策和期望。

1. 拥有完备信息的状态

在这种状态下，人们知道某事件肯定会发生或者肯定不发生，还知道在该事件发生和不发生的情况下会带来的确切后果。一般将拥有这种特性的事件称为确定性事件。例如：某工程项目的露天混凝土浇灌作业，晴天可完成工程量，下雨天则需要停工。现有天气预报报道第二天降水概率为 0，那该项目明天开展施工作业并完成工程量就是一个确定性事件（不考虑其他因素）。

2. 拥有不完备信息的状态

在这种状态下，人们只知道某事件在一定条件下发生的概率（发生可能性），以及该事件发生后可能会出现的各种后果，但是并不确切地知道该事件究竟是否会发生和发生后事件的发展与变化结果。拥有这种特性的事件被称为不确定性事件或风险性事件。例如：某工程项目的露天混凝土浇灌作业，如果天气预报报道第二天的降水概率为60%，若第二天开展施工作业，该项目就有40%的可能性会出现因下雨不但不能完成工程量，而且会损失工料费的风险。在这种情况下，该工程队第二天开展作业并完成工程量就是一个不确定性事件或风险性事件。

3. 完全没有信息的状态

在这种状态下，人们也不知道某事件发生的条件和概率，而且对于该事件发生后会造成的后果也不清楚，对于该事件的许多特性只有一些猜测。拥有这种特性的事件被称为完全不确定性事件。例如：某工程项目的露天混凝土浇灌作业，如果根本没有天气预报，那么连第二天是否下雨也不清楚，该项目第二天能否开展施工作业也不清楚。在这种情况下，该项目第二天完成工程量就是一个完全不确定性事件。

在项目的整个实现过程中，确定性、不确定性和完全不确定性事件这3种情况都是存在的，随着项目复杂性的提高和人们对于项目风险认识能力的不同，3种事件的比例不同。一般情况下，在上述3种情况中，项目的不确定性事件所占比重是最大的，完全不确定性事件是极少的，确定性事件较少。虽然在实际工作中，人们往往将风险性不大的事件简化成确定性事件，这样就显得有很多事件都是确定的，但是实际上这些只是在假设前提条件下的确定性事件。在上述3种不同的事件中，确定性事件和完全不确定性事件是项目风险的根源，是造成项目未来发展变化的根源。

二、项目风险产生的原因

项目风险主要是不确定性事件造成的，而不确定事件又是信息不完备造成的，即人们无法充分认识一个项目未来的发展和变化。从理论上说，项目的信息不完备情况能够通过人们的努力而降低，但是却无法完全消除。项目风险产生的原因主要有2个。

1. 人们的认识能力有限

世界上的任何事物都有各自的属性，这些属性是通过各种数据和信息加以描述的，项目也一样。人们只有通过各种项目的数据和信息才能了解项目、认识项目并预见项目的未来发展和变化。但是由于人们认识事物的能力有限，因此至今在深度与广度两方面对于世界上许多事物属性的认识仍然存在很大的局限性。从信息科学的角度上说，人们对事物认识的这种局限性，从根本上来看，是人们获取数据和信息的能力有限性和客观事物发展变化的无限性这一矛盾造成的，这使得人们无法获得事物的完备信息。人们对于项目的认识同样存在这种问题，人们尚不能确切地预见项目的未来发展变化，从而形成了项目风险。

2. 信息本身的滞后性

从信息科学的理论出发，信息的不完备是绝对的，而信息的完备是相对的。造成这一客观规律的根本原因是信息本身的滞后性。虽然世上所有事件的属性都通过数据和信息加以描述，但是人们只有在事件发生以后才能够获得有关该事件的真实数据，然后必须对数据进行加工处理以后才能产生有用的信息。由于数据加工需要一定的时间，因此事件信息的产生总会与该事件本身的产生有时间差，从而就生成了信息本身的滞后性。从这个意义上说，完全确定性事件是不存在的，项目更是如此。随着事件本身的发展和数据的生成，人们对它的认识会不断深入，其信息的完备程度会不断提高，直到事件完结，描述该事件的信息才有可能是完备的。这种信息的滞后性是造成信息不完备的根本原因，也是项目风险产生的根本原因。

三、项目风险的分类方法

项目风险可以按照不同的标准进行分类。从风险识别、度量和控制的角度来说，项目风险的分类方法主要有如下 6 种：按风险发生概率分类、按风险造成后果的严重程度分类、按风险引发原因分类、按风险造成的结果分类、按风险发生对象分类、按风险关联程度分类。这些分类方法的关系与内容如图 11-1 所示。

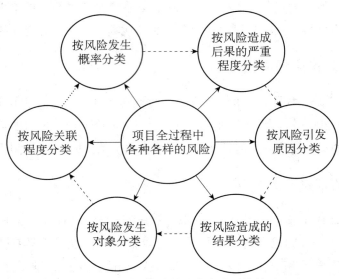

图 11-1　项目风险的分类方法及其关系

通常这些分类方法之间是按图 11-1 中虚线箭头指出的方向，依次（或分层）进行分类的。另外，在一个项目的全过程中，需要随项目环境与条件的变化、事物进展多次进行分类分析，因为每次分类分析都会更进一步地认识项目风险。例如：某项目风险概率在第一次分析中是 60%，而第二次分析有可能变成 80% 或 40%，这样对该风险的管理就要随之改变。

四、项目风险的主要特性

1. 随机性

项目风险事件的发生都是偶然的，没有人能够准确预测。虽然人们通过长期统计，发现了许多事件的发生和发生规律，但是这只是一种统计规律，即随机事件发生的规律。项目风险事件就具有这种随机性，所以项目风险存在很大的偶然性。

2. 相对性

同样的项目风险对于不同的项目和项目管理者会有不同的影响。人们认识风险的能力不同，承受风险的能力也不同；投入资源的多少不同，项目收益的大小也不同。所以项目风险具有一定的相对性。

3. 渐进性

项目风险的渐进性是说绝大部分的项目风险不是突然爆发的（只有极小部分项目风险是由突发性事件引发的），它是随着环境、条件和自身固有的规律一步一步逐渐发展而形成的。当项目的内外部条件逐步发生变化时，项目风险的大小和性质会随之发生、发展和变化。

4. 阶段性

项目风险的阶段性是指项目风险的发展是分阶段的，而且这些阶段都有明确的界限、里程碑和风险征兆。通常项目风险的发展有 3 个阶段：其一是潜在风险阶段，其二是风险发生阶段，其三是造成后果阶段。项目风险发展的阶段性为开展项目风险管理提供了假设前提条件。

5. 突变性

项目内外部条件的变化既可能是渐进的，也可能是突变的。一般在项目的内部或外部条件发生突变时，项目风险的性质和后果也会随之发生突变。例如，过去被认为有风险的事件会突然消失，而原来认为无风险的事件却突然发生了。

单元二　项目风险识别

一、项目风险识别概述

项目风险识别是一项贯穿项目实施全过程的项目风险管理工作。这项工作的目标是识别和确定项目究竟有哪些风险，这些项目风险究竟有哪些基本特性，这些项目风险可能会影响项目的哪些方面等。例如：一个项目究竟存在项目工期风险、项目成本风险，还是项目质量风险；项目风险究竟属于有预警信息风险，还是无预警信息风险；项目风险会给项目范围、工期、成本、质量等方面带来什么影响。

项目风险识别还应该识别和确认项目风险是属于项目内部因素造成的风险，还是属于项目外部因素造成的风险。一般项目内部因素造成的风险，项目实施组织或项目团队可以较好地控制和管理。例如：通过项目团队成员安排和项目资源的合理调配，可以降低许多项目拖期或项目质量方面的风险。但是，项目外部因素造成的风险是项目实施组织或项目团队难以控制和管理的，项目实施组织和项目团队对于这种风险的控制和影响力是很小的，所以只能采取一些规避或转移的方法应对。例如：项目所需资源的市场价格波动，项目业主 / 客户或政府提出的项目变更等都属于项目外部因素，由此引发的项目风险很难通过项目实施组织或项目团队的努力化解。

严格地说，项目风险不仅仅包括蒙受损失的可能性，还包括一些获得收益的可能性。因此在项目风险识别的过程中，必须全面识别项目风险可能带来的威胁和机遇。通常项目风险带来的机遇是一种项目风险的正面影响，而项目风险带来的威胁是一种负面影响。在项目风险识别中，在充分认识项目风险威胁的同时，也要识别项目风险可能带来的各种机遇，并分析项目风险的威胁与机遇的相互转化条件和影响，以便能够在制定项目风险应对措施和开展项目风险控制中，通过主观努力和正确应对，使项目风险带来的威胁得以消除，使项目风险带来的机遇转化为实际收益。

项目风险识别是项目风险管理中的首要工作，项目风险识别的主要工作内容和目标包括如下 3 个方面。

1. 识别并确定项目有哪些潜在的风险

这是项目风险识别的第一个目标。因为只有首先确定项目可能会遇到哪些风险，才能够进一步分析这些风险的性质和后果，所以在项目风险识别工作中，首先要全面分析项目发展与变化中的各种可能性和风险，从而识别项目潜在的各种风险并整理汇总成项目风险清单。

2. 识别这些风险的主要影响因素

只有准确识别各个项目风险的主要影响因素，才能把握项目风险的发展变化规律，才有可能对项目风险进行应对和控制。所以在项目风险识别活动中，要全面分析各个项目风险的主要影响因素和它们对项目风险的影响方式、影响方向、影响力度等。要运用各种方式将这些项目风险的主要影响因素同项目风险的相互关系描述清楚，使用图表、文字说明或数学公式均可。

3. 识别项目风险可能引起的后果

这是项目风险识别的第三个目标。在识别出项目风险和项目风险的主要影响因素以后，还必须全面分析项目风险可能带来的后果及其严重程度。项目风险识别的根本目的就是要缩小和消除项目风险带来的后果，同时争取扩大项目风险可能带来的有利结果。当然，在这一阶段对于项目风险的识别和分析主要是定性分析，定量分析将在项目风险度量中进行。

二、项目风险识别所需的信息和依据

1. 项目产出物的描述

项目产出物的描述是项目风险识别的主要依据之一，因为项目风险识别最重要的内容是识别项目工作能否按时、按质、按量和按预算最终生成项目产出物，以实现项目目标。

2. 项目的计划信息

这包括项目的整合计划和各种项目专项计划中所包含的全部信息和文件。这些信息有两方面的作用，其一是作为项目风险识别的依据，其二是作为项目风险识别的对象。例如：一个项目的成本计划是分析与识别项目质量风险的一个重要依据，因为如果项目预算缺口比较大就会出现由于资源不足或资源质量下降而造成的项目质量问题；项目成本计划也可以作为项目风险识别的对象，人们可以通过对项目成本计划的分析去识别项目超预算的风险，这也是项目风险识别的一个很重要的方面。

3. 历史资料

这是指历史项目实际发生的各种意外事情（风险）的信息，它们对于识别新项目风险是非常重要的依据。因为前车之鉴在项目风险管理中是最重要的参考和依据之一，所以在项目风险识别过程中首先要全面收集各种有用的历史信息，特别是各种有关历史项目的经验和教训。这些历史资料中既有项目风险因素的分析，又有各种风险事件发生过程的记录，还有项目风险带来的机遇和威胁以及实际发生的风险事件所造成的损失等方面的信息，这些对于项目风险识别是非常有用的。一般历史资料有以下 3 种来源。

（1）历史项目的各种原始记录。这可以从历史项目的项目实施组织处得到。人们一般都会保留历史项目的各种原始记录，这些原始记录对于项目风险识别是非常有帮助的。在一些专业应用领域中，某些项目团队成员也可能保存原始记录。例如：造价工程师就会保留他所参加项目的各种相关资料。

（2）商业性历史项目资料。有许多项目管理咨询公司保留了大量的历史项目信息和统计资料，他们就是通过提供这些资料和开展相关经营活动而营利的，所以可以通过这类项目管理咨询公司获得项目风险识别所需的各种历史资料。

（3）历史项目团队成员的经验。参与历史项目的项目团队成员可能在头脑中保留了许多与历史项目有关的事情或数据，这是一种思想型的历史资料。这种资料也是项目风险识别的重要依据，但是它们通常比较难收集，多数需要通过面谈的方式获得，而面谈又需要很高的沟通技巧。

三、项目风险识别的方法

项目风险识别的方法有很多，既有结构化方法也有非结构化方法，既有经验性方法也有系统性方法，以下 4 种方法非常常见。

1. 系统分解法

项目风险识别中最常用的一种方法，是利用系统分解的原理将一个复杂的项目分解成比较简单和容易认识的子系统或系统元素，从而识别各子系统或系统元素造成的风险的方法。例如，在投资建造一个化肥厂项目时，项目分析人员可以首先根据项目本身的特性，将项目风险分解为市场风险、投资风险、经营风险、技术风险、资源及原材料供应风险、环境污染风险等，然后将这些项目风险进一步分解成竞争风险（市场竞争造成的项目失败或亏损的风险）、替代风险（项目建成后可能出现替代产品而使项目蒙受损失的风险）、需求风险（项目建成后产品市场出现需求不足、需求下降和市场饱和，从而使项目蒙受损失的风险）。

2. 流程图法

流程图法是给出一个描述项目的工作流程、项目各部分之间的相互关系等信息的图表，具体包括项目系统流程图、项目实施流程图和项目作业流程图等各种形式的和不同详细程度的项目流程图。流程图法就是使用这些流程图去全面分析和识别项目风险的一种方法，因为这种方法的结构化程度比较高，所以对于识别项目的系统风险和各种风险要素是非常有用的。这种方法是使用项目流程图帮助项目风险识别人员识别和分析项目风险、项目各个环节存在的风险，以及分析各个项目风险的起因和影响。运用这种方法得出的项目风险识别结果还可以为后面项目实施中的风险控制提供依据。

3. 头脑风暴法

对于项目风险识别来说，头脑风暴法是一种运用创造性思维、发散性思维和专家经验，通过会议的形式去分析和识别项目风险的方法。在使用这种方法识别项目风险时，要允许各方面的专家和分析人员畅所欲言，搜寻和发现项目的各种风险。使用这种方法时，组织者要善于提问并能及时整理项目风险分析的结果，并促使与会者不断发现和识别项目的各种风险和风险影响因素。一般使用这种方法可以回答下列问题：如果进行这个项目会遇到哪些风险？风险的后果危害程度如何？风险的主要成因是什么？风险事件的征兆有哪些？风险有哪些基本特性？

4. 情景分析法

情景分析法是一种通过对项目未来的某个状态或某种情况（情景）的详细描述来分析所描绘情景中的风险与风险要素，从而识别项目风险的方法。在项目风险分析与识别中，需要有这样一种能够识别各种引发风险的关键因素以及它们的影响程度的方法。情景描述可以用图表或曲线给出，也可以用文字给出。对于涉及因素较多、分析计算比较复杂的项目风险识别，可以借助计算机完成。这种方法的流程是：先给出项目情景描述，然后变动项目某个要素，分析变动后项目情况变化和可能产生的风险与风险后果。情景分析法对以下项目风险识别工作特别有用：

（1）分析和识别项目风险的后果。通过情景描述与模拟，可以分析和识别项目风险发生后会产生的后果。这可用于提醒项目决策者注意采取风险控制措施以防止可能发生的项目风险和风险后果。

（2）分析和识别项目风险波及的范围。通过情景描述与模拟以及改变项目风险影响因素等方式，可以分析和识别项目风险发生波及的项目范围并给出需要进行监视跟踪和控制的项目风险范围。

（3）检验项目风险识别的结果。当各种项目风险识别的结果相互矛盾时，情景分析法可用于检验各种项目风险的可能性和发展方向与程度，并通过改变项目风险变量的情景模拟和分析，检验项目风险识别的结果。例如：给出两个极端情况和一个中间情况的情景模拟，通过观察这些情景中风险的发生和发展变化检验项目风险识别的结果。

（4）研究某些关键因素对项目风险的影响。情景分析法可以通过筛选、监测和诊断三项工作，研究某些关键因素对于项目风险的影响。其中，筛选是对潜在的风险、风险因素进行分类排序，筛选出关键因素。在监测中，通过模拟某些风险情景，并根据风险发展变化找出影响风险的关键因素。在诊断中，通过对项目风险和项目风险影响因素分析，诊断风险起因、表现、后果及后果与起因的关系，最终找出关键因素。

图 11-2 是一个描述筛选、监测和诊断关系的项目风险元素识别图，它们由情景分析法中的 3 个过程，即疑因估计、仔细检查和征兆鉴别构成。

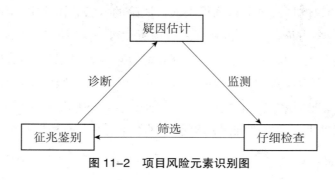

图 11-2　项目风险元素识别图

筛选：仔细检查→征兆鉴别→疑因估计。

监测：疑因估计→仔细检查→征兆鉴别。

诊断：征兆鉴别→疑因估计→仔细检查。

四、项目风险识别的工作结果

1. 已识别出的项目风险

已识别出的项目风险是项目风险识别中最重要的工作结果之一，因为其可以图表形式呈现，所以通常又将这种风险识别结果称为项目风险清单。该清单由一列可能发生的风险事件构成，这些项目风险都是可能影响项目最终结果的事件。项目风险清单要尽可能详尽和容易理解。通常的项目风险包括项目目标或项目需求的改变，项目设计错误、遗漏和误解，项目范围定义不清，项目团队成员角色和责任的理解有误，项目估算错误，缺少合格的项目团队成员等。对于已识别项目风险的描述应该包括已识别项目风险发生概率的估计、风险可能影响的范围、项目风险可能发生的时间范围、项目风险事件可能带来的损失等。

2. 可能潜在的项目风险

可能潜在的项目风险是一些独立的项目风险事件，如自然灾害、特殊团队成员的辞职等。可能潜在的项目风险与已识别的项目风险不同，它们是尚没有迹象表明将会发生，但是人们可以想象到的一种主观判断性项目风险。因为潜在的项目风险可能会发展成真正的项目风险，所以对于可能性或者损失相对比较大的可能潜在项目风险也应该注意跟踪和评估，特别是可能潜在的项目风险向实际项目风险转化的情况更应注意。

3. 项目风险的征兆

项目风险的征兆，又被称作项目风险触发器，是指那些指示项目风险发展变化的现象或标志。例如：士气低落可能会导致项目绩效低下从而可能带来项目工期拖延的风险，所以士气低落是项目风险的征兆；如果发生通货膨胀，可能会使项目所需资源的价格上涨，从而会带来项目实际成本突破项目预算的风险，所以通货膨胀是项目风险的征兆。一般而言，项目风险的征兆较多，要全面识别和区分清楚主要和次要的项目风险征兆。

单元三　项目风险的应对措施

一、项目风险应对措施的概念

经过项目风险识别和度量（风险定性分析和风险定量分析）确定出的项目风险一般会有两种情况：其一是项目整体风险超出了项目实施组织或项目业主 / 客户能够接受的水平；其二是项目整体风险在项目实施组织或项目业主 / 客户可接受的水平之内。情况不同，项目风险应对措施也不同。在项目整体风险超出项目实施组织或项目业主 / 客户能够接受的水平时，项目实施组织或项目业主 / 客户至少有两种基本的应对措施可以选择：其一是当项目整体风险超出可接受水平很多时，由于无论如何努力也无法完全避免风险所带来的损失，因此应该立即停止项目或取消项目；其二是当项目整体风险超出可接受水平不多时，由于通过主观努力和采取措施能够避免或消减项目风险损失，因此应该制定各种各样的项目风险应对措施，并通过开展项目风险控制落实这些措施，从而避免或消

知识链接：风险
定量分析

知识链接：风险
定性分析

减项目风险所带来的损失。对于第二种情况，项目整体风险在项目实施组织或项目业主/客户可接受的水平之内，因为这正好是我们想要的结果，所以只要保持即可。

二、项目风险应对措施的类型

1. 风险规避措施

这是从根本上放弃使用有风险的项目资源、项目技术、项目设计方案等，从而避开项目风险的一类风险应对措施。例如：坚决不在项目实施中采用不成熟的技术就是一种风险规避措施。

2. 风险遏制措施

这是从遏制项目风险事件引发的角度出发，控制和应对项目风险的一种措施。例如：对可能出现的因项目财务状况恶化而造成的项目风险，采取注入新资金的措施就是一种典型的风险遏制措施。

3. 风险转移措施

这类项目风险应对措施多数是用来对付那些概率小但是损失大，或者项目实施组织很难控制的项目风险。例如：通过合同或购买保险等方法将项目风险转移给分包商或保险商的办法就属于风险转移措施。

4. 风险化解措施

这类措施从化解项目风险产生的原因出发，控制和应对具体风险。例如：对于可能出现的项目团队内部冲突风险，可以通过采取双向沟通、消除矛盾的方法解决，这就是一种风险化解措施。

5. 风险消减措施

这类措施是对付无预警信息项目风险的主要应对措施之一。例如：当出现雨天而无法进行室外施工时，采用尽可能安排项目团队成员与设备从事室内作业就是一种风险消减措施。

6. 风险应急措施

这类项目风险应对措施也是对付无预警信息项目风险的主要应对措施之一。例如：准备各种灭火器材以对付可能出现的火灾等就属于风险应急措施。

7. 风险容忍措施

风险容忍措施多数是对那些发生概率小，而且项目风险所能造成的后果较轻的风险事件所采取的一种风险应对措施。这是一种经常使用的项目风险应对措施。

8. 风险分担措施

这是指根据项目风险的大小和项目团队成员以及项目干系人不同的承担风险能力，将项目风险分给他们共担的一种应对措施。这也是一种经常使用的项目风险应对措施。

另外还有许多项目风险应对措施，但是在项目风险管理中，上述项目风险应对措施是最常使用的 8 种项目风险应对措施。

三、制定项目风险应对措施的依据

1. 项目风险的特性

通常，项目风险应对措施主要是根据风险的特性制定的。例如：对于有预警信息的项目风险和没有预警信息的项目风险就必须采用不同的项目风险应对措施；对于项目工期风险、项目成本风险和项目质量风险也必须采用完全不同的风险应对措施。

2. 项目实施组织抗风险的能力

项目实施组织抗风险能力既决定了一个项目实施组织能够承受多大的项目风险，也决定了项目实施组织对于项目风险应对措施的选择。项目实施组织抗风险能力包括许多要素，既包括项目经理承受风险的心理能力，也包括项目实施组织具有的资源和资金能力等。

3. 可供选择的项目风险应对措施

对于一个项目实施组织而言，只有一种项目风险应对措施和有很多个项目风险应对措施，情况是不同的，要选择最有效的项目风险应对措施。

四、制定项目风险应对措施的工作结果

1. 项目风险管理计划

项目风险管理计划是项目风险应对措施和项目风险控制工作的计划与安排，是项目全过程的风险管理目标、任务、程序、责任、措施等一系列内容的全面说明。

它应该包括对于项目风险识别和风险度量的结果说明，对于项目风险控制责任的分配和说明，对于如何更新项目风险识别和风险度量的结果说明，项目风险管理计划的实施说明，以及项目预备资金（不可预见费）如何分配和如何使用等方面的全面说明和计划。

根据项目的大小和需求，项目风险管理计划既可以是正式计划，也可以是非正式计划；既可以是有具体细节的详细计划与安排，也可以是粗略的框架式的计划与安排。项目风险管理计划是整个项目计划的一个组成部分。

2. 项目风险应急计划

项目风险应急计划是在事先假定项目风险事件发生的前提下，确定的在项目风险事件发生时应实施的行动计划。项目风险应急计划通常是项目风险管理计划的一部分，但是它也可以融入项目其他计划。

3. 项目预备金

项目预备金是一笔事先准备好的资金，这笔资金也被称为不可预见费，它是用于补偿差错、疏漏及其他不确定性事件的发生对项目费用估算精确性的影响而准备的，它在项目实施中可以用来消减项目成本、工期、范围、质量和资源等方面的风险。项目预备金在预算中要单独列出，不能分散到项目具体费用中。否则项目管理者就会失去对这种资金支出的控制，失去运用这笔资金抵御项目风险的能力。当然，盲目地预留项目预备金也是不可取的，因为这样会增加项目成本和使项目资金分流。

为了使这项资金能够发挥更加明确的消减风险的作用，它通常被分成几个部分：项目管理预备金、项目风险应急预备金、项目工期和成本预备金等。另外，项目预备金还可以分为项目实施预备金和项目经济性预备金，前者用于补偿项目实施中的风险和不确定性费用，后者用于支付通货膨胀和价格波动所需的费用。

4. 项目的技术后备措施

项目的技术后备措施是专门用于应付项目技术风险的措施，它是一系列预先准备好的项目技术措施方案。这些技术措施方案是针对不同项目风险而预设的应急技术方案，只有当项目风险情况出现并需要采取补救行动时才需要使用这些技术后备措施。

📋 同步案例

某市电力公司准备在其市区及各县实施远程无线抄表系统，代替人工抄表。经过考察，电力公司指定 S 公司作为远程无线抄表系统的无线模块提供商，并选定大王公司作为项目总包单位，负责购买相应的无线模块、开发与目前电力运营系统适配的接口、进行全面的项目管理和系统集成工作。大王公司的杨经理是该项目的项目经理。

在初步了解用户的需求后，大王公司立即着手系统的开发与集成工作。5 个月后，整套系统安装完成，通过初步调试后就交付使用。但从系统运行之日起，不断有问题暴露，电力公司要求大王公司负责解决。可其中很多问题，比如数据实时采集时间过长、无线传输时数据丢失、甚至有关技术指标不符合国家标准等，均涉及无线模块。于是杨经理同 S 公司联系并要求解决相关技术问题，而此时 S 公司因内部原因退出市场。系统不得不面临改造的问题。

【问题 1】请指出大王公司在项目执行过程中的不妥之处。

【问题 2】简要说明风险识别的主要内容并指出 S 公司无线模块产品存在哪些风险。

【问题 3】简要说明项目经理应采取什么办法来解决上述问题。

课后习题

一、单选题

1. 以下说法不正确的是（　　　）。

A. 项目风险是指由于项目所处环境和条件本身的不确定性，和项目业主 / 客户、项目实施组织或项目其他干系人主观上不能准确预见或控制，因此项目的最终结果与当事者的期望产生背离，从而给当事者带来损失的可能性

B. 人们的认识能力有限是项目风险产生的原因之一

C. 信息的不完备性是绝对的，而信息的完备是相对的

D. 信息的滞后性是使信息完备的根本原因

2. 项目风险的主要特性不包括（　　　）。

A. 随机性　　　　　B. 相对性　　　　　C. 渐进性　　　　　D. 绝对性

3. 项目风险应对措施，不包括（　　　）。

A. 风险规避措施　　　　　　　　B. 风险应急措施

C. 风险转移措施　　　　　　　　D. 风险逃离措施

4. 项目风险识别所需的信息和依据不包括（　　　）。

A. 项目产出物的描述　　　　　　B. 项目的计划信息

C. 历史资料　　　　　　　　　　D. 风险登记册

5. 项目风险识别的方法不包括（　　　）。

    A. 系统分解法　　　B. 流程图法　　　　C. 头脑风暴法　　　D. 网络图法

二、简答题

1. 简述项目风险的主要特性。

2. 简述项目风险识别的主要工作内容。

3. 简述项目风险应对措施。

4. 简述制定项目风险应对措施的依据。

5. 简述制定项目风险应对措施的工作结果。

模块十二　项目的采购管理

案例导入

A公司中标某金融机构甲方位于北京的数据中心运行维护项目，并签署了运维合同。合同明确了运维对象包括服务器、存储及网络等设备，并约定核心系统备件4小时到场、非核心系统备件24小时到场，80%以上备件须满足上述时效承诺，否则视为违约。

A公司任命小张担任该项目的项目经理。为了确保兑现服务承诺，小张在北京备件库，招聘了专职备件管理员及库房管理员。考虑到备件成本较高，无法将服务器、存储及网络设备的所有备件都进行储备，备件管理员将一些价格较低的备件列入《备件采购清单》并经小张批准后交给了采购部。随后，采购部通过网站搜索发现甲公司能够提供项目所需全部备件且价格较低，于是确定甲公司作为备件供应商并签署了《备件采购合同》。

项目实施3个月后，甲方向公司投诉，一是因为部分核心系统备件未能按时到场，二是因为部分备件加电异常，虽然补发了备件，但是影响系统正常运行。

针对备件未能按时到场的问题，小张通过现场工程师了解到：一是部分核心系统备件没有储备；二是部分备件在库存信息中显示有库存，但调取时却找不到，需要临时从甲公司采购，延误了备件到场时间。针对备件加电异常的问题，小张召集采购部、库房管理员、甲公司召开沟通会议，库房管理员认为甲公司提供的备件质量存在严重问题，但无法提供相应证据。甲公司认为，供货没有问题，是库房环境问题导致库房温度、湿度超标。采购部人员的观点与库房管理员一致，原因是采购部通过查询多家网站发现，甲公司去年存在多项失信行为记录。大家各执一词，会议无法达成共识。

【问题1】简要说明采购管理的主要步骤。

【问题2】简要指出该项目采购管理中存在的问题。

单元一　项目采购管理概述

实施任何一个项目都需要有一定的资源投入。对项目实施组织（承包商或项目团队）而言，这些资源包括人员、材料、工具、设备、资金等。资源的投入贯穿整个项目实施过程的各个阶段和各项活动，是项目得以顺利实施的重要保障。因此，在项目实施前，项目实施组织必须制订项目资源采购计划并在以后的项目实施过程中认真管理、努力执行这一计划。大量的项目管理实践已经证明，有效的项目采购管理是项目成功的关键要素之一，所以任何项目都必须开展项目采购管理。

知识链接：项目
采购管理

项目采购管理（Project Procurement Management）也称项目获得管理，是指在整个项目过程中，项目实施组织从外部寻求和采购各种项目所需资源（商品和劳务）的管理过程。此处的项目实施组织既可以是项目业主/客户或项目承包商与项目团队，也可以是项目业主/客户组织内部的项目团队或个人。项目所需的资源主要有两种：一种是有形的商品，一种是无形的劳务。对于一般项目而言，商品包括各种原材料、设备、工具、机器、仪器、能源等实物，而劳务则包括各种项目实施、项目管理、专家咨询、中介服务等，项目所需劳务的主要构成是总承包商和分包商承担的项目实施任务。

一、项目采购管理中的关键角色

为了方便讨论，本章将商品和劳务统一称作产品，项目采购管理便可以视为项目实施组织对于采购项目实施所需产品所开展的管理活动。在项目采购管理中，主要涉及 4 个方面的干系人以及他们之间的角色互动，即项目业主 / 客户、项目实施组织（承包商或项目团队）、供应商和分包商 / 专家。其中，项目业主 / 客户是项目的发起方和出资方，他们既是项目最终成果的所有者或使用者，也是项目资源的最终购买者。承包商 / 项目团队（项目实施组织）是项目业主 / 客户的代理人和劳务提供者，他们为项目业主 / 客户完成产品的采购，然后从项目业主 / 客户那里获得补偿。供应商是为项目实施组织提供项目所需产品的工商企业组织，他们既可以直接与项目业主 / 客户交易，也可以直接与项目实施组织交易，并提供项目所需的产品。分包商 / 专家是专门从事某个方面服务的工商企业组织或独立工作者，当项目实施组织缺少某种人才或资源完成某些项目任务时，他们可以雇用各种分包商 / 专家来完成这些任务，分包商 / 专家既可以直接对项目业主 / 客户负责，也可以直接对项目实施组织负责。上述角色在项目采购管理中的关系如图 12-1 所示。

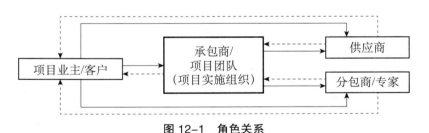

图 12-1　角色关系

图 12-1 中的实线箭线既表示"委托—代理"关系的方向，也表示项目资金的流向；虚线箭线则表示项目采购中的责任关系。例如：项目业主 / 客户与项目实施组织，项目实施组织与供应商和分包商 / 专家，项目业主 / 客户与分包商 / 专家、供应商，是"委托—代理"的关系。项目采购管理主要是这种资源采购关系的管理，包括采购关系中所发生的各种事务和关系的管理。因为在项目采购管理中，如果上述角色之间能够有效沟通和积极互动就可以使项目成功，反之就会因为资源短缺或不到位而使项目失败。在项目采购管理中，计划、管理和实施工作主要是由项目实施组织开展和主导的，项目业主 / 客户直接进行项目采购的情况较少，因为项目实施组织是项目资源的直接需求者和使用者（也是提供者之一），他们最清楚项目各阶段的资源需求。

二、项目所需资源的来源

一个项目所需资源是各种各样的，这些资源的来源也是各种各样的。除了项目实施组织内部可以提供一部分项目必需的产品，还有许多资源需要从其他工商企业组织那里采购获得。项目所需资源有以下 4 个来源。

1. 项目业主 / 客户

一般在项目承发包合同中，项目业主 / 客户为了使项目取得满意的成果，通常会承诺向项目实施组织提供一些特殊设备、设施、信息和其他资源。在现代项目合同管理中，这被称为项目业主 / 客户供应条款。这些条款中写明了项目业主 / 客户在项目过程中将向项目实施组织提供哪些设备、设施、信息和其他资源以及提供的日期等细节，通常这些资源的供应时间是与项目工期相配合的。严格而规范的项目

知识链接：项目
合同管理

业主 / 客户供应条款可以保护项目实施组织的利益，避免由于项目业主 / 客户的设备、设施、信息和其他资源的耽搁而导致项目工期的推迟。在这种项目合同条款中，一般都需要约定：一旦出现耽搁的情况，责任由项目业主 / 客户承担。当然，项目实施组织也要对项目的最终结果负责，也需要努力促使项目业主 / 客户兑现他们的承诺。

2. 外部劳务市场

确切地讲，项目所需的劳务是以项目实施人员为载体的，不同的项目需要各种不同类型的劳务，或者说不同类型的实施人员。承包商或项目团队为了以较低成本和较快速度完成项目任务，会从外部劳务市场获取自己所需的各种项目实施人员。例如：在软件开发项目中，项目实施组织可能需要临时招聘一些计算机程序员、资料处理人员等；而在工程建设项目中，则需要招聘大量的施工人员、安装人员、管理人员等。在市场经济下，一个项目的成功在很大程度上需要依赖外部劳务市场为项目提供各种各样的人力，或者称劳务。但是，从外部劳务市场上获得的人力资源或劳务都是常规的，技术水平和要求较低，这些人不是专门化的技术专家。

3. 分包商 / 专家

当项目实施组织缺少某种专业技术人员或某种专门的实施技术与资源完成某些特殊的项目任务时，他们就需要雇用分包商 / 专家来完成这种项目任务。他们既可以雇用专门的分包商完成项目某一部分独立的分步（工作步骤或工序）或分项（工作项目或子项目）作业，如将屋顶作业分包给专门的屋顶建设分包商，也可以雇用

独立的专家或自由职业者来完成一些非常特殊的专业技术作业，如聘请法律顾问指导项目合同文件的编制、洽谈和签署。项目实施组织从这些分包商 / 专家处获取的主要是各种特殊的服务。从另外一个角度讲，项目实施组织雇用分包商 / 专家是利用社会分工不同以降低项目成本的一个有效措施。

4. 物料和设备供应商

有许多实施项目所需的物料和设备需要从外部供应商那里购买或租赁。项目所需的物料主要包括原料、材料、燃料、工具和各种构件、配件等。例如：在一个民房装修项目中，既需要木材、门窗、管件、地毯、墙纸、灯具等装修材料，也需要仪器、机器、工具、登高设备等设备和设施。在这一装修项目的实施过程中，项目实施组织可能还需要租赁某些特殊的工具和购买许多特殊的物料。为了在项目实施过程中，适时、适量地得到合乎质量要求的各种项目资源，所有项目实施组织都必须认真与物料和设备供应商合作，因为这是节约项目成本的关键因素之一，是项目产生收益的源泉之一（一般认为，节约是项目产生收益的第二源泉）。

三、项目采购管理中的合同

在项目采购管理过程中，所有的采购活动都应该遵照有法律约束力的合同来执行。不同类型的项目采购合同适用于不同资源的交易。项目业主 / 客户供应条款是项目业主 / 客户在与承包商进行项目承发包合同谈判时，经双方约定而写入承发包合同的条款。它规定了项目业主 / 客户应该交付给承包商的部分项目所需的资源。同样，项目承包商要从外部劳务市场招聘部分项目实施人员，他们也必须签订合法的劳动合同；项目承包商要将部分项目任务转包给分包商 / 专家，他们也要以合同的方式规定双方的权利和义务；项目实施组织要购买有形产品就需要与供应商签订货物采购合同，合同中要详细地规定货物的交易价格、交货期、交货地点、数量以及质量规格等。在项目资源的采购中，一般项目实施组织是资源的买主，供应商或分包商 / 专家是资源的卖主。项目实施组织与资源提供者可以通过友好协商，选择签订各种不同类型的采购合同。通常，项目采购合同中，价格是关键的因素，而支付方式是核心问题，所以按照价格和支付方式的不同，项目采购合同一般可以分为 3 种类型。

1. 项目固定价格合同

在这类项目合同中，项目业主 / 客户（或项目实施组织）和分包商 / 专家（或供应商）通过谈判，对严格定义的采购标的（产品）确定一个双方认可的总体价格，然后固定该价格，不经双方协商同意不得变更，整个项目工作是按照这一固定价格结算的。从某种程度上讲，这种通过项目固定价格合同所购买的产品应该是能够严格定义的，但是因为项目实施过程中会有各种变化，所以这种项目固定价格合同对资源的买方和卖方来说都有一定的风险：一方面，买方（项目业主/客户或项目实施组织）可能因实际情况变化而多付了钱（项目实际任务变得比计划少了）；另一方面，卖方（项目供应商或分包商/专家）可能因实际情况变化而多付出了劳务或商品（项目实际任务变得比计划多了）。在一个实际项目的实施过程中，对于买卖双方来说，这种风险是不一样的。一般项目固定价格合同对于买方（项目业主/客户或项目实施组织）来说风险相对较低，因为不管供应商或分包商/专家为项目提供产品花费了多少成本，买方都不必付出多于合同固定价格的部分；如果供应商或分包商/专家提供产品的实际成本高于双方约定的固定价格，那么他们只能拿到很少的利润，甚至可能亏损。因此，在选择签订项目固定价格合同的同时，项目实施组织通常会要求供应商或分包商/专家必须有精确而合理的成本预算。一般而言，项目固定价格合同对于一个仔细界定了项目产出物的合同是比较合适的。因为项目产出物界定越明确，违约或超预算的风险就越低。当然，项目固定价格合同中也经常会包含为超出或落后既定项目目标而设置的奖惩措施，如提前交付项目所需的产品能得到较多奖励性报酬等。

2. 项目成本补偿合同

这类合同要求项目业主/客户或项目实施组织（买方）给供应商或分包商/专家支付（偿还）其提供资源的实际成本外加一定比例的利润。这些项目成本通常被分为项目的直接成本和间接成本。项目的直接成本是为生成项目产出物而直接花费的费用，如原材料费、设备折旧费等都是直接成本。项目的间接成本主要是一般管理费用，这是由项目实施组织支付给供应商或分包商/专家作为运行业务的开支费用，如为供应商或分包商公司的管理者所支付的薪金就属于间接成本。通常，项目间接成本是以项目直接成本的某个百分比来计算的。相对而言，项目成本补偿合同对于买方来说风险也较大，因为项目所发生的成本最终是全额补偿的，所以供应商或分包商在成本控制方面会放松，这样项目的实际成本很可能超过项目成本预算。当然，在项目成本补偿合同的实施中，买方通常会要求供应商或分包商/专家在提供产品的过程中，定期将实际费用与原始预算进行比较，并通过比较和控制来保护自己的利益。但是，实际上，在这种合同的履行中，买方很难控制项目的实际发生成本，所以风险较高。当然，供应商或分包商/专家也会尽量不使项目成本超出预算，因为那样供应商或分包商/专家的信誉也会受到损失，从而使他们未来赢得项目合同的机会减少。一般，项目成本补偿合同对于不确定性较大、风险较高的项目采购工作是比较合适的。另外，项目成本补偿合同通常也会有相应的奖励或惩罚条款。例如：若项目实际结算的成本超出预计成本一定比例，项目业主将扣罚供应商或分包商 / 专家的结算金额等。

3. 项目单位价格合同

项目单位价格合同实际上是一种计时报酬和计件报酬相结合的劳务合同。在这种类型的合同中，供应商或分包商 / 专家从自己付出的每单位劳务中得到一个预订数量的报酬，一个项目的总报酬直接与项目的完成的单位劳务量相关。在采用项目单位价格合同时，整个项目的总价是按照供应商或分包商 / 专家所提供或完成的作业数量与这些工作的单位价格相乘计算得到的。这种项目的合同类型比较适用于项目获取各种劳务的采购活动。这种项目合同对于项目采购活动的买方而言同样有较高的风险，因为不管是计时报酬还是计件报酬，如果没有准确的绩效评估标准，就很难保证考核的科学性和报酬的有效性的。特别是对于项目而言，多数项目工作是具有一次性、独特性和创新性的活动，所以很难事先确定它们的绩效评估标准，这样在采用项目单位价格合同中就难免出现侵害买方利益的情况。因此，这种类型的项目采购合同一般适用于那些工作内容确定、工作绩效评估标准明确的项目。

一个具体的项目采购工作究竟应该采取哪种类型的合同是很难按照某种公式或模式确定出来的。项目合同类型的选择一方面取决于合同双方的利益偏好，另一方面受客观条件的影响。但是，只要会谈双方所签订的合同条款是合同双方一致同意的并且与国家或地区的法律与法规不相抵触（合法的合同），都具有法律效力，就对双方都具有法律约束力。有些项目合同需要经过政府有关主管部门的批准，政府相关的规定也是选择项目合同类型的影响因素之一。

四、项目采购管理的流程

在项目采购管理过程中，项目业主 / 客户或项目实施组织与供应商或分包商 / 专家的关系是买方和卖方之间的合同关系，其中项目采购中的买方是起决定作用的，所以我们将从买方的角度来讨论项目采购管理。项目采购管理是由一系列具体管理工作过程构成的。项目采购管理的流程如下：

1. 项目采购计划的制订

为满足项目实施需要，就必须根据项目集成计划和资源需求确定项目在什么时间需要采购什么产品和怎样采购这些产品，并据此制订详细可行的项目采购计划。项目采购计划是项目采购管理的核心文件，而项目采购计划的制订是项目采购管理过程中最重要的工作之一。

项目采购计划是有关项目何时开展采购产品的询价、订货、签订合同等工作的作业计划，它是确保项目采购的各种资源能够按时、按质、按量到位的管理安排。

2. 询价

这是项目实施组织为获得外部资源所开展的一项具体的采购工作，是在项目采购工作中搜寻市场行情、获得资源报价或劳务的投标报价，以及获得供应商的各种条件要求、报价单、投标申请书等文件的实际作业。这是项目采购管理中一项货比三家的工作。

3. 供应来源选择

这是在询价工作完成以后，在获得了多个供应商或分包商 / 专家所提供的报价等信息之后，按照一定的选择评价标准，从报价的供应商或分包商 / 专家中选择一个或多个供应商 / 专家或分包商洽谈和订立项目采购合同，并最终购买其产品的具体管理工作。

4. 合同管理

这是与选定的各个供应商或分包商 / 专家完成项目采购合同洽谈和签订以后所开展的项目采购合同履约过程中的管理工作。这是项目业主 / 客户或项目实施组织与供应商或分包商 / 专家之间的整个合同关系的管理工作和项目资源供应合同履约过程的管理工作。

5. 合同完结

这是在项目采购合同全部履行完毕以后，或是合同因故中断与终止以后所开展的各种项目采购合同结算和决算，以及各种产权和所有权的交接工作。这一过程包括一系列的项目采购合同条款的实际履行情况的验证、审计、完成和交接的管理工作。

上述管理工作过程之间以及它们与项目管理其他过程之间都有相互作用和相互依存的关系，在某种程度上相互交叉和重叠。这些项目采购管理过程都牵涉多个组织或团队（小组）的利益和努力。在项目采购过程中，项目实施组织（或项目业主 / 客户）需要依照采购合同条款，逐条、逐项、逐步地开展项目的采购管理，甚至在必要的时候向各方面的专家寻求项目采购管理方面的专业支持。对于来自项目实施组织（或项目业主 / 客户）内部的产品也需要进行管理，只是从资源计划到获得资源的全过程管理工作需要按组织内部管理模式进行。例如：在某些自行研究与发展的项目中，项目实施组织会从组织内部获得绝大部分资源，以保证不会泄密。另外，对于许多小项目而言，寻找和管理供应商或分包商的成本会很高，所以项目实施组织也会设法自行供给各种资源。对于一般大型项目而言，外部供应商或分包商 / 专家为项目提供所需产品是常见的情况。

 单元二　**项目采购计划的制订**

项目采购管理的首要任务是制订项目采购计划，然后按项目采购计划开展项目采购工作，实现项目采购的目标。一般来讲，项目采购计划的制订是从识别项目实施组织究竟需要从外部采购哪些产品开始，通过综合平衡安排，制订能够满足项目需求的采购计划的项目管理过程。这一工作涉及许多问题，包括是否需要对外采购、怎样采购、采购什么、采购多少、何时采购等。此外，项目采购计划中一般还包括分包合同，尤其是当项目实施组织希望对总承包商的下一步分包决策施加某种影响或控制的时候，更需要考虑项目分包合同的问题。因为如果总承包商或供应商在获得了项目采购的订单以后，有时会将自己不能完成的合同订单分包出去，此时如果项目业主 / 客户对分包合同无法控制，就会给自己带来许多意想不到的问题和风险。

一、制订项目采购计划所需的信息

在制订项目采购计划之前必须获得足够的信息，这样才能保证项目采购计划科学、正确和可行。除了前面提到的信息，项目实施组织还必须得到关于整个项目其他管理过程中所生成的信息，这样项目采购计划才能够与整个项目管理统一、协调。制订项目采购计划需要以下 6 方面的信息。

1. 项目的范围信息

项目的范围信息描述了一个项目的边界和内容，还包含在项目采购计划中必须列出的关于项目需求与组织战略等方面的重要信息。

2. 项目产出物的信息

项目产出物的信息是指有关项目最终产品的说明和描述，这包括项目产出物的功能、特性和质量方面的说明信息以及项目产出物的各种图纸、技术说明书等资料。这些信息为项目采购计划的制订提供了技术方面的要求和信息。

3. 项目资源需求信息

项目资源需求信息是指在开展项目活动中需要取得和消耗的各种资源的全面说明，其中最主要的是有关项目对外采购方面的资源数据和说明，包括人力资源、财力和物力资源的需求和采购说明。

4. 外部资源的市场条件

在项目采购计划的制订过程中必须考虑外部资源的市场条件和哪些产品在市场上可以得到，以及这些产品的市场在哪里，在什么情况下和以什么条件能够得到项目所需的外部资源。

5. 其他的项目管理计划

在制订项目采购计划时必须使用其他的项目管理计划作为依据和参照，因为这些综合或专项的项目管理计划对于项目采购计划具有约束或指导作用。在制订项目采购计划中需要参考或依据的主要有项目集成计划、项目工期计划、项目成本计划、项目质量计划、项目资金计划、项目人员配备计划等。

6. 项目采购的约束条件与假设前提条件

项目的约束条件是限制项目实施组织选择所需资源的因素和条件，其中最普遍的约束条件之一是资金的约束。在制订项目采购计划时，一定要考虑由于项目资金的限制不得不牺牲资源的质量等级（价格低但同样能满足项目需求的资源）。现在并不知道将来实际采购资源时它的价格，所以就需要假设一个价格以便制订项目采购计划。这就是项目计划的假设前提条件。这些对制订项目采购计划而言都是很重要的信息。

二、制订项目采购计划的流程

1. 制造或购买的决策分析

在制订采购计划时，首先要开展制造或购买的决策分析，以决定需要从外部组织采购哪些资源、自己生产或提供哪些资源。在制订项目采购计划的整个过程中，对于所有提出或需要外购的资源都应该开展这种决策分析。

2. 对各种信息进行加工处理

在项目采购计划的制订中，需要对收集获得的各种相关信息进行必要的加工和处理，以找出做出决策所需的各种信息。有时项目实施组织必须聘请各类顾问或专业技术人员对收集的信息进行必要的加工处理。例如：工程建设项目关于工程造价信息的加工与处理就可以委托咨询公司或者雇用造价工程师来完成。

3. 采购方式与合同类型的选择

在制订项目采购计划的过程中还必须确定以什么样的方式获得资源、需要与资源供应商或分包商/专家签订什么类型的采购合同。3 种类型的合同对资源的买卖双方各有利弊，必须根据项目和所要采购资源的具体情况反复权衡后做出选择。

4. 项目采购计划文件的编制和标准化处理

在上述工作完成之后就可以动手制订项目采购计划了。项目采购计划可以采用专家分析法、经济期量订货法、综合平衡计划法等具体方法来制订。另外，最后需要开展的一项工作是对项目采购计划的各种文件进行标准化处理，即将这些文件按照一定的标准格式给出。常见的标准格式文件包括标准采购合同、标准劳务合同、标准招标书和投标书、标准计划文件等。

三、项目采购计划制订的工作结果

项目采购计划制订的工作结果是形成了一系列的项目采购工作及其管理所需的指导文件。

1. 项目采购计划

项目采购计划编制工作中最重要的成果就是生成了一份项目采购计划。项目采购计划全面地描述了项目实施组织未来所需开展的采购工作的计划和安排，包括从项目采购的具体工作计划到招投标活动的计划安排以及有关供应商的选择、采购合同的签订、实施、合同完结等各项工作的计划安排。项目采购计划中应该包括以下内容：

（1）项目采购工作的总体安排。在项目采购计划中，项目实施组织要明确规定项目所需采购的资源和在资源采购中应该开展的采购工作及管理活动的计划与安排。

（2）项目采购使用什么类型合同。项目采购计划应明确规定在资源采购中采用哪种类型的合同。

（3）所需采购资源的估价办法。在项目采购计划中，项目实施组织应该对采购资源的价格估算办法做出规定，并以此作为筛选供应商或分包商的依据和评价报价与投标书的标准。

（4）项目采购工作与责任。项目采购计划中还应该包括项目业主/客户或项目团队各自承担的责任和需要开展的询价、招投标、发盘、还盘、谈判与签订合同、时间安排等内容。

（5）项目采购文件的标准化要求。如果需要采用标准化的采购文件，项目采购计划中要规定由谁来负责编制或者如何获得这些标准化文件的文本。

（6）如何管理各种资源的供应商。如果项目需要很多资源，项目采购合同中还应该规定如何管理好各种资源供应商或分包商/专家，包括如何选择、控制他们的活动以及如何确定其履约的情况等。

（7）如何协调项目采购工作与其他工作。项目采购计划中还应该规定在开展项目采购工作的过程中应该如何合理地协调项目采购工作与项目其他方面的工作以实现项目目标。

2. 项目采购作业计划

项目采购作业计划是根据项目采购计划与各种资源的需求信息制订的关于项目采购工作的具体作业计划。项目采购作业计划规定和安排了项目采购计划在实施中各项具体工作的日程、方法、责任和应急措施等内容。例如：对于一种在项目中大量使用的外购零配件，项目采购作业计划需要规定所需采购的产品何时开始对外询价、何时获得各种报价、何时选择和确定供应商、何时开始签约等各项工作。另外，对于所需获得劳务的承发包工作，还应该规定何时开始发布招标信息、何时发放标书、何时谈判签约等。这些都需要在项目采购作业计划中安排和确定。

3. 项目采购要求说明文件

项目采购计划制订工作的另一个重要成果是编制成的各种资源的采购要求说明文件。在采购要求说明文件中，应该充分详细地描述一种资源的采购要求细节，以便让供应商确认自己能否提供这些产品。这里关于充分详细的要求是指必须根据产品的特性、项目的需求、采购适用的合同格式给出说明。项目资源采购者必须保证在项目采购要求说明文件中清晰地描述所需采购的具体产品及其相关的各种要求。例如：若项目需要采购一种钢筋，那么就必须在项目采购要求说明文件中对钢筋提出具体的要求；而如果项目需要采购一种软件，就应该具体说明对于软件的功能、特性、运行条件和质量等方面的要求。采购要求说明文件除了应该描述清楚、完整和尽可能简明，还应该对所采购资源的后续服务要求进行描述和说明。

4．项目采购工作文件

这是在项目采购工作过程中所使用的一系列具体的工作文件。项目采购工作文件有不同的种类和要求，其中常用的有项目投标书、商品询价书、谈判邀请书、初步意向书等。项目采购工作文件是按照一定的结构或格式编写的，这样可以方便供应商或分包商／专家准确地理解采购者的要求和意图，方便项目业主／客户准确完整地理解供应商或分包商／专家的回应。这些项目采购工作文件的内容包括项目采购要求说明文件、采购者期望的反馈信息以及各种合同条款的说明等。项目采购工作文件的内容和结构都应该合乎规范和标准，即都需要按照标准格式编制，以便供资源的买卖双方能够进行持续的、可比较的沟通和回应。同时，项目采购工作文件在形式上也要有足够的灵活性，以便买卖双方能够考虑和提出建议来采用更好的办法满足项目采购的需求。

5．项目采购评价标准

这包括项目采购招投标活动的评价标准和供应商、承包商的评价标准等文件。通常项目采购需要使用这些评价标准文件来给供应商及其报价书、发盘或投标书评定等级或打分。项目采购评价标准既有客观的评价标准指标，也有主观的评价标准指标。项目采购评价标准通常是项目采购计划文件中的一个重要组成部分。在项目采购的评价标准中，购买价格仅仅是重要的评价标准之一，必须综合考虑各方面的因素以确定项目采购的评价要素和评价标准，以便进行综合采购评价。表12-1是一个综合采购评价标准体系。

表 12-1　综合采购评价标准体系

评价指标	指标说明	权重
项目需求的理解	供应商对买方项目资源需求的准确理解程度，这可从其提交的报价或发盘中看出来	0.2
全生命周期成本	供应商能否按照项目全生命周期最低总成本（购买成本加上运维成本）供货	0.3
组织的技术能力	供应商具备项目所需的技术诀窍和知识程度	0.25
管理水平	供应商的管理能力如何，能否开发出项目产出物	0.15
财务能力	供应商是否具备项目所需的财力资源和财务能力	0.1

另外需要指出的是，在项目采购工作的全过程中，上述项目采购计划的各种文件都需要随着项目过程的不断展开和各种项目信息的传递与交流，重新评估、定义、更新或改写。因为，项目开发过程存在大量的不确定性，没有哪个项目是能够完全按照最初的计划实现的，所以必须修订和更新。

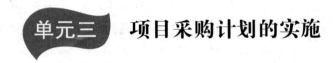

当项目实施组织制订项目采购计划及相应的各种项目采购工作文件之后，项目采购管理就进入了项目采购计划的实施阶段。一般而言，项目业主／客户或项目团队是通过询价或招标的方式来选择供应商或分包商的。对于项目业主／客户来说，选择资源供应商的过程是一个询价或招标的过程；对于供应商来说，按照项目业主／客户提出的要求，争取为项目提供所需资源的过程是一个报价和投标的过程。

一、项目所需商品的采购

项目所需各类商品的采购计划的实施工作与一般运营管理的商品采购工作是相同的。但是它与项目获得所需各种劳务的招投标方式有很大不同，只有极少数的情况下项目所需商品才会采用采购招标的方式。项目所需商品的采购计划实施流程如下：

1. 开展询价工作

这是根据项目采购计划和项目采购作业计划所规定的时间，以及相应的各种采购工作文件所开展的寻找供应商并向可能的供应商发出询价信，以及交流项目具体所需资源的信息的工作。此时需要邀请可能的供应商给出报价，向可能的供应商发出邀请，请求其发盘。这是项目采购计划实施工作的第一步，任何一种项目所需商品的采购都必须首先进行询价，以便能够货比三家，最终以最优的条件与选定的供应商签约。

2. 获得报价的工作

这是指项目业主／客户从各个可能的供应商处获得报价的工作过程。在这一过程中，项目业主／客户要与各个可能的供应商进行联系，要求对方追加报价信息，解释制定报价的依据和理由，确认报价所包括的商品与售后服务的内容等。供应商的报价从法律上讲是一种要约，或叫发盘。项目业主／客户或供应商在承诺接受对方的报价之前，必须非常明确地知道对方报价的实际内涵，所以必须开展从各个可能的供应商之处获得报价和相关信息及确认的工作。

3. 供应商评审

在获得和明确供应商报价以后就可以根据供应商报价和在项目采购计划过程中制定的采购评价标准对供应商及其报价进行评价了。在这一评价过程中，首先必须审查供应商各方面资格的合法性和合格性，从而去掉在法律能力上存在缺陷的供应商。然后，将剩下的供应商进行比较和评价并给出优先序列，选出最优者和次优者，以便随后分别进行讨价还价等谈判工作。

4. 还盘并讨价还价

在项目实施组织对可能的供应商进行评审并选定主要供应商候选人以后就可以开始进行还盘和进一步的讨价还价工作了。在这个过程中，项目实施组织要尽可能地为维护项目业主/客户和自己的利益而展开价格条件等方面的反复讨论。当然，项目实施组织和供应商各有自己的争价理由，项目实施组织需要根据自己的议价能力去决定讨价还价的策略和幅度，既要争取到最大利益，又要合理地给对方留下余地，否则无法实现交易。

5. 谈判签约

在讨价还价后，如果双方基本达成了价格方面的共识，那么就可以进行项目采购的合同细节谈判和签约工作了。在这项工作中，主要内容是项目实施组织与供应商谈判和商定采购合同的各项条款。这包括价格条款，数量与质量条款，交货期与交货方式条款，支付条款，违约条款等。项目采购合同一旦签订，项目采购管理就进入合同管理阶段了。

二、项目招标工作的实施

招投标是社会经济发展到一定阶段的产物，是一种特殊的商品或劳务交易的方式。它是一种因招标人的邀约，引发投标者的承诺，经过择优选定投标者，最终形成协议或合同关系的平等经济主体之间的活动，是法人之间形成有偿、具有约束力合约的法律行为。招标方和投标方所交易的商品或劳务统称为标的。例如：工程建设项目的标的是指项目的工程设计、土建施工、成套设备、安装调试等内容的劳务；计算机信息系统开发项目的标的是指信息系统软件、硬件以及相关劳务的整体集成作业。

1. 招标的方式

项目实施组织或项目业主/客户按照采购计划的安排，可以通过多种招标方式来选择供应商或承包商。

（1）公开招标。作为买方的项目实施组织或项目业主/客户可以在一般媒体（如报纸、广播、电视、互联网）或者专业媒体（如专业期刊）上发布公开招标广告。凡是对项目所需资源有提供意向，并且符合投标条件的供应商或承包商都可以在规定时间内提交投标书。由招标单位对其进行资格审查并经核准后，供应商或承包商就可以参加投标了。一般大型项目多数都是通过公开招投标进行的。

（2）邀请招标。有些项目实施组织或项目业主/客户会保留以前交易过的，或经人推荐的供应商或承包商的信息、名单或文件。这些名单中，一般含有这些供应商或承包商的相关情况和信誉等其他方面的信息。为了减少寻找供应商或承包商的成本，项目实施组织可以只将采购工作文件或招标书发送给这些受邀请投标的供应商或承包商。如果没有这种名单，项目实施组织或项目业主/客户也可以向权威的商业咨询机构购买相关供应商或承包商的信息，或通过开发自己的供应商或承包商信息来源而获得邀请招标的供应商名单。例如：供应商或承包商信息可以从图书馆的目录、地方协会、贸易目录以及其他类似的来源处得到。某些供应商或承包商的详细信息需要项目实施组织进行更为广泛深入的努力才能获得。例如：需要亲自访问供应商或承包商，或者联系这些供应商或承包商以前的项目业主/客户等以了解供应商的各种情况。

（3）两段招标。这是公开招标和邀请招标相结合的招标方式。一般技术复杂的大型项目使用这种招标方式。一般首先由项目实施组织或项目业主/客户采用公开招标的方式广泛联系供应商或承包商，然后对投标的供应商或承包商进行资格预审，再从中邀请3家以上条件最好的供应商或承包商按照邀请招标的方式，开展后续的招标工作。

（4）协商议标。对由于受客观条件限制或不易形成竞标的项目，一般可以采用协商议标的方式进行项目招标工作。例如：某些专业性很强，只有少数单位有能力承担的项目工作；或者时间紧迫而来不及按照正规程序招标的项目。这种方式是邀请几个供应商或承包商进行报价，经比较以后，由招投标双方通过协商确定价格等有关事宜。这种方式实质上是一种非竞争性招标，一般项目商品采购招标较少采用这种方式，主要是劳务或技术开发的承发包才采用这种方式。

以上各种招标方式由项目实施组织或项目业主/客户根据实际情况和客观条件适当选用。

2. 招标程序

按照我国标准的招标程序，一般招标活动可分为几个阶段。分阶段的标准招投标程序如图12-2所示。

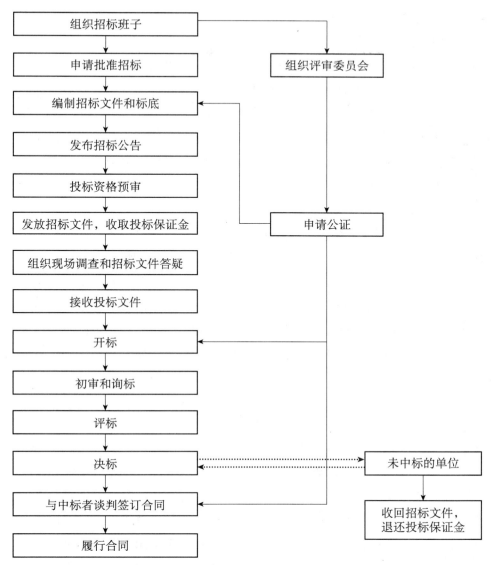

图 12-2　项目招投标程序示意图

（1）招标准备阶段。

在这一阶段中，项目实施组织或项目业主／客户在其内部成立负责采购或承发包的管理小组，或者将招标工作外包出去由专业招投标咨询公司负责完成。项目实施组织或项目业主／客户的采购与承发包招标活动有时还须经政府招投标管理机构的审批。例如：大型的工程建设项目一般要由政府主管部门与项目实施组织或项目业主／客户共同领导和实施招标工作。较小的项目就不用经过上级组织审批和招标了，因为这种项目所需的产品可以直接从市场上采购或招募。

项目采购计划文件中应该包括用于采购或承发包招标的关键性书面文件。例如：项目的采购说明书、采购评选标准以及投标书标准格式文件等。招标前的准备阶段

247

需要做以下工作。

● 准备标底

标底又称底价，它是项目实施组织或招标人对采购或承发包商品或劳务总费用的自我估算，或估算的期望值。它是评定供应商或承包商出价的合理性、可行性的重要依据。在编制标底时应充分考虑项目所需资源的数量、质量等级、交货时期、运输费用等众多因素。这种标底（或称自我估算值）直接关系到参与投标的供应商或承包商的中标机会，因此在项目采购或承发包合同签订前必须严格保密。如有泄密，应对责任者严肃处理。

● 投标者资格预审

这指的是项目实施组织或项目业主/客户对申请投标的供应商或承包商所进行的资质审查。审查合格者，方可对其发放招标文件（即资源采购或承发包工作文件），这样可以确保招标活动按计划进行。参与投标的供应商或承包商应该都是有实力、有信誉的法人。通过投标者资格预审，筛选掉一部分不合格的供应商或承包商，这样也可以减少开标、评标的工作量和成本。一般而言，资格预审的主要内容有投标者的法人地位、资产财务状况、人员素质、各类技术力量和生产能力、企业信誉和以往的交易业绩等。

● 召开标前会议

这又被称为项目实施组织会议、项目业主/客户会议或招标会议等。它是在供应商或承包商准备投标书之前召开的会议，是由项目实施组织或项目业主/客户主持召开的会议。在这种会议上，项目实施组织或项目业主/客户针对各参与投标的供应商或承包商提出的问题或建议进行答复，以确保所有供应商或承包商对于采购或承发包的内容、技术要求、合同要求等有清楚的、统一的理解。在标前会议上，供应商或承包商所提出的问题以及项目实施组织或项目业主/客户的解答，应该作为修正条款写入采购或承发包工作文件中，从而进一步完善招投标文件。

（2）开标、评标阶段。

● 开标活动

这是在招标公告中事先确定的时间、地点，召集评标委员会的全体成员、所有投标方代表和有关人士，在公证人员监督下将密封的投标文件当众启封，公开宣读投标单位名称、报价等，并一一记录在案，由招标方的法人签字等一系列程序组成的一项招标活动。为了公平起见，投标文件的启封顺序一般按提交先后次序逐个进行。对于招投标双方来说，开标活动主要是一个富有意义的仪式，没有多少实质性内容。

● 初审和询标

开标结束后，招投标就进入了内部评审阶段，此时由招标工作小组和评标委员会对投标文件进行初步审阅和鉴别。初审的内容涉及投标文件是否符合招标文件的格式要求；所要求的技术资料和证明文件是否齐全；报价的计算是否合理；是否提出招标人无法接受的附加条件；其他需要询问、质疑的问题；等等。经过初审后，那些不符合要求的投标文件应作为废标处理。对基本符合要求但尚需投标者给予澄清问题的投标书，招标工作人员应认真整理出来，并通知投标方进行书面回答或当面会谈。这种当面会谈相当于对投标文件进行答辩，所以也称为澄清会议。在澄清过程中，招标人的质疑和投标人的澄清都应该有书面记录，并须经双方法人签字后成为招标文件的补充部分。

● 评标

这是指评标委员会按照预先确定的评价原则，一视同仁地对每份合格的投标文件从技术方法、商业价格以及法律规范等方面分别做出评价。每份投标文件评标后都应写出书面分析和评价意见，并撰写整个评标工作的评价对比表和分析报告，最后选出 2～3 家最好的投标书供下一步决标使用。

（3）决标、授标与签约阶段。

● 决标

在公开招标中，国际上通用的决标办法是在符合要求的投标文件中选择报价最低者，因为价格是商品和劳务购买的主要决定因素。但是最低价格的投标方案不一定就是项目总成本最低的方案，如果供应商或承包商在非价格条件方面有问题的话，还会导致产生许多其他的成本，从而造成项目总成本过大。基于这种思想，一般要选出报价低而又合理的投标方案。

● 授标与签约

招标人向中标人发出书面《中标通知书》的行动被称为授标。招标单位应该在评标委员会确定中标单位后在法律规定的时间内发出中标通知书，并与中标单位签订合同。一般而言，项目的合同价基本上就等于中标价。中标人如逾期不签约或拒签合同，招标人有权没收其投标保证金，以补偿自己的损失。对于未中标的单位，由招标单位通知并收回招标文件及有关资料，退还其预交的保证金。如果因招标单位的责任未能如期签约，招标单位应双倍返还保证金并保留中标单位的中标权。招标项目的合同文件应包括招标文件、投标文件、双方签字的开标记录、往来函电资料等。

至此，招标工作全部结束，项目实施组织或项目业主／客户通过招标选出了合适的资源供应商或承包商。

招标书的通用格式及要求

一、标题

标题有4种表达形式。一是完全性标题，由招标单位＋招标性质和内容＋招标形式＋文体组成。二是不完全性标题，由招标单位＋招标形式＋文体组成。三是只写文件名称。四是广告性标题，此形式非常灵活、醒目。

二、正文

1. 引言

它说明招标目的、依据和招标项目名称。表述文字要准确、简洁、开门见山。

2. 主体

这是招标书的核心，一般要写明招标内容、要求及有关事项，主要有如下内容：

（1）招标方式。

招标方式中要说明招标类型，是公开招标、内部招标还是邀请招标等。

（2）招标范围。

招标范围指明了对招标对象的限制条件。

（3）招标程序。

招标程序应写明招标、评标、决标的方法和步骤，以及招标起止时间和地点。

（4）招标内容和具体要求。

招标内容和具体要求应依据招标类型分条目写清楚，数字要准确，用词恰当。

（5）双方签订合同的原则。

这包括签订、变更、解除、终止合同的条件和法律程序及时间等。

（6）招标过程中的权利和义务。

关于招标方审标、评标、决标等权利和义务的规定；关于投标方遵守投标书要求进行投标和中标后签约履约的规定。

（7）组织领导。

招标书应注明招标领导机构或办事机构的情况和联系人。

（8）其他有关说明。

这是投标方应注意事项的说明。

三、结尾

招标书结尾要写清招标单位的地址、电报、电话、邮政编码或者网站地址。如果是两个以上单位联合招标，要求分别写上所有单位的信息。落款单位可以是招标单位的专管部门或承办部门。

招标书的写作应规范化，内容真实可信，详细具体，条款周全，有法可依，表达准确，避免歧义。招标书中项目获取的实物量和劳动量测算要科学、合理，应体现竞争意识。

三、项目采购计划实施的工作结果

项目实施组织进行采购或承发包招标的结果就是选出满意的供应商或承包商，并与之签订合同。合同是项目实施组织与中标的供应商或承包商签订并共同遵守的协议，其中规定了供应商或承包商提供特定的产品和项目实施组织为之支付货款的义务。按照所需采购的资源的规模、种类、数量、交货条件等因素的不同，这种协议既可以是简单的也可以是复杂的。这种协议也有别的叫法，如契约、协定、分包合同、购货订单或者谅解备忘录等。所有的项目文件都受限于某些评价和审批的格式与程序。评价和审批项目合同的过程主要着眼于确保合同中清楚地描述了能够满足项目需求的产品的全部信息。一个标准的项目采购合同应包含的内容有：

- 产品名称、商标、型号、厂家、数量、金额、供货工期。
- 产品质量要求、技术标准、供应商对质量负责的条件和权限。
- 交（提）货地点、交（提）货方式、运输方式及到达站港和费用负担。
- 合理损耗及计算方法、包装标准、包装物的供应与回收。
- 产品验收标准、方法及提出异议的期限。
- 产品随机备品、配件工具数量及供应方法。
- 供货的结算方式及期限，如须提供担保要另立合同担保书以作为合同附件。
- 违约责任、解决合同纠纷的方式。
- 其他约定事项和合同有效期限等。

同步案例

某大型制造企业 H 计划建立适合其业务特点的 ERP 系统。H 公司选择了一家较知名的监理单位，帮助其选择供应商，并协助策划 ERP 方案。

在监理单位的协助下，H 公司编制了招标文件并于 5 月 6 日发出招标公告，规定投标截止时间为 5 月 21 日 17 时。在截止时间前，H 公司共收到 5 家公司的投标书。H 公司觉得该项目涉及公司的业务秘密，因此在随后制定评标标准的时候，特意增加了关于企业性质的加分条件。

H 公司又组建了评标委员会，其中包括 H 公司的领导 1 名，H 公司上级主管单位领导 1 名，其他 4 人为特邀的行业专家。在评标会议上，评标委员会认为丙公司的投标书能够满足招标文件中规定的各项要求，但报价低于成本价，因此选择了同样投标书满足要求，但报价次低的乙公司作为中标单位。

在发布中标公告后，H 公司与乙公司开始准备签订合同。但此时乙公司提出，虽然招标文件中规定了合同格式并对付款条件进行了详细的要求，但这种付款方式只适用于硬件占主体的系统集成项目，对于 ERP 系统这种软件占主体的项目来说并不适用，因此要求 H 公司修改付款方式。H 公司坚决不同意乙公司的要求，乙公司多次沟通未达到目的只好做出妥协，直到中标后的第 45 天，H 公司才与乙公司签订了 ERP 项目合同。

【问题 1】请指出在该项目的招投标过程中存在哪些问题，并说明原因。

【问题 2】评标委员会不选择丙公司的理由是否充分？依据是什么？

【问题 3】乙公司要求 H 公司修改付款方式是否合理？为什么？

课后习题

一、单选题

1. 下列说法中不恰当的是（　　　）。

A. 大量的项目管理实践已经证明，有效的项目采购管理是项目成功的关键要素之一，所以所有项目都必须开展项目采购管理

B. 项目采购管理主要是针对项目资源采购关系的管理

C. 为保持采购的公开透明，采购可采取招标形式选择合格的供应商

D. 项目采购合同中，支付方式是关键的因素，而价格是核心问题

2. 一个项目所需资源的主要来源不包括（　　　）。

A. 项目业主 / 客户　　　　　　　　B. 外部劳务市场

C. 自制 / 外购决定　　　　　　　　D. 分包商 / 专家

3. （　　　）要求项目业主 / 客户或项目实施组织（买方）给供应商或分包商 / 专家支付（偿还）其提供资源的实际成本外加一定比例的利润。

A. 项目固定价格合同　　　　　　　B. 项目成本补偿合同

C. 项目单位价格合同　　　　　　　D. 整价合同

4. 项目采购计划制订的工作结果不包括（　　　）。

A. 项目采购计划　　　　　　　　　B. 项目采购作业计划

C. 项目采购要求说明文件　　　　　D. 与供应商签订合同

5. 业主可以在一般媒体（如报纸、广播、电视、互联网）或者专业媒体（如专业期刊）上发布招标广告，这种招标方式属于（　　　）。

A. 公开招标　　　　B. 邀请招标　　　　C. 两段招标　　　　D. 协商议标

二、简答题

1. 简述项目采购合同的类型。

2. 简述采购管理的流程。

3. 简述制订项目采购计划的流程。

4. 简述项目招标程序。

5. 简述一个标准的招标书所应包含的内容。

参考文献

［1］秦效宏，李蕾. 项目管理［M］. 北京：清华大学出版社，2018.

［2］朱方伟，宋金波. 项目管理［M］. 北京：清华大学出版社，2012.

［3］刘国靖. 现代项目管理教程［M］. 4版. 北京：中国人民大学出版社，2018.

［4］柴彭颐，陈惠源. 项目管理［M］. 3版. 北京：中国人民大学出版社，2020.

［5］刘明亮，宋跃武. 信息系统项目管理师教程［M］. 4版. 北京：清华大学出版社，2023.

［6］谭志彬，柳纯录. 信息系统项目管理师教程［M］. 3版. 北京：清华大学出版社，2017.

［7］戚安邦. 项目管理学［M］. 3版. 北京：科学出版社，2019.

［8］刘会福. 现代市场营销理论与实务［M］. 北京：北京交通大学出版社，2016.

图书在版编目（CIP）数据

项目管理 / 刘会福主编 . -- 北京：中国人民大学出版社，2024.8. --（新编 21 世纪高等职业教育精品教材）. -- ISBN 978-7-300-32901-7

Ⅰ. F224.5

中国国家版本馆 CIP 数据核字第 2024F949H4 号

新编 21 世纪高等职业教育精品教材·工商管理类

项目管理

主　编　刘会福

副主编　邹建军　刘定坤　廖蓓蓓　陈秀琼　龚礼和

Xiangmu Guanli

出版发行	中国人民大学出版社				
社　　址	北京中关村大街 31 号		**邮政编码**	100080	
电　　话	010 - 62511242（总编室）		010 - 62511770（质管部）		
	010 - 82501766（邮购部）		010 - 62514148（门市部）		
	010 - 62515195（发行公司）		010 - 62515275（盗版举报）		
网　　址	http://www.crup.com.cn				
经　　销	新华书店				
印　　刷	北京七色印务有限公司				
开　　本	787 mm × 1092 mm　1/16		**版　　次**	2024 年 8 月第 1 版	
印　　张	16.5		**印　　次**	2024 年 8 月第 1 次印刷	
字　　数	318 000		**定　　价**	45.00 元	